Das Buch

Angela Merkels politische Karriere ist eine der erstaunlichsten in der deutschen Nachkriegsgeschichte. In weniger als fünfzehn Jahren gelang der politischen Seiteneinsteigerin ein atemberaubender Aufstieg: von der stellvertretenden Regierungssprecherin unter dem letzten DDR-Ministerpräsidenten Lothar de Maizière über ihre Berufung zur Umweltministerin im Kabinett Kohl bis zur CDU-Vorsitzenden und Kanzlerkandidatin. Jacqueline Boysen beschreibt fundiert den Werdegang Angela Merkels. Ihre Biographie liefert ein erhellendes Bild der Pastorentochter und promovierten Physikerin, die sich einst in der FDJ engagierte, beim Fall der Mauer 35 Jahre alt war, von Helmut Kohl protegiert und von vielen Parteifreunden und Gegnern unterschätzt wurde, mit faszinierender Zielstrebigkeit und Durchsetzungskraft ihren Weg nach oben fand – und wahrscheinlich als erste Frau unser Land regieren wird.

Die Autorin

Jacqueline Boysen, geboren 1965 in Hamburg, studierte Geschichte und Russisch in Hamburg, Wien und Bordeaux. Danach volontierte sie beim Deutschlandfunk in Köln, ging anschließend als Landeskorrespondentin des Deutschlandradios nach Schwerin und berichtete fünf Jahre lang aus Mecklenburg-Vorpommern. Heute arbeitet sie als freie Journalistin beim Deutschlandradio Kultur und beim Deutschlandfunk. Sie lebt in Berlin.

Jacqueline Boysen

Angela Merkel

Eine Karriere

Ullstein

Besuchen Sie uns im Internet:
www.ullstein-taschenbuch.de

Umwelthinweis:
Dieses Buch wurde auf chlor- und säurefreiem Papier gedruckt.

Aktualisierte Neuausgabe im Ullstein Taschenbuch
1. Auflage August 2005

Umschlaggestaltung: Büro Hamburg
Titelabbildung: Laurence Chaperon
Satz: KompetenzCenter, Mönchengladbach
Druck und Bindearbeiten: Ebner & Spiegel, Ulm
Printed in Germany
ISBN-13: 978-3-548-36832-0
ISBN-10: 3-548-36832-8

INHALT

VORBEMERKUNG

Die Limousine der Kandidatin bremst in gebührendem Abstand vor St. Ludgerus im Essener Stadtteil Rüttenscheid. Es ist früh am Morgen des 10. April 2000. Die Christlich Demokratische Union wird an diesem Tag in der Gruga-Halle eine neue Parteispitze wählen und damit das Ende der Ära Kohl besiegeln. Wie es bei der CDU Tradition ist, laden die beiden großen christlichen Kirchen vor Eröffnung des Parteitags zu einem ökumenischen Gottesdienst.

Angela Merkel entsteigt rasch ihrem Wagen, wechselt ein paar Worte mit den Sicherheitsbeamten und geht festen Schrittes auf die Kirche zu. Nichts an ihr verrät Nervosität oder Anspannung. Eine Gruppe Schaulustiger beobachtet die nach und nach eintreffenden Christdemokraten – Gesichter, die aus dem Fernsehen bekannt sind. Als die künftige Parteivorsitzende der CDU erscheint, applaudieren sie. Angela Merkel zeigt ihr Lächeln, weiter keine Regung.

Selbst die Kamerateams wahren – zum letzten Mal an diesem Tag – respektvoll Abstand. Angela Merkel überquert den Kirchhof allein, ohne Begleitung. Der Weg, auf den sie sich begeben hat, schreckt sie nicht. Schnell nimmt sie die Stufen zum Portal von St. Ludgerus. Ohne ihren Gang zu verlangsamen, durchquert sie das Kirchenschiff. Der Platz der Pastorentochter ist ganz vorn und rechts. Angela Merkel weiß in diesem Augenblick die Union hinter sich.

Wer ist die Frau, die an diesem Tag mit der Führung der krisengeplagten Union betraut wird? Woher stammt die ostdeutsche Naturwissenschaftlerin, die erste Frau an der Spitze einer bundesdeutschen Volkspartei? Woher nimmt sie die Kraft, fünf Jahre später, im Sommer 2005, als Kanzlerkandidatin der Union gegen Gerhard Schröder ins Rennen zu ziehen? Was befähigt die politische Seiteneinsteigerin, ihre Position in einer von westdeutschen Männern dominierten Partei zu stabilisieren? Und wie will sie als erste Kanzlerin, jünger als alle ihre Vorgänger, die Geschicke der Bundesrepublik lenken?

»Es ist immer falsch, Angela Merkel zu unterschätzen.« So oder ähnlich beurteilen unabhängig voneinander alle im Verlauf der Recherche zu diesem Buch Befragten: Klassenkameraden, Pastoren, Christdemokraten oder politische Gegner, Physiker, Freunde, Minister, Arbeitskollegen. Und noch eine andere Aussage treffen diejenigen, die Angela Merkel im Laufe ihres Lebens begegnet sind, nahezu übereinstimmend: Kaum einer erinnert sich an die erste Begegnung mit jener Frau, die eine der überraschendsten politischen Karrieren der deutschen Nachkriegsgeschichte gemacht hat. Angela Merkels Auftritte sind unauffällig, aber nachhaltig.

Mehr als sechzig Gesprächspartner haben mit der Autorin über ihre einstige Kollegin, Mitschülerin, Vorgesetze oder Freundin gesprochen. Sie möchten zum überwiegenden Teil nicht namentlich genannt werden und doch haben sie sich viel Zeit genommen, um in ihren Erinnerungen zu forschen. Berichte über persönliche Eindrücke sind immer subjektiv – der eine will eine offene Rechnung begleichen, ein anderer hat es schon immer gewusst, oder die Zeit hat die Erinnerungen verwischt und gefärbt. So stehen die individuellen Zeugnisse nicht allein, sondern sind aufgelöst, neben Archivmaterial gestellt und in den historischen Kontext gebracht, der die Zeitläufte im Allgemeinen beschreibt. Die vielen Facetten der Aussagen und Erinnerungen ergeben ein Bild, in dessen Mitte die Ostdeutsche mit der westdeutschen Karriere erscheint.

Angela Merkel hat diese Biographie nicht autorisiert. Die Autorin hatte der CDU-Vorsitzenden angeboten, an der Entstehung des Buches mitzuarbeiten, ebenso an seiner Neuausgabe – was Frau Merkel jeweils abgelehnt hat.

Das Leben der Angela Merkel verlief nicht linear: Schon als Kind erfährt sie Brüche und Widersprüche. Im Westen Deutschlands geboren, wächst sie im Osten auf. Früh lernt sie, mit Diskontinuitäten zu leben. Sie muss Ambivalenzen begreifen und merkt, wie eng beispielsweise Vor- und Nachteile ihrer Herkunft miteinander verwoben sind: Das christliche Elternhaus schränkt sie in ihrer Berufswahl ein. Andererseits weiß sie, dass sie dank der Kontakte ihrer Eltern in den Westen zum Beispiel über Literatur verfügt, die Bibliotheken im Realsozialismus den Lesern vorenthalten.

Angela Merkel lebt immer in konträren Lebenswelten: Das Pfarrhaus und die staatliche Schule sind Gegensatzpaare. Ebenso reiben sich die Inhalte der Christenlehre und die Ideale des sozialistischen Jugendverbands aneinander. Die hierarchische Struktur der Akademie der Wissenschaften, an der sie ihr Berufsleben beginnt, hat nichts gemein mit ihrer inneren Unabhängigkeit oder gar den ungeordneten Verhältnissen im *Demokratischen Aufbruch*, dem sie sich nach dem Mauerfall anschließt.

Auch in der Wendezeit ist sie von Menschen umgeben, deren Lebens- und Gedankenwelt sie nicht teilt. Ihre politische Karriere im vereinigten Deutschland unterscheidet sich wiederum erheblich von allem, was sie zuvor erlebt hat. Nicht zuletzt musste sie auch in der CDU eine Fremde bleiben: Im Gegensatz zu nahezu allen übrigen Mitgliedern der Parteispitze ist sie nicht innerhalb der Union »groß geworden«.

Als die Mauer fällt, ist Angela Merkel fünfunddreißig Jahre alt. Sie gibt ihren Beruf als Physikerin auf und unternimmt erste vorsichtige Schritte in der Politik, entdeckt ihr politisches Talent. Während die überwiegende Mehrheit der Ostdeutschen sich ins Privatleben zurückzieht, startet Angela Merkel ein Leben in der Öffentlichkeit. Es sind nicht politische Ideale, die sie motivieren. Sie spürt und nutzt die nie gekannte individuelle Freiheit, die sie nach dem Untergang der DDR gewonnen hat. Sie erlebt, wie alle bisher als sakrosankt geltenden Restriktionen sich auflösen und dass sie sich endlich entfalten und verändern kann. Mit jeder Sprosse, die sie auf der Karriereleiter erklimmt, wachsen Durchsetzungskraft und Machtinstinkt.

Angela Merkels Aufstieg verläuft rasant, aber nicht zwangsläufig. Dass sie über einen Zeitraum von mehr als acht Jahren die Gunst des übermächtigen Parteivorsitzenden der Union genießt, hat ihre politische Karriere zweifellos begründet und befördert. Und doch ist ausgerechnet sie – noch in der Position der Generalsekretärin – diejenige, die der Partei zuerst den Bruch mit Helmut Kohl verordnet und sich ihm anschließend wieder annähert.

So kann nur handeln, wer an Fremdheit und Distanz gewöhnt ist. Und Angela Merkel hat nie, in welchem Umfeld sie sich auch bewegte, uneingeschränkt dazugehört. Dass sie nicht das Bedürfnis nach Integration und Bindung verspürt, schützt sie und erleichtert ihr Wechsel und Veränderung. Wo immer sie gerade agiert, sammelt sie einen kleinen Kreis von Getreuen um sich, und wenn ihr Leben Veränderung erfordert, wechselt sie diesen Zirkel von Vertrauenspersonen radikal aus.

Angela Merkel konnte sich auf den ersten Blick in der DDR nicht im Mindesten auf eine entscheidende Rolle in der bundesdeutschen Gesellschaft vorbereiten, und doch wird die Quereinsteigerin nicht nur Parteichefin der CDU, sondern sogar Kanzlerkandidatin. Aber wie hält sie der Belastung in ihren Minister- und Parteiämtern stand? Wie hat Angela Merkel sich gewappnet, um sich immer wieder auch harter Kritik zu erwehren? Woher nimmt sie ihre Eigenständigkeit?

Der Schlüssel zum Verständnis der ihr eigenen Stärke liegt vor allem in der Zeit, über die sie selbst nicht gern viele Worte verliert. Nur kleine Einblicke gewährt sie in ihr Leben in der DDR – aus Angst vor Missverständnissen oder Fehlinterpretationen. Und weil sie mit diesem Kapitel ihrer eigenen Geschichte nach der entscheidenden Wende gänzlich abgeschlossen hat.

Doch ohne das Wissen um ihre Erfahrungen aus dem Umgang mit der Diktatur, um ihre Fähigkeit zur Anpassung, in der sie zugleich ihren individuellen Freiraum sorgsam wahrt, würde sich nicht erklären, warum Angela Merkel – wie Klaus Töpfer es formuliert – »eine politische Karriere aus dem Nichts heraus« aufbauen konnte.

Erstes Kapitel
DIE PASTORENTOCHTER

Eigentlich ist Angela Dorothea Merkel eine Westdeutsche, geboren am 17. Juli 1954 in Hamburg. Acht Wochen nach der Geburt verlässt Herlind Kasner mit dem Neugeborenen ihre Heimatstadt und zieht wie vereinbart über die seinerzeit noch offene Grenze in den Osten zu ihrem Mann. »Aus Liebe«, wie Angela Merkel später erklärt. Im Tragekörbchen bringt Herlind Kasner ihr Baby nach Quitzow. In diesem Dorf in der brandenburgischen Prignitz hatte Horst Kasner seine erste Pfarrstelle übernommen, und hier sollte die Familie nun leben. Nach dem Theologiestudium im Westen hatte sich der aus Berlin-Pankow stammende evangelische Pfarrer entschlossen, als Seelsorger eine Gemeinde in der Berlin-Brandenburgischen Kirche zu übernehmen.

Mit dieser politisch motivierten Entscheidung stand er nicht allein: Eine ganze Reihe von jungen westdeutschen Pastoren entschied sich in den Fünfzigerjahren bewusst dafür, im sozialistischen der beiden deutschen Staaten zu leben und dort in den Gemeinden zu arbeiten. Die einen wollten beim Aufbau der vermeintlich besseren, sozialistischen Gesellschaft helfen, andere wiederum sahen sich in der Pflicht, dem aggressiv geführten Kampf gegen die Kirche in der atheistischen DDR persönlich entgegenzutreten. Die Pastoren wussten, dass sie auf vielerei Bequemlichkeiten verzichteten, jedem jungen Pfarrer war bekannt, dass die Bezahlung in den Kirchen Ostdeutschlands hinter der im Westen zurückstand. Sie wussten um die Konflikte der Kirche im Sozialismus, um das schwierige Verhältnis zwischen staatlicher und kirchlicher Autorität und dass sie für sich und ihre Familien einen entbehrungsreicheren Weg wählten als jene Vikare, die sich von westdeutschen Landeskirchen anstellen ließen.

Das Leben der protestantischen Pfarrersfamilie Kasner auf dem Land, in einer sehr dünn besiedelten, agrarisch strukturierten Gegend, war nicht einfach, für intellektuelle Stadtmenschen erst recht nicht. Quitzow war ein armes Dorf, fern war die Kreisstadt, und als Verkehrsmittel stand höchstens ein Moped bereit. Der Lebensstandard der Dorfbevölkerung war in den Fünfzigerjahren außerordentlich bescheiden. Auch in den Pastoraten wurden Hühner und Ziegen aufgezogen oder Gemüse angebaut, damit die Familien nicht allein von der staatlichen Lebensmittelverteilung abhängig waren.

Viel Abwechslung oder geistige Anregung gab es für das junge Pastorenehepaar in der Gemeinde Quitzow nicht. Die Kirchen selbst waren – wie in den Jahrhunderten zuvor – auf dem Land noch immer die wichtigsten Kulturträger und erfüllten in den Dörfern eine soziale Funktion, auch wenn sich allmählich der Propaganda-Apparat der SED zu entwickeln begann, das Land mit Kulturhäusern nach sowjetischem Vorbild übersäte, und der Kampf gegen die kirchliche Autorität offen geführt wurde.

Als seine Tochter Angela drei Jahre alt war, wechselte Horst Kasner nach Templin in die Uckermark. Die Kirchen sind in der braven, von einer mittelalterlichen Ringmauer umgebenen Ackerbürger-Stadt nicht zu übersehen: Als ältestes Gebäude wird die gotische Georgenkapelle ausgewiesen, die der Evangelischen Gemeinde als »Winterkirche« dient. Hier sollte die Studentin Angela Kasner ihren ersten Ehemann Ulrich Merkel heiraten. Hoch in den klaren brandenburgischen Himmel ragt der Turm der barocken Maria-Magdalenen-Kirche – der Kirche, in der auch Pfarrer Horst Kasner Gottesdienst hielt.

Zur Verwunderung vieler Kirchgänger predigte Kasner nicht allein in herkömmlich autoritärer Weise von der Kanzel herab, sondern versuchte immer wieder, in den Gottesdiensten auch einen Dialog mit der Gemeinde anzuregen und zu führen. Um die Form des Gottesdienstes modernen Inhalten anzupassen, probierte er neue liturgische Elemente aus. Sein Ziel war, die Kirchenbesucher in seine Gedanken einzubeziehen und sie zu animieren, aktiv am sonntäglichen Ritual mitzuwirken.

Außerhalb der Stadtmauern von Templin, umgeben von riesigen Feldern und an ein Waldstück angrenzend, lag der Waldhof, das Domizil der Familie Kasner. Abseits der Landstraße erstreckt sich noch heute eine weitläufige Hofanlage. In Angela Merkels Kindertagen standen auf dem Waldhof durcheinander gewürfelt verputzte Wohngebäude und Baracken, Sandwege führten von Haus zu Haus, viel Grün umgab die Häuser unterschiedlicher Größe, umzäunte Gemüsegärten und bunte Blumenbeete trennten Unterstände, Wirtschaftsgebäude und Terrassen voneinander.

Der Waldhof beherbergte nicht allein die Pfarrersfamilie: Hier unterhielt die Evangelische Kirche zwei wichtige Einrichtungen, die nichts direkt miteinander zu tun hatten, aber räumlich eng verbunden waren. Die Stephanus-Stiftung betrieb ein Behindertenheim, und der Waldhof war zudem Sitz einer kirchlichen Bildungseinrichtung für Pfarrer – ein Pastoralkolleg, das Horst Kasner leitete.

Hierher reisten zum einen Pastoren zur Weiterbildung oder zur »Runderneuerung«, wie einer der einstigen Seminarteilnehmer sich ausdrückt. Zum anderen widmete sich diese Einrichtung der Ausbildung von Vikaren, die vor ihrem zweiten Examen standen.

Die Seminarteilnehmer und geladenen Referenten oder Gäste wohnten während ihrer Aufenthalte im Priesterseminar auf dem Gelände des Waldhofs. Sie konnten Kasners Bibliothek nutzen, die auch westliche theologische Literatur bereitstellte, für Andachten stand ein nüchterner, lang gestreckter Raum zur Verfügung. Nur die Unterbringung war spartanisch. Eine der DDR-typischen Baracken hat Pastor Rudi Pahnke von seinen Aufenthalten in Erinnerung. Ein bisschen sei es wie in der Jugendherberge zugegangen, mit einem unangenehm großen gemeinschaftlichen Schlafsaal für alle Seminarteilnehmer.

In den Kursen beschäftigten sich die Pastoren mit Predigtmeditationen und Bibelauslegungen, erarbeiteten Konzepte für Seelsorge und kirchliche Jugendarbeit, setzten sich mit modernen Formen des Gottesdienstes auseinander und debattierten in der Abgeschiedenheit des Waldhofs nicht zuletzt die Fragen, die sich aus dem problematischen Verhältnis zwischen Staat und Kirche in der DDR ergaben.

Prinzipiell sah Horst Kasner, ein durchaus kritischer Theologe, die Kirche der DDR nicht in Opposition zur staatlichen Autorität. Unter dem Dach der Kirche sollte sich nach seinem Verständnis keine Gegengesellschaft bilden. Wohl sprach die DDR-Führung von der Kirche als dem »letzten organisierten Feind in der DDR«, wie Politbüromitglied Albert Norden 1958 markig und unmissverständlich postuliert hatte. Kasner aber war prinzipiell dem sozialistischen Gesellschaftsbild zugetan. Er gehörte dem Weißenseer Arbeitskreis an, einer kleinen, aber exponierten Gruppe von DDR-Theologen, die sich vielfach der Kritik ihrer Glaubensbrüder aussetzte, weil sie eine ausdrücklich staatsnahe Haltung pflegte. Der Staatsapparat seinerseits duldete den Weißenseer Arbeitskreis nicht nur, sondern ermöglichte den Theologen dieses Kreises, ihre kirchenintern umstrittenen Ansichten über das Verhältnis von Mission und gesellschaftlicher Teilhabe der Christen im Sozialismus in einer eigenen Publikation zu verbreiten. Die positive Einstellung dem Staat gegenüber hinderte Horst Kasner, der auch den Spitznamen »roter Kasner« trug, jedoch nicht daran, die Politik der Staatsführung in bestimmten Punkten zu kritisieren.

In seinen Seminaren im Waldhof strebte Horst Kasner ein hohes intellektuelles Niveau an. Manchem der Pastoren, die sich noch an Aufenthalte im Waldhof erinnern, kam der überaus gebildete, musikinteressierte Theologe unnahbar und arrogant vor. In den von ihm geleiteten Gesprächsrunden sei er als Autorität, gelegentlich provozierend, aber zugleich liberal aufgetreten, habe Diskussionen zugelassen und selbst angeregt. Keinesfalls habe er starr seine Position verteidigt, sondern differenziert argumentiert. Der Leiter des Kollegs pflegte seine Überzeugungen, aber er versuchte nicht, den Seminarteilnehmern sein Dogma überzustülpen – weder politisch, noch in Bezug auf theologische Fragen.

»Die Kirchen in der DDR werden sich über kurz oder lang die seelsorgerische Arbeit der Priester nicht mehr leisten können.« Dieser Satz aus dem Munde von Kasner ist beispielsweise dem Berliner Pfarrer Rainer Eppelmann in Erinnerung geblieben. Er absolvierte als junger Vikar Seminare bei Kasner auf dem Waldhof, und es irritierte ihn, als der Seminarleiter ihm klar zu machen versuchte, dass sich die Funktion der Pastoren in der säkularisierten DDR allmählich überleben würde und die Pastoren eines Tages nach dem Vorbild französischer Arbeiterpriester ausschließlich im Nebenberuf zu Werke gehen müssten – eine Prognose, die einem jungen Pastor die Freude verderben konnte.

Horst Kasner arbeitete sehr engagiert – zum einen im Pastoralkolleg, aber auch als Seelsorger. Seine Aufmerksamkeit galt jedem, der sich Hilfe suchend an ihn wandte. Das Schicksal anderer bekümmerte ihn, und oft schmerzte es die älteste Tochter, dass so viele Fremde ein Anrecht auf die Fürsorge des Vaters erhoben. Angela Merkel war als Kind sehr auf ihren Vater fixiert und sie vermisste ihn, wenn er – wie es häufig vorkam – unterwegs war. Obgleich auf dem Waldhof ja die Mutter und die Geschwister für sie da waren, fehlte ihr immer der Vater, sagt sie der Fotografin Herlinde Koelbl. Wenn sie glaubte, er käme nach Hause, versuchte das Kind ihm entgegenzugehen, traute sich aber nicht, allzu weit an der Straße entlang an einem Waldstück und schließlich am Friedhof vorbei von zu Hause fortzulaufen. Zum Abendessen kam der Vater schließlich zurück »und dann war alles wieder schön«.

Die kirchliche Stephanus-Stiftung betreute auf dem Waldhof mehr als zweihundert geistig behinderte Menschen. So sie nicht bettlägerig waren, arbeiteten die behinderten Männer und Frauen in einer eigenen Gärtnerei oder in der Landwirtschaft, betrieben zudem eine Schusterwerkstatt. Die Behinderten sollten im Waldhof nicht nur verwahrt werden, die Innere Mission der Kirche wollte ihnen das Umfeld für ein menschenwürdiges Leben bieten. Sie stellte den Rahmen für eine angemessene Beschäftigung und freie Entfaltung.

Die geistig Behinderten wurden hier nicht von der Gesellschaft fern gehalten und »weggesperrt«, sie konnten sich zum Teil auch in Templin frei bewegen, lebten zumindest beaufsichtigt auf dem großen, parkähnlichen Gelände in relativer persönlicher Freiheit. Die karitative Einrichtung erhielt Unterstützung aus dem Westen, die Behinderten wurden von Ärzten betreut und versorgt, und die Mitarbeiter gaben sich erdenkliche Mühe, im Waldhof eine Atmosphäre der Geborgenheit zu schaffen – trotzdem blieben die Verhältnisse bescheiden. Die Situation der Behinderten, ihr Speiseraum im Keller oder auch die Unterbringung der Bettlägerigen wirkte auf Besucher, die sich heute daran erinnern, dennoch deprimierend. Daran änderte auch die idyllische Lage des Waldhofs nichts.

»Über meiner Kindheit lag kein Schatten« – Angela Kasner verbrachte in Templin eine ungewöhnliche Kinderzeit, nicht allein weil ihr die abgeschiedene Lage des Waldhofs und dessen großzügige Anlage viel Freiraum gewährte. Sie lebte in ihrer unmittelbaren Umgebung selbstverständlich zusammen mit den zum Teil schwer behinderten Menschen. Einige der Heimbewohner halfen regelmäßig im Haushalt oder im Garten der Kasners oder feierten bei Familienfesten mit. Die Kinder erlebten ein alltägliches Miteinander von gesunden und kranken Menschen und neben den Eltern waren auch die ständig anwesenden kirchlichen Mitarbeiter auf dem Waldhof Bezugspersonen und Ansprechpartner.

Auch für Freunde und Klassenkameraden herrschten auf dem Waldhof ideale Bedingungen: Sie konnten sich hier treffen und Partys feiern, denn in den zahlreichen Gebäuden der weitläufigen Hofanlage stand viel Platz in Haus und Garten zur Verfügung. Besuch oder Musik störten nicht, die Schulfreunde konnten sich zurückziehen und machen, was sie wollten. Aber manche der Mitschüler mussten bei Besuchen auf dem Waldhof auch ein wenig Scheu überwinden: Anders als Angela und ihre beiden jüngeren Geschwister waren sie den täglichen Umgang mit Behinderten nicht gewöhnt.

Angela Merkel, das zeigte sich den Besuchern zu Hause ganz deutlich, hatte ein inniges Verhältnis zu ihren Eltern, zu ihrem Bruder und der deutlich jüngeren Schwester. Auch später, während des Studiums, so erinnert sich ein Kommilitone, seien Angela und ihr Bruder ein Herz und eine Seele gewesen. Sie war als älteste Tochter zugleich auch die Vernünftige, wenngleich das insbesondere der Vater nicht immer so gesehen hat. Er sei immer so gründlich gewesen, und hätte auch sie dazu angehalten, alles ordentlich und perfekt zu machen, sagt sie später. Sie war bemüht, ihn nicht zu enttäuschen, aber leicht sei ihr das nicht immer gefallen.

Bei den Treffen und Feiern mit ihren Freunden auf dem Waldhof habe man nicht viel vom Rest der Familie gesehen, erinnert sich Bodo Ihrke aus Angela Merkels Freundeskreis von damals, weder Horst Kasner, der ihm in seiner Strenge ein wenig unnahbar schien, noch die »Kleinen«. Frau Kasner allerdings habe sich immer ein wenig mit den Freunden ihrer Tochter unterhalten und sei sehr gastfreundlich gewesen.

Angela Merkels aus Hamburg zugezogene Mutter konnte ihren Beruf als Englisch- und Lateinlehrerin in der DDR nicht ausüben. Ehefrauen von Pastoren durften im staatlichen Schulwesen nicht unterrichten. Herlind Kasner war also nicht berufstätig und erst später betreute sie zeitweise den altsprachlichen und den Englischunterricht am Pastoralkolleg. Zunächst aber konnte sie sich um ihre Kinder mit ganz anderer Intensität kümmern als die berufstätigen Mütter, die auf die staatliche Erziehung in Krippe und Hort angewiesen waren. Sie animierte ihre Kinder zu erzählen, was sie in der Schule erlebt hatten, was sie geärgert und bedrückt hatte. Herlind Kasner nahm sich intensiv der Bildung ihrer Kinder an und motivierte sie bewusst, Freude an guten Leistungen zu entwickeln.

Die Pfarrershaushalte, insbesondere in ländlichen Regionen, bewahrten in der DDR oftmals explizit bürgerliche Lebensformen. Kasners machten da keine Ausnahme. Sie waren Träger eines spezifischen »Kulturprotestantismus«, der sich weniger durch Frömmigkeit auszeichnete als durch das Festhalten an einer umfassenden humanistischen Bildung. Für Herlind Kasner sei es schwer gewesen, ihrem Mann in die DDR zu folgen, sagt Angela Merkel. Nicht allein, weil sie selbst den erlernten Beruf im staatlichen Schulwesen nicht ausüben konnte oder mit der Trennung von ihrer Familie leben musste, vor allem sei die Mutter besorgt gewesen, dass die Kinder in der DDR geistig verödeten.

Kasners pflegten immer auch engen Kontakt zu den Verwandten in Hamburg, zur Großmutter, der Tante und den Kusinen von Angela und ihren Geschwistern. Letztere kamen zu Besuch nach Templin, und auch die Kinder hatten eine persönliche Beziehung zueinander. Angela Merkel hat sich oft vorgestellt, wie sie wohl im Westen aufgewachsen wäre. »Als Kind habe ich mich mit meinen Kusinen in Hamburg verglichen und dabei festgestellt, dass sie auch ihre Probleme hatten. Das hat mich selbstbewusst gemacht«, sagt sie.

Regelmäßig schickten die Hamburger Verwandten Päckchen »nach drüben« – mit Instantsuppen, Seife, Textilien. Die Tante aus der Hansestadt kaufte Jeans für ihre Nichte. Und eine Quarz-Armbanduhr, die Horst Kasner eines Tages aus dem Westen von einer Dienstreise mitbrachte, hielt Angela Merkel lange in Ehren. Der Schulleiter allerdings reagierte meistens allergisch auf sichtbare Spuren von regelmäßigen Kontakten »nach drüben«. Schüler in Jeans hätte er schon mal nach Hause geschickt, mit der Auflage, sie sollten eine dem Stil des Arbeiter- und Bauernstaats angemessene Garderobe wählen, erinnert sich ein ehemaliger Mitschüler. Zudem belehrte der Schulleiter seine Zöglinge mit dem Hinweis darauf, wie er mit Paketen aus der Bundesrepublik umzugehen pflege. Er schicke die Gaben aus dem kapitalistischen Ausland ungeöffnet an den Absender zurück, erläuterte er seinen Schülern.

Wenn die Verwandten in Templin waren, hatten sie oft nicht nur Dinge des täglichen Bedarfs im Gepäck. Sie mogelten vor allem auch Literatur an den »Kontrollorganen« an der Grenze vorbei. Manchmal sei es wie ein Test gewesen: Wie viel Nervenkraft bringt die Westverwandtschaft auf, wie viele und welche Bücher wagen die Besucher unter der Matratze ihres Kinderwagens zu verstecken?

Auf dem Waldhof fanden sich neben den privaten Besuchern immer wieder auch Theologen aus den westdeutschen Landeskirchen zu Gesprächen mit ihren Glaubensbrüdern in der DDR ein. Kasner hielt eindeutig an der Gemeinschaft der Kirchen in Ost und West fest. Er lebte also sowohl in seinem Beruf wie auch privat mit der Familie ganz offen in einem gesamtdeutschen Bewusstsein. So erinnert denn auch Angela Merkel den Tag des Mauerbaus – sie war damals sieben Jahre alt – noch genau. »Zum ersten Mal« erlebte sie die Eltern ratlos, überhaupt alle Erwachsenen schienen fassungslos, die Mutter weinte. Ohne dass sie die Dimension des Geschehens in Berlin und an der Grenze hätte begreifen können, Angela Merkel sagt, ihr sei doch klar gewesen, dass etwas »schrecklich Trauriges« passiert sein musste.

Herlind Kasner wusste nach dem 13. August 1961 lange Zeit nicht, wie sie den Kontakt zu ihrer Familie in Hamburg würde halten können. Sie war eingesperrt: Mit der Errichtung des »antifaschistischen Schutzwalls« waren gegenseitige Besuche der Schwester, der Mutter oder auch ihrer Nichten nicht mehr möglich – oder doch zumindest sehr erschwert. Die Entscheidung Horst Kasners, in den Osten Deutschlands zu ziehen, hatte plötzlich eine neue Qualität – sie war endgültig.

1961 wurde Angela Kasner eingeschult und von der ersten Klasse an sollte sie für viele Jahre eine besondere Position einnehmen müssen, nur weil sie die Tochter eines Pastors war. Es waren vor allem die Lehrer, die sie anders behandelten als die übrigen Kinder in der Templiner Goethe-Schule. Ihre Klassenlehrerin, eine schon seit langem im Schuldienst stehende, erfahrene Frau, die mit Angelas Klasse prinzipiell nicht unzufrieden sein konnte, lobte herausragende Leistungen der Kinder und erkannte den Besten der Klasse Auszeichnungen zu – sofern diese Besten bei den Jungen Pionieren aktiv waren. Angela Kasner zählte schon in der ersten Klasse zu den guten Schülern, auch hat sie ihre Noten nicht durch schlechtes Betragen aufs Spiel gesetzt. Ihre Eltern hatten sie nur zunächst nicht in die staatliche Kindervereinigung aufnehmen lassen, und so ging die Erstklässlerin leer aus, als die Lehrerin ihre Schüler entsprechend den Ritualen des sozialistischen Erziehungssystems prämierte. Nur die Kinder mit den Pioniertüchern um den Hals wurden ausgezeichnet – und konnten die Ungerechtigkeit selbst nicht verstehen. Ein Klassenkamerad erinnert sich noch heute daran, wie sehr er sich gewundert hat, als er voller Stolz neben dem Lob auch einen Preis erhielt, seine Freundin aber nicht gleich behandelt wurde: »Besser als Angela bin ich in der Schule jedenfalls nicht gewesen.«

Schnell begriffen die Kinder, dass sie manches Erlebnis aus dem Elternhaus in der Schule lieber verschweigen sollten, dass die politischen Witze der Erwachsenen bei einigen Lehrern gar nicht gut ankamen, dass Besuche von der Großmutter oder der Tante aus dem Westen keiner unbedingten Erwähnung im Unterricht bedurften. Dies waren Erfahrungen, die nahezu alle DDR-Schüler früher oder später machten.

Pastorenkindern gingen derlei Vorsichtsmaßnahmen noch schneller als anderen in Fleisch und Blut über. Ideologietreue Lehrer führten sie wegen jeder Kleinigkeit vor der gesamten Klasse vor. Noch in den Fünfzigerjahren waren Mitglieder der Jungen Gemeinde bewusst diffamiert worden. Diese planmäßige Ausgrenzung erfuhr Angela Merkel nicht mehr, doch auch sie trafen immer wieder Stiche, nur weil sie christlich erzogen war.

Die besondere Rolle, die Angela Merkel als Kind einer Pastorenfamilie in ihrer Klasse an der Goethe-Schule – aber auch später auf der nach Hermann Matern benannten Erweiterten Oberschule – spielte, war ihr nicht angenehm. Auf die Frage nach dem Beruf ihres Vaters versuchte sie eine Zeit lang das Wort »Pfarrer« so zu nuscheln, dass es klang wie »Fahrer« – ein Beruf, der dem Kind unverfänglicher schien als der eines evangelischen Predigers. Sie wollte natürlich genauso sein wie die anderen Templiner Kinder in der Klasse. Mitmachen zu dürfen, endlich dazuzugehören wünschte sie sich und trat schließlich in den staatlichen Jugendverband ein. Die Entscheidung für die Freie Deutsche Jugend, erinnert sich ein

Schulfreund, habe Angela Kasner selbst und ganz von sich aus getroffen, weil sie tun und lassen wollte, was ihre Freunde selbstverständlich auch taten, und weil sie die gleichen Rechte genießen und die gleichen Pflichten erfüllen wollte wie alle anderen auch.

So lernte Angela als Kind wie selbstverständlich beides – das Falten der Hände zum Gebet wie auch das Binden des Pionierknotens. Sie lernte, in zwei verschiedenen Welten zu leben, die sich kaum berührten, erfuhr, dass sie in beide nie gänzlich integriert sein konnte, und gewöhnte sich daran. Ihre Religion war aus der Schule komplett verbannt, dafür wurden mit großer Inbrunst sozialistische Helden in politischen Liedern besungen. Bei den Pionieren wurden starke Symbole gebraucht und bei Appellen Gesten geübt, die natürlich wiederum im kirchlichen Milieu vollkommen undenkbar waren.

Angela Kasner nahm schließlich nicht an der staatlich geförderten Jugendweihe teil. Anders als viele ihrer Klassenkameraden legte sie kein Gelöbnis auf das »sozialistische Vaterland« und ein Leben im »Geist des proletarischen Internationalismus« ab, sondern ließ sich konfirmieren. Die Familie feierte diese Konfirmation zweimal, einmal in Berlin und daheim in der Uckermark.

Nicht jeder der Lehrer mit Parteiabzeichen am Revers diskriminierte die aus christlichen Elternhäusern stammenden Schüler oder grenzte Kinder bewusst aus, nur weil sie nachmittags zur Christenlehre gingen, aber Herlind Kasner – als westdeutsche Pastorenehefrau mit den subtilen Mechanismen der Diffamierung wohl vertraut – hatte ihren Kindern trotzdem ausdrücklich geraten, in der Schule nach Möglichkeit keinen Anlass zu Beschwerden zu liefern, lieber sollten sie sich etwas fleißiger zeigen. Sie wollte, dass ihre drei Kinder Ärger in der Schule nicht provozierten. Diesen Ratschlag ihrer Mutter hat Angela Merkel lange und erfolgreich beherzigt. Auch später an der Universität in Leipzig und dann an der Berliner Akademie der Wissenschaften wehrte sich die angehende Physikerin gegen offenkundige Ungerechtigkeiten, wagte aber von sich aus kaum je eine Provokation.

Angela Kasner fiel in der Schule dank ihrer raschen Auffassungsgabe auf, Lehrern wie Mitschülern wurde auch schnell klar, dass sie ihr Wissen nicht ausschließlich aus den Lehrbüchern der Schule bezogen haben konnte. Die Pastorentochter wurde auch zu Hause gefördert und war nicht allein auf das staatlich verordnete Schulpensum fixiert. Daheim stand westdeutsche Literatur zur Verfügung, oft lief das Radio, und Kasners verfolgten nicht nur ostdeutsche Hörfunkprogramme. Angela Merkel jedenfalls behauptet, dass sie die Namen der westdeutschen Kabinettsmitglieder auswendig aufsagen konnte und berichtet 1994 dem *Spiegel*-Reporter Jürgen Leinemann, sie habe die Nachrichten von der Wahl Gustav Heinemanns zum Bundespräsidenten »heimlich in der Schule auf dem Klo« gehört.

Die Schülerin mit dem ungewöhnlich großen Wissensschatz hat ihre Überlegenheit nicht versteckt, sondern auch ausdrücklich genutzt. Sie erklärte gerne, berichtigte Gleichaltrige schon mal freundlich, aber bestimmt, und niemanden hätte es erstaunt, wenn Angela Kasner nach der Schule den Beruf der Lehrerin ergriffen hätte. Eigentlich war dies ihr Wunsch, doch wie schon die Mutter als Pastorengattin musste sie sich als Pastorentochter mit dem Gedanken abfinden, dass sie im Schuldienst der DDR unerwünscht war.

Die Gymnasialzeit verbrachte Angela Kasner mit einem Kreis von zehn oder zwölf Klassenkameraden, mit denen sie in ihrer Freizeit und während der Ferien zu gemeinsamen Aktivitäten aufbrach, die eine unzertrennliche Busenfreundin hatte sie nicht. Die Jugendlichen reisten von Zeit zu Zeit gemeinsam nach Ostberlin, wo Angela Merkel als Kind schon öfter die Großmutter väterlicherseits besucht und das »totale Kinderglück« erlebt hatte. Mittlerweile nutze sie mit Freuden das kulturelle Angebot der Hauptstadt der Republik: Museen, Ausstellungen, Auftritte der DDR-Unterhaltungsstars.

Doch näher lag es, feuchtfröhliche Ausflüge an die Seen der Umgebung zu unternehmen. Die wenig besiedelte Uckermark bot Ziele genug und eine scheinbar unendlich weite Naturlandschaft, durch die die Freunde radeln und wandern konnten – Beschäftigungen, denen

Angela Merkel auch als Erwachsene auf der Suche nach Erholung nachgeht. Sie genießt und kultiviert bis heute ihre enge Verbundenheit zur Uckermark. Eindeutig verbindet sich der Begriff der Heimat für sie mit der ruhigen brandenburgischen Landschaft, die ihr seit ihrer Kindheit vertraut ist wie keine andere Gegend sonst.

Mit ihren Klassenkameraden konnte sie sich damals einen langen, hölzernen Kahn für ein paar Tage ausborgen und durch die märkische Landschaft schippern, wobei immer zwei große Areale in der Umgebung von Templin tabu bleiben mussten: Das Woroschilow-Lager, wo die Gesellschaft für Sport und Technik für Jugendliche ihre vormilitärischen Camps veranstaltete und ein weiteres, ungleich größeres Gebiet, das den Soldaten der sowjetischen Armee für Truppenübungen vorbehalten war. In Templin selbst sind die sowjetischen Soldaten nur selten aufgetaucht, nur die Feuerwehr hatte regelmäßig mit ihnen zu tun: Ganze Waldstücke gingen bei sowjetischen Panzerübungen in Flammen auf.

Auf leicht verblassten alten Fotos von Angela Merkels Schulfreunden lachen schlaksige, natürlich dreinblickende Jugendliche in die Kamera. Mehr Mädchen als Jungen sind auf den Bildern zu sehen, einträchtig und einander erkennbar sehr vertraut. Von der Verschämtheit Pubertierender ist in den offenen Gesichtern auf den Fotos keine Spur zu erkennen. Stolz blickt, wer eine Jeans trägt. Auch Parkas waren natürlich ein Hit, ebenso wie später dann das erste Moped.

Äußerlichkeiten aber galten Angela und ihren Freunden eindeutig als Nebensache und dienten den Templiner Oberschülern weniger dazu, vor Gleichaltrigen anzugeben. Wuschelige Fellwesten, bizarre Amulette oder jene unförmigen Parkas markierten allenfalls die Distanz zum Geschmack der Generation von Eltern und Lehrern. Jungen, die zeigen wollten, dass sie einen eigenen Kopf haben, ließen sich die Haare mindestens bis zu den Schultern wachsen – in der sicheren Erwartung ihres Armeedienstes, der ohnehin unweigerlich mit einem Besuch beim Frisör begann.

Fast alle Schüler der Erweiterten Oberschulen waren damals in der FDJ organisiert, auch die Hermann-Matern-Schule in Templin bildete keine Ausnahme. Doch die Jugendlichen rissen sich nicht um die Posten in der Hierarchie des staatlichen Jugendverbands, im Gegenteil. So blieb – zum Ärger des linientreuen Schulleiters – beispielsweise die Stelle des FDJ-Sekretärs an seiner Oberschule lange unbesetzt, und schließlich übernahm eine sehr junge Lehrerin den Posten. Freilich ohne zu ahnen, was ihr nun blühte. Einer der Pioniere hörte nicht mehr auf, die Autorität der Lehrerin in Frage zu stellen und duzte sie fortwährend; schließlich war das »Du« die adäquate Anrede unter den FDJlern.

Wenig Freude an Angela Kasners Klasse hatte damals auch der Staatsbürgerkundelehrer. Er wollte seine Schüler nach Möglichkeit offen diskutieren lassen, um deren Argumente zu sammeln und anschließend zu widerlegen. So wie in der Theorie aber funktionierte es mit dem dialektischen Vorgehen nicht. Die Notwendigkeit des »antifaschistischen Schutzwalls« jedenfalls habe er nach der Erinnerung eines damaligen Schülers nicht plausibel machen können. »Wenn einer die DDR verlassen will, soll er doch«, argumentierten die Jungen in der Klasse, denen laut Lehrplan unmissverständlich klar gemacht werden musste, dass sie die Grenze zu ihrem Staat »im Ernstfall« mit der Waffe in der Hand zu verteidigen hatten.

In der achten Klasse gewann Angela Kasner eine so genannte Russisch-Olympiade, nachdem sie zuvor schon als Siegerin aus einem Mathematikwettstreit hervorgegangen war. Wohl behinderte die lästige Zahnklammer (»Zahnspange, Brille, orthopädische Einlagen«, nichts von alledem sei ihr als Kind erspart geblieben, gab Angela Merkel einmal in der Talkshow *Beckmann* preis) enorm das gerollte russische »R«, aber schließlich kam es nicht allein auf die Aussprache an, die Lehrern ebenso viele Probleme bereitete wie ihren Schülern. Die Moskaureise war für die Fünfzehnjährige ein ungeheures Erlebnis. Sie erinnert sich, wie sie in der Hauptstadt der Sowjetunion zu ihrer größten Überraschung auf die Wiedervereinigung angesprochen wurde – unvorstellbar für das Mädchen aus der DDR. Natürlich hatte sie von klein auf gelernt, wie selbstverständlich mit der deutschen Teilung zu leben. Sie wusste, dass sie in Hamburg zur Welt gekommen war, diese Stadt aber nicht einfach besuchen konnte. Sie musste damit leben, dass ihre Verwandten nach Templin reisen konnten, ihr ein Gegenbesuch bei ihren Kusinen oder Tanten aber verwehrt blieb. Sie erlebte die Absurdität der Teilung, stellte Fragen – aber an ein Ende der Zweistaatlichkeit wagte sie überhaupt nicht zu denken.

Mehr noch als politische Themen beschäftigten sie aber ohnehin ganz andere Erlebnisse, die ihr die aufregende Hauptstadt der Sowjetunion damals bot: Hier kaufte sie ihre erste Beatles-Platte. »Yellow Submarine« sei es gewesen, erzählt Angela Merkel, ebenfalls bei *Beckmann*. Plötzlich stockt sie, schaut den Interviewer etwas unsicher an und schickt in der ihr eigenen Art noch schnell eine Frage hinterher: »Oder ist die von den Stones?«

Mit der Platte jedenfalls kam sie bei ihren Freunden in Templin groß raus, auch wenn sie nie ein richtiger Musikfan war. Die westdeutschen Kusinen packten in die Päckchen mit der obligatorischen Aufschrift »Geschenksendung, keine Handelsware« trotzdem die eine oder andere begehrte Platte – allerdings gelangte nicht jede tatsächlich in die Hände der Adressatin in Templin.

Kurz vor dem Abitur sollte Angela Kasner doch noch mit dem Schulsystem der Diktatur aneinander geraten. Die Abiturienten fühlten sich selbstbewusst und widmeten sich schulischen Aktivitäten nur noch lustlos. Wieder einmal sollten sie der Verpflichtung zur gesellschaftlichen Betätigung nachkommen und ein Kulturprogramm zusammenstellen. Sie hatten die Zusagen für ihre Studienplätze schon in der Tasche, was sollte ihnen also passieren? Angela Kasner wollte an der Leipziger Karl-Marx-Universität Physik studieren – vielleicht nicht ihr ausdrückliches Lieblingsfach, aber doch eines, das sie gedanklich weniger einengen würde, als es bei einem Studium in den Geistes- oder Sprachwissenschaften zu erwarten gewesen wäre.

Die vermeintlich sichere Aussicht auf die zugesagten Studienplätze hatte die Schüler darin bestärkt, dass Kulturprogramme in Templin eigentlich nicht mehr gewissenhaft organisiert und aufgeführt werden müssten. Keiner mochte sich mit dem vorgegebenen Sujet, dem Vietnamkrieg, auseinander setzen. Wie dieses Thema in den frühen Siebzigerjahren als Beleg für den gnadenlosen Imperialismus des Klassenfeindes propagandistisch ausgeschlachtet wurde, wussten alle zur Genüge. Sie streikten. Horst Kasner aber ahnte, welche Konsequenzen den Schülern im Falle einer Verweigerung drohen könnten. Der Pastor hatte weit mehr Erfahrung mit den Druckmitteln der Verwaltungen in der Diktatur als die vom Übermut gepackten Schulabgänger und ein sicheres Gespür dafür, dass die staatlichen Organe den Jugendlichen gegenüber keine Milde zeigen würden. Kasner riet seiner Tochter dringend davon ab, Mätzchen zu machen – der zugesagte Studienplatz wäre möglicherweise in Gefahr.

Ein paar Mädchen stellten schließlich doch ein eigenes Programm auf die Beine – Gedichte, Lieder, eine kleine Rede. Allerdings lösten sie sich von der inhaltlichen Vorgabe der Lehrer. In ihrer Darbietung reichten sie zu Gunsten der mosambikanischen Freiheitskämpfer der Frelimo eine Sammelbüchse im Publikum herum. Und zum Abschluss der ganzen Nummer sangen sie artig die Internationale – allerdings auf Englisch. Spätestens als die Hymne der Sozialisten in der Sprache der Imperialisten erklang, bemerkte das Lehrerkollegium, dass die Show einen doppelten Boden gehabt haben könnte.

Im Nachhinein geriet insbesondere das Gedicht »Mopsenleben« von Christian Morgenstern zum Stein des Anstoßes: »O Mensch, lieg vor dir selber auf der Lauer, sonst bist du auch nur auf der Mauer«, dichtete Morgenstern. Die Lehrer bezichtigten die Schüler der böswilligen Provokation, die Sache schlug Wellen, längst war nicht mehr nur die Schulleitung involviert, sondern die Schulverwaltungen in Kreis und Bezirk.

Die aufmüpfigen Schüler wurden Verhören durch die Staatssicherheit unterzogen, und wie Horst Kasner befürchtet hatte, standen plötzlich auch die Studienplätze auf dem Spiel. Der Lehrer wurde an eine andere Schule versetzt, während die Eltern um die Zukunft ihrer Kinder kämpften. Nach langen Diskussionen und der von Kasner erbetenen Intervention über die Kirchenleitung blieben den Abiturienten die zugesagten Studienplätze tatsächlich erhalten. Die Schüler aber wurden fortan geschnitten und massiv gepiesackt. Einen wahren Spießrutenlauf hätten sie vollführen müssen, erzählt Angela Merkel später. Über die Wandzeitung in der Schule wurden sie und die anderen Delinquenten massiv angegriffen, sie sollten die volle Verachtung der Mehrheit ihrer Mitschüler zu spüren bekommen. So wurde den Betroffenen schließlich auch das Recht abgesprochen, beim morgendlichen Appell wie gewohnt mit ihren Mitschülern »Freundschaft!« zu rufen, und weil dieser Gruß alle übrigen Jugendlichen verband, war es schmerzlich für jene, denen diese »Freundschaft« versagt blieb.

Am Ergebnis ihrer Prüfungen aber änderte dieses Aufeinandertreffen mit den Mechanismen der Macht nichts. Angela Kasner verließ wie geplant nach dem Abitur Templin, um mit ihrem Studium der Physik in Leipzig zu beginnen.

Don Camillo und Peppone – diese Spitznamen wurden der Physikstudentin und einem Studienkollegen in Leipzig mit als Erstes angehängt. Kommilitonen spotteten über Sticheleien zwischen der Pastorentochter und jenem ideologisch überzeugten Mitstudenten, mit dem sie sich wie die Filmhelden kleine Wortgefechte lieferte – lachend zumeist, aber nicht ohne Ernsthaftigkeit, kompromisslos, aber nicht ohne gegenseitigen Respekt.

Die Karl-Marx-Universität in Leipzig lieferte damals eine ideale Kulisse für Dispute dieser Art. Hier rieben sich die Traditionen an den Versuchen, der sozialistischen Gesellschaft ein neues Gesicht zu geben. Als Angela Kasner aus Templin 1973 in Leipzig ihr Physikstudium begann, war das gewaltige Hochhaus der Universität in der Stadtmitte gerade fertiggestellt. Seit zwanzig Jahren schon trug die traditionsreiche Uni den Namen von Karl Marx – als Ausweis dafür, dass auch sie nach Kräften zur »Durchsetzung der Wissenschaft des Marxismus-Leninismus und des Arbeiter- und Bauernstudiums« beitrug, wie es bei der feierlichen Verleihung des ehrenvollen Namens einst hieß. Die alte Universitätskirche existierte nicht mehr, und nach drei Hochschulreformen waren die Strukturen in der Alma Mater fest auf die »Mitwirkung an der Gestaltung der sozialistischen Gesellschaft« ausgerichtet. Dennoch bewahrten sich auch im Umfeld der Universität alte Traditionen – nicht nur im Chor der Thomaner.

An der Karl-Marx-Universität durften sich pro Jahrgang zwischen siebzig und achtzig Physikstudenten einschreiben. An der Sektion der Physiker studierten künftige Lehrer zunächst gemeinsam mit jenen, die nach dem Studium eine Arbeit in der Industrie oder Forschung anstrebten. Als Angela Kasner ihr Studium aufnahm, war die Zahl der Erstsemester in den naturwissenschaftlichen Fächern in der gesamten Republik gerade etwas gedrosselt worden. Es begann sich abzuzeichnen, dass es künftig an Facharbeitern in der Industrie mangeln würde. Der in den Jahren zuvor prognostizierte Bedarf an Akademikern und Hochschulkadern hingegen wuchs nicht ganz so rasant, wie von den staatlichen Planern erwartet.

Leipzig war eine lebendige Großstadt. Die neunzehnjährige Physikstudentin hatte sich zuvor nie als Stadtmensch verstanden. Zwar reichte ihr Horizont über die engen Mauern ihrer Heimatstadt hinaus, aber großstädtische Industrieregionen waren ihr gänzlich fremd. Auch den Trubel urbaner Zentren kannte sie nur von den Ferienaufenthalten bei ihrer Großmutter. In Templin hatte sie den Waldhof und die Schule gleichzeitig erlebt, parallel an Pioniernachmittagen und der Christenlehre teilgenommen und nicht zuletzt auch erfahren, dass sie sich in die erholsam einsame Landschaft der Umgebung flüchten konnte. Jetzt, in Leipzig, konnte sie sich nicht mehr zurückziehen und war in ungewohnter Weise eingebunden in einen festen sozialen Kontext an der Universität. Die Weite der Natur, aber auch die großzügige Anlage ihres Elternhauses unterschieden sich erheblich von dem, was sie nach dem Weggang von Zuhause nun im bescheidenen Leipziger Studentenwohnheim vorfand.

Dennoch: Die Sektion Physik der Karl-Marx-Universität ließ ihren Studenten relativ viel Freiraum – verglichen mit der Situation in anderen Fächern. Wohl mussten auch die Studenten der Physik die obligatorischen Kurse in Marxismus-Leninismus absolvieren, aber immerhin führten die Dozenten hier keine Anwesenheitslisten. »Von politischen Aktivitäten blieben wir damals weitgehend verschont«, erinnert sich ein Kommilitone. Nicht einmal zu den üblichen Demonstrationen am ersten Mai wären sie genötigt worden.

Es gab allerdings die an den Hochschulen üblichen Praktika »in der Produktion« oder auch in der Landwirtschaft. Einerseits konnte auf diese Weise zum Beispiel der saisonale Mangel an Erntehelfern ausgeglichen werden, zum anderen sollte der Blick ins »wirkliche Leben« natürlich den Erfahrungshoriziont der angehenden akademischen Elite erweitern. Angela Merkel landete in einer Wäscherei, wo ihr die Aufgabe zufiel, die Hemden russischer Soldaten zu bügeln. Ihr Urteil im Nachhinein liest sich in der *Welt am Sonntag:* »Das schadet niemandem.«

Angela Kasner erlebte den ganz normalen Studentenalltag, ganz normale Studentenfreuden. Während ihre Kommilitonen in ihrer Freizeit Verstärker bauten, um Disko-Abende zu veranstalten, versuchte sie sich als Geschäftsfrau und Barkeeperin, erzählt sie in der Talkshow *Beckmann.* Zweimal in der Woche traf man sich im Studentenclub, und sie selbst stand hinter der improvisierten Theke und mixte den angesagten Kirsch-Whisky, an dem sie einigermaßen gut verdiente. Weil sie aber auch die Ingredienzen für den Cocktail beschaffen musste, fuhr sie tagsüber per Straßenbahn durch die Stadt, um abends kistenweise Kirschmost parat zu haben – die erforderliche Menge Whisky war offenkundig leichter zu organisieren. Die Mühe sollte sich lohnen: Sie lernte schnell, wie sie mit ein wenig Geschick die Kirsch-Whisky-Becher nur ganz leicht schief halten musste, damit diese gleich viel voller aussahen.

Während des Studiums lernte Angela Kasner eine enge, vielleicht ihre beste Freundin kennen, die ihr noch Jahre später besonders zugetan ist. In den naturwissenschaftlichen Fächern hatte sie es aber – allen Bemühungen um die Gleichberechtigung zum Trotz – mit einer Mehrheit von männlichen Kommilitonen zu tun und lernte sich in einem von Männern dominierten Umfeld zu bewegen und zu behaupten. Angela Merkel war schon damals ein auffällig sozialer Mensch, gesellig und kontaktfreudig und weit davon entfernt, sich für nichts anderes als ihr Fach zu interessieren. So erhielt sie sich immer auch die Neugier auf Zusammenhänge jenseits der Grenzen der Physik. Zum Beispiel reiste sie sehr gern – und natürlich nicht allein: Ulrich Merkel studierte in der Nachbarseminargruppe Physik, mit ihm zusammen nahm Angela Merkel, geborene Kasner, an einem Jugendaustausch mit der Sowjetunion teil: Sie reisten nach Leningrad und Moskau und trafen dort sowjetische Physikstudenten.

Für Außenstehende war offenkundig, dass Angela Kasner und ihr Freund Ulrich Merkel sehr unterschiedliche Charaktere besaßen. Sie war durchaus ambitioniert, ohne so recht zu wissen, wohin mit ihrem Elan. Ulrich Merkel war sichtlich bescheidener und genügsamer in den Ansprüchen, die er an sein Leben stellte. Einer ihrer Freunde von damals erinnert sich, dass der ruhige Vogtländer viel bodenständiger gewirkt habe als seine Brandenburger Freundin, die gelegentlich mit Stolz auf ihre Geburtsstadt Hamburg verwies. Doch die Gegensätzlichkeit der beiden spielte keine Rolle, solange beide noch vor dem Examen standen und sich Zukunftsfragen eher träumerisch, denn mit realen Konsequenzen beantworteten.

1976, im vierten Studienjahr, zogen sie schließlich zusammen. Ein Jahr später verwandelten sie die Studentenliebe in eine Studentenehe. »Man hatte auch das Alter dafür«, sagt Ulrich Merkel heute, »aber vielleicht noch nicht die Lebenserfahrung.« Ein Freund hatte versucht, Angela Kasner vor ihrer Hochzeit davon zu überzeugen, dass der sehr nette, aber ruhige Ulrich einfach zu bedächtig für sie sein würde. Sie aber schlug den Rat damals in den Wind.

Die Braut wünschte sich eine kirchliche Hochzeit, und im September lud die Familie Kasner zur Vermählung ihrer inzwischen dreiundzwanzigjährigen Tochter nach Templin ein.

Mit einem Kreis von vielleicht zwanzig Freunden und Verwandten trafen man sich zunächst zum Polterabend bei Kasners auf dem Waldhof. Das Wetter war schön, also beschloss die ganze Gesellschaft, sich in ein paar Autos zu quetschen und hinauszufahren in die brandenburgischen Wälder. Auf einer Lichtung saß man ungestört am prasselnden Lagerfeuer, spielte Gitarre und feierte. Jemand trieb im letzten Moment bei wildfremden Menschen noch ein paar ausgediente Blumentöpfe zum Poltern nach alter Sitte auf, doch auch die anwesenden Physiker sahen überrascht, wie schwierig es war, die Blumentöpfe auf dem moosigen Waldboden in Glück bringende Scherben zu verwandeln.

In der Templiner Georgenkapelle wurden Angela und Ulrich Merkel schließlich auch kirchlich getraut – nicht von Horst Kasner selbst, sondern von einem seiner jüngeren Kollegen. Ein blaues Hochzeitskleid habe die Braut getragen, will eine Illustrierte wissen.

»Weil's alle so gemacht haben«, hätten auch sie sich einfach in Studententagen vermählt, sagt Angela Merkel viel später zu Herlinde Koelbl, als sie lange schon von ihrem ersten Ehemann geschieden ist und nur noch seinen Namen trägt.

Vorerst jedoch ging für das junge Ehepaar Merkel das Studium in Leipzig weiter – und einem Ende entgegen. Angela Merkel hatte begonnen, in einer Leipziger Außenstelle der Akademie der Wissenschaften der DDR zu arbeiten, um bei einem der dort tätigen Professoren schließlich auch ihre Diplomarbeit vorzubereiten. Im Zentralinstitut für Isotopen- und Strahlenforschung sei Angela Merkel ihm als eine sehr ruhige und überlegte Studentin aufgefallen, sagt ein Professor, der mit der »außergewöhnlich strebsamen« Nachwuchswissenschaftlerin theoretische Untersuchungen in englischer Sprache veröffentlicht hat. Er erinnert sich an ihre klare Ausdrucksweise und daran, dass sie ihr Sprachvermögen nach Kräften nutzte. Auch den übrigen Institutsmitarbeitern fiel die Studentin aus Norddeutschland auf, die zwar zunächst immer zögerlich auftrat, sich aber als sehr aufgeweckt entpuppte, wenn sie einmal Vertrauen geschöpft hatte.

Die Nähe des Professors zur Kirche war allgemein bekannt, er ging damit nicht hausieren, verheimlichte seine Religionszugehörigkeit aber auch nicht. Die Familiengeschichte seiner Studentin aber habe für ihn keine Rolle gespielt, sagt er und fügt an: »Diese Geschichte öffnete manche Türen – so, wie sie andere gleichzeitig fest verschloss.«

In der Abteilung, in der sich Angela Merkel auf ihr Examen vorbereitete, »war alles möglich« – wie sich ein Kommilitone von damals erinnert, sie seien eine »verschworene Gesellschaft« gewesen. Die Leitung hatte ein relativ junger Wissenschaftler, der an einer sowjetischen Expedition in die Antarktis teilgenommen hatte und sich bemühte, seinen Studenten und Mitarbeitern ein außergewöhnlich offenes Arbeitsklima zu bieten. Die freimütigen Gespräche waren für Angela Merkel in dieser Zeit kurz vor Beginn ihres Berufslebens wichtig. Die Diplomandin konnte, während sie – wie sich ein Kommilitone mit Respekt erinnert – an einer Studie zu einem »sehr abgehobenen Thema« arbeitete, in dieser Umgebung Freiräume austesten, sich orientieren und erfahren, dass auch innerhalb der Hierarchien des Wissenschaftsbetriebs derlei »verschworene Gemeinschaften« existierten, wie sie ihr Freund gepriesen hatte.

Angela Merkel schloss ihr Physikstudium 1978 mit einer sehr gut benoteten Diplomarbeit ab. Trotz ihrer Begabung sei ihr diese Note nicht in den Schoß gefallen, meint Ulrich Merkel. Nicht ganz leicht fielen der Physikerin vor allem die sportlichen Leistungen, die ihr auch im naturwissenschaftlichen Diplomstudiengang abverlangt wurden. Im Hundertmeterlauf musste sie sich schließlich einer Wiederholungsprüfung unterziehen. In der Talkshow von Bettina Böttinger stellt sie selbst die Vermutung an, dass sie im zweiten Anlauf nur deshalb erfolgreich ins Ziel gekommen sei, weil jemand falsch gestoppt hätte. Bereits als Schülerin hatte sie am Sportunterricht wenig Spaß. Der obligatorische Sprung vom Dreimeterbrett jedenfalls bedurfte einer Dreiviertelstunde qualvoller Überwindung auf dem Sprungturm.

Die Frage, wo Angela und Ulrich Merkel künftig arbeiten würden, beantwortete sich für die beiden Absolventen durchaus nicht von allein. Sie strebten zunächst den Umzug nach Ilmenau in den Bezirk Suhl an. An der Technischen Hochschule hätte es für beide jungen Physiker Arbeit geben können, aber Angela Merkel war schon vom Vorstellungsgespräch empört, wie sie dem *Focus*-Journalisten Wolfgang Stock schildert. Ein »widerlicher Kaderleiter« habe rätselhafterweise alles über sie gewusst – wie oft sie Westradio gehört habe, wann sie neue Jeans hatte. Offenkundig lagen ihm weit aufschlussreichere Details über die Kandidatin vor, als aus deren Bewerbungsunterlagen hervorgehen konnten. Unglaublich arrogant sei er zu allem Überfluss aufgetreten und schließlich habe er ihr schon von vornherein untersagt, im Fall ihrer Beschäftigung als Assistentin der Technischen Hochschule in Ilmenau weiterhin die Evangelische Studentengemeinde zu besuchen.

In der Hochschule in Ilmenau hätten sich dann auch noch, wie sie schildert, zwei Mitarbeiter der Staatssicherheit in einem Treppenhaus an die junge Bewerberin aus Leipzig herangemacht – mit dem unmissverständlichen Ziel, sie für eine IM-Tätigkeit zu gewinnen. Sie habe die aufdringlichen MfS-Mitarbeiter nach einer halben Stunde mit dem Hinweis darauf abblitzen lassen, dass sie »den Mund nicht halten kann« und ihrem Mann von der Begegnung mit der Stasi berichten würde. Mit der Androhung der Dekonspiration – soviel habe sie von ihren Eltern gewusst – konnte man MfS-Leute am ehesten von ihren verwerflichen Vorhaben abbringen.

Während die Nachrichtenagentur ADN 1992 eine kurze nachrichtliche Meldung zu diesem Vorfall verbreitete, schmückten *Bild* und *BZ* die Details zu diesem Anwerbungsversuch der Stasi weidlich aus: Scheinwerfer hätten die gnadenlosen Offiziere auf sie gerichtet – ein für Anwerbungsversuche im Treppenhaus einer Hochschule wohl doch eher untypisches Szenario. In den Akten der Behörde des Bundesbeauftragten für die Unterlagen der Staatssicherheit wiederum, wo ein solcher Vorgang üblicherweise Spuren hinterlassen hätte, finden sich darauf bislang keine Hinweise.

Angela und Ulrich Merkel waren nicht auf die Gunst eines allwissenden Kaderleiters angewiesen. Beiden eröffnete sich eine vielversprechende neue Perspektive: Sie erhielten grünes Licht für den Umzug in die Hauptstadt der Republik. Mit dem Weggang aus Leipzig begann für das junge Ehepaar die Selbstständigkeit. Waren Angela und Ulrich Merkel in ihrer Leipziger Studienzeit noch eng an ihre Familien gebunden, so lösten sich diese Bindungen nun. Angela Merkel entzog sich mehr und mehr der Autorität des Vaters und entfernte sich von dem oft begütigenden Einfluss der Mutter. Die Tochter machte sich auf, um künftig in einer Welt Fuß zu fassen, die jenseits des Erfahrungshorizonts der Eltern lag – im staatlichen Wissenschaftsbetrieb.

Zweites Kapitel
DIE PHYSIKERIN

Wer an der Universität Leipzig sein Physikstudium abgeschlossen hatte, brauchte sich um seine berufliche Zukunft nicht zu sorgen. Zum einen boten die Kombinate den examinierten Diplomphysikern Arbeit in der Industrie, zum anderen benötigten die Universitäten zuverlässiges Lehrpersonal, und schließlich eröffnete sich für einige wenige auch die Möglichkeit, an der Akademie der Wissenschaften zu arbeiten.

Die Absolventen aus Leipzig genossen einen guten Ruf, ihre Ausbildung galt – neben den Abschlüssen von der Technischen Universität Dresden – als besonders fundiert. Die Akademie in Berlin konnte unter den jungen Diplomphysikern der DDR Ausschau halten, eine feine Auswahl treffen und es sich leisten, nur die Besten in ihre Reihen aufzunehmen: 1978 begann hier für Angela Merkel das Berufsleben. Ulrich Merkel hatte eine Dozentenstelle an der Humboldt-Universität bekommen.

Gespannt war die diplomierte Physikerin auf den Wissenschaftsbetrieb, stolz darauf, angenommen worden zu sein, und sehr darauf bedacht, sich schnell in die neue Umgebung einzufügen.

Sechs Jahre zuvor war der Beschluss ergangen, die »Deutsche Akademie der Wissenschaften zu Berlin« in »Akademie der Wissenschaften der DDR« umzubenennen; aus der einstigen hoch elitären Gelehrtengesellschaft wurde nach mehreren Reformen die zentrale Forschungsakademie der DDR. Die SED-Führung hatte in den späten Sechzigerjahren die »Wissenschaftlich-Technische Revolution« ausgerufen, und der ehrwürdigen Akademie fiel darin die nicht unbedeutende Rolle zu, dem jungen sozialistischen Staat im »Kampf um eine dem Westen überlegene Arbeitsproduktivität« nach Kräften dienlich zu sein. Getreu ihrem Führungsanspruch erlaubte sich die Staatspartei massive Eingriffe in das Geschehen an der Akademie. Den eklatantesten Beweis für ihre Kompromisslosigkeit hatte die Partei- und Staatsführung im Jahr 1966 geliefert, als sie satzungswidrig und allein aus politischen Gründen den Namen des weltweit hoch geachteten Akademiemitglieds Robert Havemann streichen ließ.

Doch allen Versuchen zum Trotz ließ sich die »Produktivkraft Wissenschaft« nicht in toto vereinnahmen. Die SED dominierte den Wissenschaftsbetrieb der DDR zwar, ihn nach ihrem eigenen Verständnis vollständig zu »durchdringen«, gelang ihr jedoch nicht. Auch nach mehr als dreißig Jahren Einfluss durch die Partei unterschied sich die Sprache vieler Gelehrter vom Duktus der nicht-akademischen Ideologen und geistig nicht eben regsamen Funktionäre. Bürgerlich geprägte Gelehrte wurden stillschweigend geduldet, hatten sie doch im Gegensatz zu Lehrern und Professoren der Hochschulen keine erzieherische Funktion im Staat zu erfüllen.

Zwar konnten Forschungseinrichtungen naturwissenschaftlicher Disziplinen nach Wunsch und Dogma umstrukturiert werden, im Vergleich zu anderen Orten gesellschaftlichen Lebens aber stießen allzu plumpe Vereinheitlichungsbestrebungen auf Widerstand: Eigentum ließ sich per Dekret vergesellschaften, individuelle Arbeitsformen und kreatives Denken hingegen erwiesen sich als resistent gegen Gleichmacherei. Die traditionsbewusste Gelehrtengemeinschaft bewahrte ihren rund 24 000 Mitarbeitern einen Rest von geistiger Freiheit. Der stolze Adler im Siegel der Akademie der Wissenschaften erhob sich auch in vierzig Jahren DDR in die Lüfte, um seinem Sternbild entgegenzufliegen – Symbol für das Streben nach wissenschaftlicher Erkenntnis. »Cognata ad sidera tendit«, lautete das Motto seit fast dreihundert Jahren, getreu dem wissenschaftlichen Credo des Mitgründers der Akademie, Gottfried Wilhelm Leibniz: »Zu den verwandten Gestirnen strebt er.«

Die Akademie der Wissenschaften der DDR residierte in Berlin-Mitte am Gendarmenmarkt, an der Ecke zur damals nach Otto Nuschke benannten Jägerstraße. Darüber hinaus verfügte die Akademie über zahlreiche Dependancen, zum Beispiel in Adlershof im Südosten von Berlin, wo auf einem weitläufigen Areal unterschiedliche geistes- und naturwissenschaftliche Forschungsinstitute untergebracht waren. Hier nahm die 24-jährige Angela Merkel 1978 am Zentralinstitut für Physikalische Chemie ihre Arbeit auf: vorsichtig, wissbegierig und getrieben von dem Elan, ihre Leistung an der ihrer Kollegen zu messen. Deren Arbeitsplätze im ZIPC waren auf mehrere Gebäude verteilt und lagen beiderseits der Rudower Chaussee, die das Terrain der Akademie in Süd- und Nordgelände durchschnitt. Die diversen Laboratorien, Büros, Bibliotheken und Verwaltungsräume lagen auf dem abgeschiedenen Gelände weit verstreut. Auf dem Weg vom S-Bahnhof zu ihren Instituten passierten die Mitarbeiter der Akademie den ausgedehnten Gebäudekomplex mit den Studios des DDR-Fernsehens. Die grauen Kasernen des »Objekts« auf der gegenüberliegenden Straßenseite blendeten viele Passanten aus ihrer Wahrnehmung aus – hinter hohen Mauern hatte sich das Wachregiment »Feliks Dzierzinski« der Staatssicherheit einquartiert.

Einer der schmucklosen Flachbauten auf dem Akademiegelände beherbergte Angela Merkels erstes Büro – mit einer Ausstattung, die dem Stand der Technik zum Ende der Siebzigerjahre schon nicht mehr entsprach. Schritt andernorts die Automatisierung voran, so stanzten hier die Mitarbeiter ihre Lochkarten für die Computerprogramme im Keller selbst zurecht. Angela Merkel war in der kleinsten, der Theoretischen Abteilung des Zentralinstituts beschäftigt, wo sie nicht gänzlich fremd war: Die Empfehlung ihres Leipziger Professors in der Tasche, traf sie am Institut auf dessen Bruder, mit dem sie fortan zusammenarbeitete. Auch der Leiter der Theoretischen Abteilung, Lutz Zülicke, Autor eines zweibändigen grundlegenden Werkes zur Quantenchemie, war aus Leipzig nach Berlin gekommen. Er empfing die zunächst zurückhaltende, aber hoch motivierte Absolventin mit großem Wohlwollen. Es war für die vorsichtige Berufsanfängerin, der das Misstrauen des Pastorenkinds anhaftete, durchaus angenehm, in der noch ungewohnten Situation an Kontakte aus ihrer Studentenzeit anknüpfen zu können.

In Professor Zülickes Theoretischer Abteilung galt eine stillschweigend getroffene interne Verabredung, die den üblichen strengen Gepflogenheiten im Arbeiter- und Bauernstaat zuwiderlief: Die Theoretiker nahmen sich die Freiheit, mit ihrem Tagewerk nicht – wie andernorts üblich – pünktlich morgens früh um sieben zu beginnen, sondern erst eine Stunde später.

Überhaupt wirkte die Akademie in Adlershof mit ihren ausgedehnten, baumbestandenen Flächen wie eine Insel. Jenseits des Zauns herrschten ein anderer Ton und ein anderes Klima, diesseits war »die Intelligenz« des Arbeiter- und Bauernstaats vergleichsweise ungestört, geschützt und fern vom gewöhnlichen Leben der Republik. Wie eine kleine Stadt bot die Akademie den Mitarbeitern eine geschlossene Infrastruktur, die weit über den rein fachlichen Bedarf hinaus Bedürfnisse decken konnte: Eine eigene Poliklinik sicherte die medizinische Versorgung; ein Frisör und eine Autowerkstatt standen den Beschäftigten in Adlershof offen – und ein Konsum: »Eine wichtige Einrichtung«, erinnert sich Angela Merkel in der *Berliner Morgenpost*. »Da gab es Letscho und alles, was man sonst so zum Abendessen brauchte.«

Unterschiedliche Fachrichtungen residierten relativ dicht beieinander, sodass die Wissenschaftler mühelos fachspezifische Daten untereinander austauschen konnten. Zwei große Kantinen waren Anlaufpunkte, die von Angehörigen verschiedener Wissenschaftsdisziplinen gemeinsam genutzt wurden, wie auch ein zentraler Rechner von riesigem Ausmaß. Die Akademiemitarbeiter waren nicht der düsteren, Ehrfurcht gebietenden Atmosphäre der preußischen Altbauten im Zentrum der Stadt ausgesetzt. Sie betraten ihre Arbeitsstätten allmorgendlich auch nicht durch finstere Werkstore – wie jene Absolventen, die nach dem Studium bei Zeiss in Jena oder in anderen Industriekombinaten eine Beschäftigung gefunden hatten. In Adlershof lebten die Wissenschaftler, Laborantinnen,

Techniker, Ingenieure und Sekretärinnen in ihrem eigenen Mikrokosmos. Und dieser unterschied sich deutlich von der übrigen Welt, wie einer der Akademiemitarbeiter rückblickend festhält: »Der Takt der Stechuhr trieb uns nicht, wir hatten eine saubere Arbeit. Und wir blieben unter uns.«

Den Wissenschaftlern an der Akademie war ein – wenngleich kontrollierter – Zugang zu einigen wenigen Vervielfältigungsgeräten gestattet. Um subversive Handlungen oder gar den gefürchteten staatsgefährdenden Missbrauch dieser Geräte zu verhindern, mussten die gewünschten Kopien zwar schriftlich beantragt werden, und die Bearbeitung der Aufträge dauerte oftmals unerklärlich lange, dennoch war die Existenz einer Vervielfältigungsstelle eine Besonderheit angesichts der an Paranoia grenzenden Furcht der Staatsführung vor der Meinungs- und Pressefreiheit. Ein seltener Vertrauensbeweis, der beispielsweise Universitätsmitarbeitern in dieser Form nicht zuteil wurde.

Ein weiteres Vorrecht war die Akademiebibliothek. Untergebracht in einer Baracke auf dem südlichen Teil des Geländes in Adlershof, gab sie wie auch die kleineren institutseigenen Büchereien den Blick frei auf einen weiten Horizont. In den vergleichsweise wohlbestückten Regalen der Bibliothek reihten sich neben der internationalen naturwissenschaftlich-technischen Literatur Ausgaben belletristischer Werke unterschiedlicher Herkunft aneinander. Benn, Kunze, Kafka, Heym – Bücher, die in der DDR gemeinhin außerordentlich selten oder im Buchhandel nur mühsam greifbar waren.

Zeitungen und Periodika aus dem sozialistischen und dem kapitalistischen Ausland konnten in aller Ruhe studiert werden und erst in den späten Jahren der DDR griff die Zensur auf besondere Art und Weise ein: Bevor die Bibliothekarinnen die abonnierten Fachzeitschriften aus dem Westen offen ausgelegten, hatten sie sorgfältig die Seiten mit den Stellenanzeigen herauszutrennen.

»Wir ackerten auf einem freien Forschungsfeld«, sagt einer der Physiker von einst über die Akademie, in der es möglich war, Individualität nicht nur zu wahren, sondern auch auszuleben – zumindest innerhalb der vorgegebenen Grenzen.

Das ZIPC galt unter den Forschungszentren nicht als herausragend, erfreute sich aber einer soliden Reputation. An der Schnittstelle zwischen Chemie und Physik betrieben die Wissenschaftler Grundlagenforschung zu zivilen Zwecken, was allerdings nicht ausschließt, dass die eine oder andere Entdeckung auch in der Waffen- oder Militärtechnik Verwendung gefunden haben konnte. Verfeinerte Prozesse zur Extraktion von Parafinen aus Erdöl beispielsweise sind vielseitig anzuwenden. Benachbarte größere Akademie-Institute – wie die für Elektronik, für Kosmosforschung oder für Optik und Optoelektronik – übernahmen insbesondere anwendungsbezogene Großforschungsprojekte, die oftmals explizit militärischen Zwecken dienten, auf jeden Fall aber mit Blick auf die unmittelbare Funktion für die staatlichen Industriebetriebe initiiert waren. Am ZIPC erforschten die Wissenschaftler Zeolith- und Metallkatalysatoren, stellten Untersuchungen zur Festkörperchemie an und machten plasma- oder laserchemische Experimente. Ein großer Teil der Mitarbeiter konnte sich mit Muße rein theoretischen Untersuchungen widmen: »Sie trugen keine blauen, sondern weiße Kittel«, erinnert sich ein Physiker, während Angela Merkel gar von ihren »Ärmelschonern« spricht. Schon im Studium hatte sie die Erfahrung gemacht, dass ihr das Experimentieren weniger lag als Abstraktionen und theoretische Überlegungen, und so hatte sie in der Theoretischen Abteilung einen Platz gefunden, an dem sie sich auf Dauer einrichten konnte.

Der Lebensstandard der Mitarbeiter der Akademie war – gemessen am Durchschnitt der Bevölkerung – im Allgemeinen hoch. Das bedeutete nicht, wer seine Arbeitskraft in den Dienst am technischen Fortschritt der DDR stellen durfte, erhielte zwangsläufig ein exorbitantes Salär. Immer wieder forderte gerade der akademische Nachwuchs höhere Gehälter. Doch als im Jahr 1982 schließlich die Verdienste angehoben wurden, befriedete das nicht etwa, sondern löste neue Diskussionen aus, wie die monatlich verfassten Berichte der SED-Funktionäre dokumentieren. Jetzt gab es eine als ungerecht empfundene Disproportion zu bemängeln: Absolventen, also Berufsanfänger, sollten plötzlich über rund 1 200 Mark monatlich verfügen können – mehr verdienten auch langjährige Mitarbeiter nicht.

Die Akademie versuchte, insbesondere junge Wissenschaftler über Prämien und Belohnungen zu einem hohen Engagement in Labors und Instituten zu motivieren. Ein damaliger Freund und Kollege von Angela Merkel erhielt zum Beispiel eine »Sonderprämie« von immerhin 2 000 Mark, eine Summe, die den durchschnittlichen Monatsverdienst eines Angestellten oder Arbeiters bei weitem überstieg. Offiziell wurde diese großzügige Gratifikation mit »außergewöhnlichen Leistungen auf dem Gebiet der Physik« begründet; in Wirklichkeit aber hatte der Wissenschaftler im Verlaufe eines Forschungsjahres in den USA rund 10 000 Dollar verdient, diese unvorstellbar hohe Summe artig am Institut abgegeben und allzu gutgläubig der Zusage vertraut, er erhielte selbstverständlich eine angemessene Kompensation.

Doch Lohn, Gehalt und Geldprämien rangierten in der realsozialistischen Werteskala nicht an oberster Stelle. Bemerkenswerter als finanzielle Zuwendungen war unter den Bedingungen der Mangelwirtschaft die Möglichkeit, das verdiente Geld auch einigermaßen wunschgemäß ausgeben zu können, also der Zugriff auf begehrte Güter des täglichen Bedarfs oder auf rare Lebensmittel. Gelegentlich wurden auf dem Akademiegelände außerplanmäßig Waren angeboten, die als Raritäten erschienen.

Die vorweihnachtliche Versorgung mit frischen Apfelsinen und Obstkonserven oder der Zugang zu einem Posten mit Jeans mussten im DDR-Alltag als reale Vergünstigungen empfunden werden.

Auch dem Engagement Freiwilliger verdankten die Akademiemitarbeiter, dass sie nicht allein auf das oft trostlose Angebot der staatlichen Handelsorganisation angewiesen waren. In der Weihnachtszeit organisierten einige engagierte Gewerkschaftsmitglieder aus den Reihen des Zentralinstituts, an dem auch Angela

Merkel arbeitete, einen ambulanten Bücherverkauf. Sie überredeten eine Buchhändlerin aus Berlin-Mitte, ihnen eine Reihe von begehrten Titeln zur Verfügung zu stellen – »Bückware«, die sie dann in Adlershof den Kollegen auf improvisierten Büchertischen zum Kauf anboten.

Auch wenn die Berufsanfängerin Merkel diese Möglichkeiten, sich vom Normalbürger der DDR zu unterscheiden, nicht unbedingt in Anspruch nahm, so hatte sie doch ständig die Bandbreite der sozialen Unterscheidungsmerkmale in der vermeintlich klassenlosen Gesellschaft vor Augen. Sie zählte einerseits zum Kreis der Bevorzugten, andererseits waren die Vorrechte der normalen Akademiemitarbeiter wiederum deutlich begrenzt. Auch an der Akademie kamen ausschließlich wichtige politische Leitungskader in den Genuss von Statussymbolen, die für den normalen DDR-Bürger nahezu unerreichbar waren. Zum Beispiel wurden Luxusgüter wie Autos westlicher Herkunft nach dem selben ausgeklügelten Mechanismus zugeteilt wie in den Chefetagen der Großkombinate oder Verwaltungen.

Die Partei- und Staatsführung verstand es, »ihre« Wissenschaftler über kleinere oder größere Dreingaben enger an sich zu binden. Entzog sie jedoch Vergünstigungen, so setzte sie das Wohlwollen oder die Geduld der Intelligenz aufs Spiel. Ein Parteisekretär vom Zentralinstitut für Physikalische Chemie konstatierte 1984 angesichts nicht zu übersehender Versorgungsmängel: »Diese Probleme spielen eine nicht zu unterschätzende Rolle bei der Festigung des Vertrauens zu den Beschlüssen der Partei.« Die Loyalität gegenüber der SED, so fürchtete der besorgte Genosse, nehme rapide ab: Nicht nur bemerke er unter seinen Kollegen vom Zentralinstitut eine zunehmende »Unzufriedenheit« und ein wachsendes »Unverständnis« über Entscheidungen des Politbüros.

Als Reaktion auf die auch an der Akademie in den Achtzigerjahren rapide steigende Zahl von Mitarbeitern, die Anträge auf Ausreise stellten oder von ihren Dienstreisen in den Westen nicht zurückkehrten, erging in reinstem Funktionärsduktus der Parteiauftrag: »Einen Schwerpunkt in der politisch-ideologischen Arbeit der staatlichen Leiter und der Grundorganisationsleitungen muss die systematische Zurückdrängung der Antragstellung von Bürgern der DDR auf Ausreise in die BRD und Westberlin einnehmen ... Die Zielstellung muss sein, bis Jahresende keine Antragsteller mehr bzw. die Zurücknahme bereits gestellter Anträge.« Diesen Auftrag konnten auch die treuesten Genossen nicht erfüllen.

Einen Grund für die Unzufriedenheit vieler DDR-Bürger lieferte die desolate Versorgung mit adäquaten Wohnungen – auch noch dreißig Jahre nach Kriegsende. Insbesondere in der Hauptstadt der Republik behoben die unzähligen, schnell hochgezogenen Plattenbauten an der Peripherie den generellen Mangel nicht. Über die so genannte Wohnraumlenkung sollten sowohl volkseigene wie private Wohnungen vergeben werden. Eigens eingesetzte Kommissionen hatten über die gerechte Verteilung zu wachen, dafür zu sorgen, dass besonders Bedürftige bevorzugt bedacht wurden. Das System aber hakte. Das junge, kinderlose Ehepaar Merkel zum Beispiel hatte kaum eine Chance, vom Staat eine Bleibe in Berlin zugeteilt zu bekommen – und dies war durchaus kein Einzelfall. Immer wieder gingen bei der Parteigruppe an der Akademie heftige Beschwerden über die aussichtslose Lage junger wohnungssuchender Mitarbeiter ein. Abhilfe aber wurde nicht geschaffen: Wer konnte, mogelte sich durch, quartierte sich provisorisch ein, nutzte Beziehungen – oder aber er hatte schlicht Glück.

Freunde der Eltern vermittelten dem Paar schließlich eine kleine Bleibe in der Marienstraße in Berlin-Mitte – vom Bahnhof Friedrichstraße mit dem deutsch-deutschen Grenzübergangsszenario nur durch die Spree und den Schiffbauerdamm getrennt. Angela Merkel kannte sich hier aus, oft hatte sie sich am »Tränenpalast«, dem Grenzkontrollgebäude, von ihren Verwandten verabschiedet. Auf der Marienstraße war das ständige Rumpeln der S-Bahn, die zwischen Ost und West verkehrte, deutlich zu hören. Die Teilung der Stadt war an diesem Ort stets präsent, wurde aber als unabänderlich hingenommen. Wie viele andere auch hätten sie sehr gern den Westteil der Stadt kennen gelernt, erinnert sich Ulrich Merkel. »Ich habe jedoch nicht den Eindruck gehabt, dass Angela besonders unter der Mauer gelitten hat.«

Die Gegend zwischen dem Deutschen Theater, dem symbolträchtigen Bahnhof und dem Berliner Ensemble war damals heruntergekommen, trist und desolat. Zwar hatten die überwiegend vierstöckigen Häuser aus dem 19. Jahrhundert die Bombardements des Zweiten Weltkrieges einigermaßen unbeschadet überstanden, aber sie waren angesichts der Baustoffknappheit dem allmählichen Verfall anheim gegeben. Erst zur Berliner 750-Jahrfeier 1987 wurden ein paar museal anmutende Vorzeigeobjekte renoviert, zuvor aber waren ganze Straßenzüge im historischen Kern der Stadt verlottert.

Die beiden Neu-Berliner nahmen, wie sich der Handwerkersohn Ulrich Merkel erinnert, einen Kredit auf und bauten ihre kleine Einraumwohnung in der Marienstraße so gut es ging erst einmal aus. Es brauchte Zeit, bis Berlin wirklich ein Zuhause wurde. Beide mussten sich an ihren ersten Arbeitsplatz gewöhnen und an das Leben in einer Stadt, in der es turbulenter zuging als zuvor in Leipzig. In der Marienstraße wuchsen keine Bäume, und es habe ihn wenig versöhnt, dass sie immerhin in einen hellen Hinterhof blicken konnten, erinnert sich Ulrich Merkel. Es sei ihm nicht leicht gefallen, in der fremden städtischen und unwirtlichen Umgebung sesshaft zu werden. Oft und gern hätte das Ehepaar Merkel in dieser Zeit die Eltern in Templin oder im Vogtland besucht. Und doch veränderte sich mit dem offiziellen Ende des Studentenlebens auch ihr Verhältnis zu den Familien, wie Ulrich Merkel sagt: »Das war ja zugleich das endgültige Abnabeln vom Elternhaus, ein oft schmerzlicher Lernprozess.«

Angela Merkel nahm Berlin als Kulturstadt wahr. Sie pflegte eine gutbürgerlich anmutende Kulturbeflissenheit, besuchte die Volksbühne und nutzte mit Freude die Kontingente für Theaterkarten, die zum Beispiel vom Berliner Ensemble für die Mitglieder des Freien Deutschen Gewerkschaftsbundes reserviert wurden. Mit ihren Vorlieben und ihrem traditionellen Kunstverständnis blieb Angela Merkel nah an der staatlichen Auffassung vom »Kulturschaffen«. Zur jungen DDR-Avantgarde, zu schrägen oder renitenten Künstlern hatte und suchte sie keine direkten Kontakte – sehr wohl aber beschäftigte sie sich weiter mit kritischen Texten über gesellschaftliche Entwicklungen.

Neid, manchmal Argwohn, aber auch Neugier erregte bei dem einen oder anderen Kollegen, dass die Pastorentochter aus dem Brandenburgischen gelegentlich Gedrucktes oder Kritisches aus dem weiteren Umfeld der Kirche, Lektüre aus dem Westen oder aber Texte Rudolf Bahros, Andrej Sacharows und Alexander Solschenizyns zu Gesicht bekam.

Angela Merkel ging in dieser Zeit sehr zurückhaltend mit ihren Einblicken in die Welt der Kirche um, verbarg vor der Kollegenschaft eher, was sie im elterlichen Zuhause oder in der Gemeinde aufgeschnappt hatte. Hatte sie zu einem Kollegen erst einmal Vertrauen geschöpft, so teilte sie sich mit und scheute sich nicht, Bücher oder Schriften zu verleihen. Ihrem Auftreten nach war sie weit entfernt vom Einfluss des Waldhofs. Wohl gab es die Besuche bei den Eltern, gelegentlich auch Ausflüge mit wenigen Freunden aus dem engeren Kollegenkreis nach Templin, aber Angela Merkel unternahm nicht den Versuch, die Welt der Akademie mit der in Templin zu vereinbaren. Sie war selbstständig und testete in den ersten Jahren in Berlin die Grenzen dieser Selbstständigkeit aus. Die Akademie bot ihr dazu den richtigen Rahmen.

So fern die beiden besonderen Lebensräume in Templin und Adlershof, in die sie jeweils für mehr als zehn Jahre ihres Lebens eingetaucht war, einander waren – sie wiesen doch Parallelen auf: Waldhof wie auch die Akademie zählten zu den nicht sehr zahlreichen Welten am Rande der weithin konformen DDR-Gesellschaft. Aus gänzlich unterschiedlichen Gründen spielten weder das kirchlich-karitative Milieu noch die pure Grundlagenforschung in der Selbstdarstellung der DDR eine herausragende Rolle. Die Leistungen auf sozialem Gebiet mussten selbstverständlich allein dem Staat zu verdanken sein; die Errungenschaften der Wissenschaft wiederum wurden von der Partei- und Staatsführung erst dann gebührend gewürdigt, wenn sie sich – eingearbeitet in Produktionsmethoden der Großindustrie – auf der Leipziger Messe publikumswirksam als Belege für den hohen Entwicklungsstand der DDR-Wirtschaft präsentieren ließen.

Rein äußerlich war die Umgebung von Waldhof und der Akademie ähnlich grün, still und relativ frei. Die Menschen, die hier anzutreffen waren, hatten ein überdurchschnittliches Bildungsniveau und ein ausgeprägtes Leistungsbewusstsein. Sie pflegten einen respektvollen Umgang miteinander und waren zum größten Teil »Kopfarbeiter«. Hier wie dort konnte Angela Merkel Unabhängigkeit und Individualität entfalten, da sie bereit war, sich innerhalb vorgegebener Grenzen zu bewegen und vorgegebene Verhaltensregeln nicht zu brechen, wenn Widerspruchsgeist und Eigensinn töricht gewesen wären. Unter diesen Bedingungen bot das Umfeld der Akademie ihr jetzt Schutz und Freiraum.

Zu Beginn der Achtzigerjahre waren am Zentralinstitut für Physikalische Chemie in Adlershof knapp 600 Mitarbeiter beschäftigt. Nur vier der am ZIPC wirkenden Forscher hatten Zugang zu geheimen Verschlusssachen. Die Statistik von damals verzeichnet sechzig Geheimnisträger mit Zugriff auf vertrauliche Informationen – deutlich weniger als an anderen Instituten.

Frauen waren in der DDR-Gesellschaft formal gleichberechtigt, in der Wirklichkeit der naturwissenschaftlichen Forscherwelten aber bekleideten die weiblichen Mitarbeiter vorwiegend Sekretariatsposten oder gingen Arbeiten in Bibliotheken oder Laboratorien nach. Von acht Grundlagenforschern in der Theoretischen Abteilung des ZIPC war Angela Merkel über viele Jahre die einzige Frau. Ihr Vordringen in die Männerdomäne der Physiko-Chemiker schien sie jedoch weder auszukosten, noch reizte sie ihre exklusive Position als einzige weibliche Wissenschaftlerin unter den männlichen Kollegen aus. Die Sekretärinnen machten sich gelegentlich lustig über das kumpelhaft-freundliche Auftreten der jungen Person, die darum bemüht war, als Physikerin akzeptiert zu werden und als Kollegin nicht anzuecken. Ihre hohe fachliche Qualifikation brachte ihr Anerkennung, zudem galt sie ihren Kollegen als vertrauenswürdig.

Eine spätere Parteisekretärin des ZIPC lebte den Kollegen dagegen eine realsozialistische Frauenkarriere wie aus dem Bilderbuch vor: Zwar waren ihre wissenschaftlichen Leistungen nicht herausragend, die politische Überzeugung der Genossin aber machte vieles wett. Schritt für Schritt arbeitete sie sich zügig innerhalb der Parteihierarchie vor und ging in dieser auf, ohne Kompromisse machen zu müssen. Ihre Kinder waren selbstverständlich der staatlichen Obhut anvertraut – sie bot gewissermaßen das Gegenstück zu dem Bild, das die nicht minder ehrgeizige, aber eben allein auf ihre wissenschaftlichen Meriten angewiesene Angela Merkel in dieser Zeit abgab.

Wie überall im Land funktionierten die Macht- und Kontrollmechanismen der Partei- und Staatsführung auch an den verschiedenen Instituten der Akademie der Wissenschaften der DDR. Die Partei hatte dafür gesorgt, dass ihre Überwachungsorgane auch in Adlershof kontinuierlich präsent und aktiv waren. Das Netz von SED, den »befreundeten« Blockparteien und Massenorganisationen war so eng geknüpft wie in allen anderen Lebensbereichen der DDR. Die leitenden Positionen an der Akademie waren in den Achtzigerjahren nahezu ausschließlich mit Mitgliedern der Einheitspartei besetzt, das System war wasserdicht.

Als eine Mitarbeiterin vom ZIPC zur »Aktivistin der Sozialistischen Arbeit« erhoben werden sollte, gereichte ihr plötzlich zum Nachteil, dass sie zuvor aus der Gesellschaft für Deutsch-Sowjetische Freundschaft ausgetreten war. Nicht zuletzt führte die Partei gegen ihre wissenschaftlichen Elitetruppen Schild und Schwert ins Feld: Auch das Ministerium für Staatssicherheit verfügte an der Akademie über ein System von verlässlichen Zuträgern und war eine integrale Komponente des Akademiebetriebs.

Wie streng indes die politischen Vorgaben der Parteiführung eingehalten wurden, hing entscheidend von der persönlichen Haltung des jeweiligen Parteisekretärs und der Vorgesetzten auf der untersten Ebene ab. Mancher Funktionsträger wusste sehr wohl seinen Spielraum zu Gunsten der Mitarbeiter auszunutzen, hielt ihnen den Rücken frei und mimte gegenüber den Hierarchen geschickt den überzeugten SED-Parteisoldaten. Als Angela Merkel im ZIPC ihre Arbeit aufnahm, amtierte dort noch Parteisekretär Rudi Hinte. Er arbeitete nicht als Wissenschaftler, sondern trug die Verantwortung für die ökonomische Leitung des Instituts. Als graue Eminenz bestimmte Hinte die Geschicke des ZIPC, ein linientreuer Funktionär, der spätstalinistische Ansichten hegte und sich durch seine ideologische Engstirnigkeit auszeichnete.

Angela Merkel engagierte sich in ihren ersten Berufsjahren zusammen mit anderen jüngeren Kollegen in der FDJ-Gruppe ihres Instituts. Bald wurde es zur Gewohnheit, dass sich in ihrem Büro ein Kreis von jüngeren Akademikern zu Diskussionen beim stark gebrühten Kaffee versammelte. Ihre Freunde aus dieser Zeit gehörten zum Teil der SED an, sie waren aus Überzeugung Mitglieder der Staatspartei. Dass die engagierte Kollegin Merkel aus einem protestantischen Elternhaus stammte, spielte in ihren Debatten in der Regel ebenso wenig eine Rolle wie die Tatsache, dass sie verheiratet war. Das Private war konsequent ausgeblendet – diese scheinbar überlebenswichtige und tief verinnerlichte Maxime bestimmte an der Akademie das Leben der Angela Merkel. Sie konnte von einem Lebensumfeld ins nächste wechseln, ohne diese jedoch zu vermischen – und sie hält sich noch Jahre später als Politikerin daran, die Trennung von Privatem und Beruflichem unbedingt aufrechtzuerhalten.

Über Nichtprivates dagegen tauschten sich die ZIPC-Nachwuchswissenschaftler offen untereinander aus – vor der gesamten Institutsgemeinschaft war diese Offenheit jedoch nicht unbedingt gefragt. Die Atmosphäre wurde insgesamt erst in der Mitte der Achtzigerjahre toleranter, nachdem die Institutsleitung dem Akademiemitglied Gerhard Öhlmann anvertraut worden war. Der Genosse Professor Öhlmann hatte seine Kindheit in der Sowjetunion verbracht, pflegte eine Vorliebe für die russische Kultur, und er war aufgeschlossen genug, mit den nunmehr in politischen Diskussionen kursierenden Begriffen Perestroika und Glasnost ernsthafte Hoffnungen zu verbinden.

Die Mitarbeiter des Zentralinstituts debattierten zum einen regelmäßig über ihre Arbeit: So war es üblich, Forschungsergebnisse vor der versammelten Institutsöffentlichkeit zu verteidigen, die entwickelten Thesen zur Diskussion zu stellen und kontrovers zu diskutieren. Die Kollegen aber besprachen nicht allein Details ihrer wissenschaftlichen Arbeit oder lamentierten über Banalitäten des Alltagsgeschehens. Sie trugen die Bruchstücke ihrer Informationen aus den westlichen Medien zusammen und tauschten sich über politische Entwicklungen in der Bundesrepublik aus. Zum Beispiel beschäftigte sie 1985 die Rede von Richard von Weizsäcker zum 8. Mai. Angela Merkel hatte eine Abschrift der bemerkenswerten Rede des Bundespräsidenten zum Kriegsende in die Hand bekommen und ließ sie unter denen kursieren, die ihr Vertrauen genossen.

Andere Emotionen weckte der Blick Richtung Osten: Angela Merkel verfolgte mit ihren Kollegen gespannt und voller Erwartungen die deutlich erkennbaren Anzeichen für den politischen Wandel in der Sowjetunion: Seitdem der Generalsekretär der KPdSU Michail Gorbatschow hieß, lasen sich selbst Parteitagsreden aus dem Land des Großen Bruders wieder spannend. Glasnost war in der DDR weiterhin ein Fremdwort und sollte es für den Kern der unbelehrbaren ZK-Mitglieder auch bleiben. Die Texte von Gorbatschow aber kursierten dennoch unter den politisch interessierten FDJlern, und in gleichem Maße wie diese Schriften viele Altkader der SED verunsicherten, regten sie die Fantasie der jungen intellektuellen Elite der DDR an und ermutigten diese in politischen Diskussionen.

Die SED ließ ihre Mitglieder im Allgemeinen sorgfältig über das Geschehen innerhalb der verschiedenen Institute wachen. Die Staatspartei unterhielt an der Basis, zum Beispiel in den Zentralinstituten, ihre Grundorganisationen, darüber dann agierte und agitierte die Kreisleitung der SED. Analog dazu existierten die Strukturen der staatlichen Jugendorganisation FDJ sowie die der Gewerkschaft. Die regelmäßig erstellten, vielfach sehr detaillierten Berichte der Genossen der SED-Kreisleitung an die nächsthöhere Instanz der Partei thematisierten tatsächlich Probleme, die ausschließlich für die Partei relevant waren: Einer der Genossen Professoren stellte beispielsweise die geforderte Zahlung seiner Mitgliedsbeiträge ein. Er wurde ermahnt, zum Gespräch einbestellt, erschien jedoch nicht. Da er es an Einsicht mangeln ließ und sich standhaft weigerte, zu den üblichen Zahlungsgepflogenheiten zurückzukehren, erging der Beschluss, den uneinsichtigen Genossen kurzerhand aus der Partei auszuschließen.

Neben Berichten über persönliche Verfehlungen und administrative Vorgänge tauschten die SED-Funktionäre in aller Ausführlichkeit dann auch Informationen über Fragen aus, die explizit das gesamte Institut oder die politische Haltung von einzelnen Wissenschaftlern betrafen. Es waren nicht allein die Mitarbeiter des MfS, die Beobachtungen über namentlich genannte Personen anstellen ließen: »Wer sind die ewigen Schweiger?«, fragte ein Mitglied der Kreisparteikontrollkommission hintersinnig in seinem Bericht über eine offenkundig unbefriedigende politische Diskussion, um noch in derselben schriftlichen Vorlage an die Partei unschöne »Verhaltensweisen von Genossen auf Dienstreisen« anzuprangern und die lockere »Einstellung zum Alkoholmissbrauch« unter den Institutsmitarbeitern im Detail zu erörtern.

In den Achtzigerjahren tadelten die Funktionäre der SED am Zentralinstitut für Physikalische Chemie die Einstellung ihrer Mitglieder, deren allzu lockere ideologische Haltung und die Lustlosigkeit bei politischen Aktivitäten. Erst recht äußerten sie ihr Missfallen über die Stimmung unter Nichtmitgliedern. Die SED-Kreisleitung der Akademie der Wissenschaften konstatierte hier wie auch an zwei weiteren naturwissenschaftlichen Instituten »Schwachstellen in der politisch-ideologischen Arbeit«. Zudem erlaubten sich die Akademiker an den fraglichen Institutionen mehr – und vor allem offenere – Fragen, als die Kreisleitung der Partei mit ihrem eingeübten Repertoire an vorgefertigten Argumentationshilfen zu beantworten wusste. Empört protokollierte ein Genosse, dass in internen Diskussionen immer wieder kritische Bemerkungen zum überaus heiklen Thema Pressefreiheit gemacht wurden. Der Protokollant zitierte – in eigenwilliger Formulierung, aber wörtlich – einen verärgerten Kollegen, der auf der Rückreise aus dem westlichen Ausland in Konflikt mit den Grenztruppen der DDR geraten war: »Wenn ich dienstlich berechtigt bin, Westzeitungen zu lesen, wieso werde ich vom Zoll geahndet?«

Dass die Zugehörigkeit zur SED und den ihr hörigen Massenorganisationen in Personalfragen entscheidend war, daran waren Bürger der DDR hinlänglich gewöhnt. Die Omnipräsenz der Partei musste auch nicht zwangsläufig jedem parteilosen Akademiemitarbeiter gleich unangenehm erscheinen. Oftmals fiel die Dominanz der SED und die Verquickung von Partei- und Institutshierarchie erst in jenem Augenblick auf, da ein lukrativer Posten nicht dem Bewerber mit hoher fachlicher Qualifikation zugesprochen, sondern einem verlässlichen Genossen zugeschanzt wurde.

Der Eintritt in die Partei schien manchem geboten, der eine Verfehlung ungeschehen machen wollte, denn die SED in ihrer Allmacht konnte durchaus Sünden vergeben. Zudem schützte ein Parteidokument nicht allein vor der parteilosen Konkurrenz. In prekären Situationen verhinderte es drohende Strafen. Eventuelles Fehlverhalten konnte zunächst partei-intern gesühnt werden, bevor es öffentlich geahndet wurde.

Es gab in den Reihen der Akademiker jedoch immer auch jene, die sich den üblichen Aufstiegsmechanismen bewusst widersetzt haben, die nicht ihrer Karriere zuliebe oder mit Blick auf eventuelle Auslandsreisen Mitglied der Staatspartei wurden. Sie traten der Gewerkschaft bei, bekleideten die einflussreichen Ämter der Vertrauensleute und pochten im Interesse ihrer Kollegen auf Mitspracherechte. Die Institutsmitglieder kannten einander gut genug, um zu wissen, was sie voneinander zu halten hatten. Einige wenige Mitarbeiter des ZIPC bekannten sich zu ihrem christlichen Glauben, andere wiederum hielten den Kontakt zu ihren Verwandten oder Freunden in der Bundesrepublik aufrecht, obwohl dies ebenfalls weder opportun noch dem beruflichen Fortkommen förderlich war. Unter ihnen herrschte eine unausgesprochene Komplizenschaft. Allein das Wissen um die Herkunft der Kollegin Angela Merkel zum Beispiel verschaffte ihr eine Nähe zu jenen, die sich gleichfalls in einem nicht gänzlich staatskonformen Umfeld bewegten – ohne dass es sich um bewusste politische oder gar subversive Kontakte gehandelt hätte. Für die Staatssicherheit zählte sie dennoch zu den latent Verdächtigen, auch wenn sie nicht den engeren Kreisen republikfeindlicher Oppositioneller zugerechnet wurde.

Eine Zeit lang teilte sich Angela Merkel im Zentralinstitut das Büro mit Ulrich Havemann, dem Adoptivsohn von Robert Havemann. Obgleich der Regimekritiker zur *Persona non grata* erklärt worden war, stand Ulrich, genannte Utz, nicht nur unter sorgfältiger Beobachtung durch inoffizielle Mitarbeiter der Staatssicherheit, sondern zugleich auch unter dem Schutz der Parteiführung. Kindern verdienter Kommunisten wurde – so absurd dies erscheint – ein gewisses Maß an Freiheit eingeräumt. Der Name von Robert Havemann, der einen »demokratischen Sozialismus« als Alternative zu den kapitalistisch oder stalinistisch deformierten Gesellschaften gefordert hatte, war aus dem öffentlichen Leben der DDR getilgt worden, dennoch behielten die Kinder des Dissidenten eine besondere Stellung. Utz Havemann, selbst Mitglied der SED, nahm sich das Recht, seinen Vater zu besuchen, auch nachdem dieser in Ungnade gefallen war, und die Partei ließ ihn gewähren. Sie erlaubte dem Sohn eine Reise in den Westen.

Angela Merkel war zu Beginn ihrer Zeit in Berlin auch mit Frank Havemann befreundet, einem der Halbbrüder ihres Kollegen Utz. Sie erlebte jedoch den engeren Freundeskreis um die Dissidentenkinder nicht, als diese sich bewusst gegen Eltern und Obrigkeit aufgelehnt hatten: Die Zeiten, da Florian und Frank Havemann, der Dramatiker Thomas Brasch, Sandra Weigel, Rosita Hunzinger und andere ihre alternativen Wohnexperimente nach dem Vorbild der Westberliner *Kommune 1* auslebten und dem biederen DDR-Dasein zu entkommen suchten, waren längst vorbei.

Schreibtisch an Schreibtisch arbeitete Angela Merkel auch mit Frank Schneider, der auf den Spitznamen »Schnaffi« hörte und sich später als langjähriger Zuträger des Ministeriums für Staatssicherheit entpuppte. »Wenn ich Schneider auf dem Diensttelefon anrief, war meist dessen Kollegin am Apparat«, erinnert sich ein anderer Institutsmitarbeiter. »Am Telefon war sie unglaublich vorsichtig, obwohl sie sonst so aufgeweckt war.«

IM »Schnaffi« berichtete seinem Führungsoffizier, dass die Kollegin Merkel eine »saubere politische Haltung« vertrete. Sie wäre nach ihren eigenen Aussagen weniger von ihrem kirchlichen Elternhaus geprägt als vielmehr durch Schule und Studium, würde sich Argumenten zugänglich zeigen und offen ihre Meinung sagen. Haltung und Handlung – so die Beobachtung des IM – stimmten bei ihr überein.

In politischen Diskussionen am Institut sei Angela Merkel sehr wohl kritisch gewesen, nicht aber provozierend, erinnern sich Kollegen. Eine grundsätzliche Illoyalität gegenüber ihrem Staat aber hat sie sich damals nicht erlaubt. Wie die überwiegende Mehrzahl ihrer Landsleute verschloss sie keineswegs die Augen vor offenkundigen Missständen und monierte diese auch im geschützten Umfeld. Sie setzte sich aber nicht der Gefahr aus, ihre Kritik öffentlich zu machen.

Angela Merkels Beziehung zu ihrem Ehemann Ulrich war zu dieser Zeit längst erloschen. Ulrich Merkel hatte von der Humboldt-Universität an die Akademie der Wissenschaften gewechselt. Das Zentralinstitut für Optik und Spektroskopie, an dem er beschäftigt war, lag in Adlershof nicht weit vom Büro seiner Frau entfernt. An den zahlreichen Veranstaltungen mit den Kollegen vom Zentralinstitut aber nahm er nicht teil. Bei Exkursionen und Reisen war er ebenso wenig dabei – und seine Frau schien diese Abwesenheit nach der Beobachtung von Institutsmitarbeitern auch nicht schmerzlich zu bedauern. Ulrich Merkel hatte den Anspruch, dass sein Privatleben in ruhigen Bahnen verlaufen sollte – anders, als Angela Merkel es sich vorstellte. Sie wurde neugieriger und aktiver. Die Differenzen zwischen den beiden mündeten weniger in Streit als vielmehr in Entfremdung.

Angela Merkel zog 1981 die Konsequenzen aus der verlorenen Partnerschaft. Ohne lange quälende Diskussionen verließ sie nach fünf gemeinsamen Jahren ihren Mann und die gemeinsame Wohnung. Für ihn sei die Trennung in diesem Moment überraschend gekommen, erklärt Ulrich Merkel. »Wir hatten ja auch einfach wenig Lebenserfahrung.«

Angela sei sehr konsequent gewesen im »Wegdrücken von Dingen, die ihr unangenehm waren«, bemerkt einer ihrer Freunde von damals. Sie habe keine langen Auseinandersetzungen gewollt, sondern schnelle Entschlüsse gefasst. Im folgenden Jahr wurde die Ehe geschieden. Diese Prozedur war in der DDR – zumal für kinderlose Paare – vergleichsweise unkompliziert, zumal beide Partner auf ihre finanzielle Unabhängigkeit verweisen konnten. Behalten hat Angela Merkel den Namen ihres ersten Mannes, und sie hat sich auch nach der Scheidung mit ihm um freundschaftlichen Kontakt bemüht. Sie trafen sich weiterhin in Adlershof, verabredeten sich, und wenn nicht anderswo, so doch in der Kantine, um miteinander zu essen.

Zehn Jahre später sagt Angela Merkel im Interview mit der Fotografin Herlinde Koelbl nüchtern: »Ich bin an die Ehe nicht mit der nötigen Ernsthaftigkeit herangegangen.«

Übergangsweise wohnte sie nach ihrer Trennung von Ulrich Merkel zunächst bei einer Mitarbeiterin von der Akademie, bis Kollegen für sie per Zufall eine passende leer stehende Wohnung fanden. Angela Merkel ließ sich auf eine nicht ganz legale Lösung ein, denn die neue Behausung am Prenzlauer Berg wurde ihr nicht etwa ordnungsgemäß von der staatlichen Wohnungswirtschaft zugewiesen – sie nahm sie sich. Bei anderthalb Zimmern fragte man nicht lange die Verwaltung um Erlaubnis, zumal eine solche in diesem Fall auch nicht ohne weiteres erteilt worden wäre. »Da sind wir einfach mit der Bohrmaschine angerückt«, sagt einer ihrer damaligen Freunde. Sie brachen die Tür der Wohnung auf und bauten ein neues Schloss ein. Angela Merkel zog zunächst inoffiziell ein. Kollegen und Freunde halfen ihr nach Feierabend, die verkommenen Räume wieder bewohnbar zu machen. »Die halbe FDJ-Gruppe vom ZIPC hat für Angela renoviert«, erinnert sich ein anderer FDJler von einst. »Wir haben alle ein paar Möbel gesammelt und gestiftet – Instandbesetzung hätte man im Westen wohl dazu gesagt.«

Wenig begeistert von dieser improvisierten Wohnsituation war Vater Kasner, der seine älteste Tochter zum 30. Geburtstag in Berlin besuchte. Ihm erschien das Leben der geschiedenen jungen Frau als eine Fortsetzung ihres längst abgeschlossenen Studentenlebens. Angela Merkel selbst erinnert die Worte ihres Vaters, der ihr unumwunden beschied, sie habe es ja noch nicht weit gebracht. Gern hat die Tochter dieses harte Urteil und die kaum verhohlene Enttäuschung ihres Vaters nicht entgegengenommen, schließlich hatte sie es nie auf die offene Konfrontation mit ihren Eltern angelegt. Sie wünschte sich ein harmonisches Verhältnis zu ihrer Familie, war bedacht darauf, auch von den Eltern in ihren Leistungen anerkannt zu werden. Andererseits aber betonte sie ihre Selbstständigkeit – ihr Stolz verbot es ihr, elterliche Hilfe anzunehmen.

Angela Merkel musste sich zunächst damit abfinden, dass in ihrer neuen Bleibe der Herd fehlte. Eines Tages begannen in der Nachbarschaft längst überfällige Reparaturarbeiten. Alte Herde wurden ausgebaut und durch neue ersetzt. Der Schwindel um die Wohnung drohte aufzufliegen. Die nichtamtliche Bewohnerin Merkel ließ sich erneut von ihren Freunden helfen: »Da haben wir in einer Nacht- und Nebelaktion ein ausrangiertes Ding von der Straße in die Merkelsche Wohnung geschleppt, provisorisch angeschlossen, und am Tag darauf kamen die Handwerker ganz nach

Plan, schleppten den Herd wieder raus und schon war der alte gegen einen neuen Herd getauscht.«

Später kam ihr der Zufall zu Hilfe, und Angela Merkel wurde wieder Teil der offiziell registrierten Wohnbevölkerung. Das baufällige Hinterhaus, in dem die junge Mitarbeiterin der Akademie nun schon seit Jahren unangemeldet – wenngleich nicht mietfrei – wohnte, sollte rekonstruiert werden. Die Mieter mussten ihre Sachen packen. Dem Durcheinander in der kommunalen Wohnungswirtschaft in Berlin verdankte Angela Merkel die überraschende Nachricht, dass allen regulären Mietern im Haus eine neue Wohnung vermittelt würde. Zwar habe sie damals »Muffensausen« gehabt, wie eine Journalistin im *Magazin der Süddeutschen Zeitung* später schrieb, aber die Angst war unbegründet: Das Prinzip der staatlichen Wohnraumverteilung funktionierte diesmal auf das Trefflichste. Angela Merkel bezog eine neue, gasbeheizte Wohnung in einem Hinterhaus an der Schönhauser Allee, ganz legal, Vertrag und Anmeldung inklusive.

Die FDJ unterhielt an der Akademie der Wissenschaften eine eigene Kreisleitung, war also wie die SED nicht nur regional gegliedert, sondern auch innerhalb des Wissenschaftsbetriebs organisiert. Die Kreisleitung an der Akademie der Wissenschaften unterstand direkt dem Zentralrat der Freien Deutschen Jugend in Berlin, wo die Fäden aus der gesamten Republik zusammenliefen. Die dort für Studentenfragen und für die Akademie zuständige Funktionärin kümmerte sich allerdings kaum um die vergleichsweise kleinen Organisationen der Akademiker. Folglich hatten die FDJ-Grundorganisationen der Akademie relativ große Freiheit, wie sich Hans-Jörg Osten erinnert, der mehrere Jahre lang die Position des FDJ-Sekretärs am ZIPC innehatte: »Wir konnten da unser eigenes Ding machen.«

Angela Merkel übernahm ganz selbstverständlich eine Funktion im Sekretariat der FDJ-Grundorganisation an ihrem Institut. Zwang oder Überredung waren nicht notwendig: »Ich war gern in der

FDJ«, erklärte sie selbst 1991 gegenüber Günter Gaus und spricht in diesem Zusammenhang von »70 Prozent Opportunismus«. Gesellig wie sie ist, habe sie schlicht nicht abseits stehen wollen, lautet eine andere im Nachhinein gegebene Begründung für ihre Entscheidung dafür, dass sie eine Funktion im staatlichen Jugendverband auszufüllen bereit war.

Während Kollegen von damals sich an Angela Merkel in der Position der FDJ-Sekretärin für Agitation und Propaganda erinnern, beschreibt sie selbst ihre damalige Aufgabe in der staatlichen Jugendorganisation als die einer Kulturfunktionärin.

Die FDJler vom ZIPC hatten im »Theoretikergebäude« – dem schmucklosen Flachbau, in dem auch das Büro von Angela Merkel untergebracht war – leer stehende Kellerräume mit Beschlag belegt. Obwohl ein dicker Pfeiler den Mittelpunkt einnahm, war der Kellerraum doch ideal für die Zwecke der FDJler. Sie renovierten gemeinsam und auf eigene Faust. Dass sie über eigene passable Räume für ungestörte Versammlungen verfügten, war nicht selbstverständlich. »Angela Merkel fiel hier im Keller so etwas wie die Rolle der Gastgeberin zu«, erinnert sich ein FDJler. »Fehlten Gläser oder Tassen, konnte sie mit den eigenen Bürobeständen aushelfen«.

»Gute Kumpels« seien die FDJler gewesen, sie unternahmen gemeinsame Fahrten und führten bei Kaffee oder Rotwein lange Diskussionen. »Es war doch klar, dass wir Westfernsehen sahen oder Bücher lasen, die über das Repertoire des realsozialistischen Lesers hinausreichten, oder Polen besuchten, auch als dies von Staats wegen nicht mehr opportun war.«

Zeitzeugen von damals beschreiben einvernehmlich die kameradschaftliche Atmosphäre unter den jüngeren FDJ-Mitgliedern am Institut, die sich privat zusammengefunden hatten. Und doch erfüllte die staatliche Jugendorganisation ihrem Auftrag gemäß mehr als nur eine soziale Funktion. Sie diente immer als Herrschaftsinstrument. Die Kreisleitung der FDJ an der Akademie leistete unter der Losung »Unsere Liebe, unser Wissen und unsere Tat unserem sozialistischen Vaterland, der DDR« ihren Beitrag zum

FDJ-Aufgebot zum 30. Jahrestag der Staatsgründung. Derlei Bekundungen waren selbstverständlich, wenngleich nicht jedem Blauhemd aus dem Herzen gesprochen – zur Enttäuschung der FDJ-Leitung. Diese stellte besorgt »verstärkte Erscheinungen der Gleichgültigkeit, Ignoranz und Resignation in den Fragen der ideologischen Auseinandersetzung« fest, eine »ideologische Windstille« in den eigenen Reihen.

Über grundsätzliches Desinteresse aber konnte sich die FDJ-Kreisleitung nicht beschweren. Die Akademie verfügte über eine Reihe von begehrten Ferienplätzen, zum Beispiel stand den Kindern der Mitarbeiter ein Ferienlager in Juliusruh auf der Insel Rügen zur Erholung offen. Es war üblich, dass junge Institutsmitarbeiter oder FDJler Kindergruppen in die verschiedenen »Ferienobjekte« begleiteten – ein preiswerter Trip ans Wasser, die Betreuer mussten keinen Urlaub beantragen, und neben den Reiseleitungspflichten blieb ihnen Zeit genug für ein bisschen eigenes Strandleben. Während der Sommermonate verabschiedeten sich überwiegend Kindergruppen in den Badeurlaub zum Zelten nach Juliusruh. Angela Merkel und Hans-Jörg Osten aber machten sich den Spaß, im Winter und bei Wind und Wetter an die Ostsee zu reisen. »Mit einer Truppe von 14- und 15-Jährigen sind wir gefahren, Jungen und Mädchen, die sich zuerst nichts zu sagen hatten – bis wir ihnen eines Abends Tanzunterricht gaben.«

Angela Merkels Kollegen und Freunde entwickelten trotz der widrigen Umstände eine ganz eigene Mobilität, schließlich reichte ihre Unternehmungslust weiter, als der staatlich gezogene enge Horizont zuließ, und war mit Radtouren durch die Mark Brandenburg allein nicht zu stillen. Sie fanden Mittel und Wege, um Visa für die Einreise in andere Länder des Warschauer Pakts zu erhalten. Die staatliche Reiseorganisation bot Fahrten an, zum Beispiel erkundete Angela Merkel mit *Jugendtourist* Warschau. Trickreich organisierte sie private Fahrten in den Osten. Nur wer eine private Einladung vorwies, konnte den Besuch in die abtrünnige Volksrepublik Polen, zu der die

DDR ihre Grenzen im Oktober 1980 de facto geschlossen hatte, beantragen. Ob der Reisende dann tatsächlich bei jenen zu Gast war, die formal Anlass für die Reise geboten hatten, wurde nicht immer überprüft und selbst eine kleine Mogelei nicht unbedingt geahndet.

»Über irgendwen konnte man sich immer eine private Einladung besorgen lassen«, erzählt einer der FDJler. Angela Merkel fuhr mit einem Freund in das unter Kriegsrecht gestellte Land. »Wir sprachen ja kein polnisch und russisch wäre alles andere als hilfreich gewesen, aber Angela konnte sich trotzdem verständigen. Vor allem hat sie sich wirklich in die schwierige Situation der Polen, denen wir privat begegnet sind, hineingedacht.« Der Mitreisende berichtet, dass sie naiv oder wagemutig genug waren, um auf der Rückreise Schriften von *Solidarność* einzupacken. Die Zulassung der freien Gewerkschaft in Polen hatte der DDR-Führung den Grund für die Einschränkung des privaten Reiseverkehrs geliefert, und natürlich konfiszierten die Grenzer die Schriften unverzüglich.

Angela Merkel hatte seit ihrer Schulzeit ein Faible für die Sowjetunion und nahm begeistert am Austauschprogramm der Akademie teil. Nach der Trennung von Ulrich Merkel trampte sie mit zwei Freunden durch Armenien, Georgien und Aserbaidschan. Weil sie die nötigen Visa für Reisen durch das Land des Großen Bruders nicht hatten, versuchten sie es wieder mit einem Trick: Wer bei Kontrollen stur behauptete, er sei nur auf der Durchreise nach Rumänien oder Bulgarien, konnte den Transit mit etwas Glück fast unbegrenzt ausdehnen. Aber nur fast – schließlich schnappte die Polizei die drei Tramper, und wieder retteten Angela Merkels Sprachkenntnisse und ihr Verhandlungsgeschick die Situation.

Private Reisen waren jedoch die Ausnahme. Da sich das Sozialleben der DDR-Bürger zu einem nicht unerheblichen Teil mit ihrem Leben »im Betrieb« deckte, wurden auch Ferienreisen vielfach für das Kollektiv organisiert. Werktätige und Kulturschaffende sollten am Arbeitsplatz die Integration in »ihre« Gesellschaft bewusst erfahren, Gefühle von Geborgenheit und Zusammengehörigkeit vermittelten sich in Kantinen wie auf Betriebsausflügen oder bei Wandertagen.

Unter den Kollegen der kleinen Theoretischen Abteilung herrschte eine überwiegend harmonische Atmosphäre, sie pflegten einen freundschaftlichen Umgang miteinander. »Natürlich gebührte Professor Zülicke das ›Sie‹, aber wir, die wissenschaftlichen Mitarbeiter, haben uns untereinander geduzt«, sagt einer der Wissenschaftler, »und zwar nicht nur, weil das am Arbeitsplatz gang und gäbe war. Wir verstanden uns, haben einander vertraut. Sonst wären unsere Diskussionen auch nicht so offen verlaufen.« Gemeinschaftliche Ausflüge absolvierten die Kollegen nicht als lästige Pflichtveranstaltungen – ihr Zusammengehörigkeitsgefühl sei echt gewesen.

»Wir haben furchtbar viele Dissertationen gefeiert«, erinnert sich einer der früheren Abteilungsleiter am ZIPC, »die Institutsfeste waren geradezu legendär.« Zu Ehren frisch gekürter Doktoren wurden aufwändige Kabarettprogramme verfasst und aufgeführt. »Die Nummern waren witzig und von hoher Qualität – und schonend sind wir da nicht miteinander umgegangen.«

Das organisierte Miteinander diente offiziell dem Ziel, dass sich Arbeitskollegen – gelegentlich auch deren gesamte Familien – auch in der Freizeit begegneten und im Blick hielten, das Privatleben war auf diese Weise kollektiviert.

Der Nachwuchs wurde ganz selbstverständlich über attraktive Angebote für Freizeit und Urlaub an das berufliche Umfeld der Eltern gebunden. All dies einte die Belegschaften, ohne dass es unbedingt freundschaftlicher oder verwandtschaftlicher Bindungen Einzelner bedurfte.

Wer sich an den freiwilligen Aktivitäten der Kollektive jedoch nicht beteiligte, stand zwangsläufig abseits. Diese Position war nicht immer von Nachteil. Wer aber dauerhaft gegen den Mainstream schwamm – oder sich schlicht in einem anderen Fahrwasser bewegte –, geriet in den Augen anderer leicht zum Sonderling.

Angela Merkel kannte die Position derjenigen, die sich von anderen abhob, seit ihrer Kindheit in Templin. Einerseits war die junge Erwachsene bemüht, diese besondere Rolle abzulegen, zu sein wie die anderen auch. Andererseits aber lernte sie die Vorteile zu schätzen, die ihr die Distanz zugleich brachte. An der Akademie schien es ihr nicht geboten, sich allzu weit hervorzuwagen. Sie schwankte zwischen dem Bedürfnis nach Akzeptanz, dem durchaus vorhandenen Willen zur Anpassung und der notwendigen Abgrenzung.

Immer um den ersten Mai herum, aber auch anlässlich von Parteitagen, pflegte die SED neue Mitglieder zu werben. Dem Selbstverständnis der Partei nach sollte es als Ehre empfunden werden, zum Kandidaten erkoren und schließlich mit dem Emblem, das den historischen Handschlag von Wilhelm Pieck und Otto Grotewohl zeigt, geschmückt zu werden. Angela Merkel, erzählt ein vormaliger Institutskollege, sei gefragt worden, ob sie eine ihr angetragene Mitgliedschaft in der führenden Staatspartei annehmen wolle. »Sie hat sich da etwas Bedenkzeit auserbeten, das war wohl schon Antwort genug. Bei ihr haben sich damit weitere Anwerbungsversuche erübrigt.«

Die meisten Mitarbeiter des ZIPC waren dem eigentlichen FDJ-Alter zumeist längst entwachsen. Als das Zentralinstitut nach der Wende aufgelöst wurde, erwies die Statistik, dass die Hälfte der Mitarbeiter älter waren als fünfzig Jahre. Dennoch maß die SED ihren Jugendförderplänen am Institut große Bedeutung bei und war darauf bedacht, das Engagement der »Jugendlichen« in der FDJ zu forcieren. Die jeweiligen Vorgesetzten sollten auf die »qualitative Verbesserung der vormilitärischen Ausbildung und der wehrsportlichen Tätigkeit«, auf die Versorgung mit adäquatem Wohnraum oder die »marxistisch-leninistische Qualifizierung« achten.

Der Präsident der Akademie, Werner Scheler, hatte 1981 ein idealtypisches Bild davon entworfen, wie die »Wissenschaftlerpersönlichkeit reifen« sollte: »Nicht kann es unser Ziel sein, wissenschaftlichen Nachwuchs in akademischen Reservaten zu erziehen, nicht auch die Wissenschaft als Exklave realer gesellschaftlicher Prozesse zu verstehen, als bloßes exklusives ›Glasperlenspiel‹ geistiger Elite. Zum Ausweis des ... Wissenschaftlers gehören hohe fachliche Leistungen und gesellschaftliche Wirksamkeit in ihrer Einheit.«

Proklamationen wie die des Akademiepräsidenten haben freilich nicht jeden Doktorvater dazu verleitet, sich als linientreuer Ideologe zu gebärden. Gleichwohl kursierten ständig derlei programmatische Sentenzen und gebetsmühlenartige Wiederholungen staatstragender Worte. Sozialistische Glaubensbekenntnisse erklangen nicht nur in Feiertagsreden, Losungen schmückten nicht allein als naive Mosaike unzählige Eingangshallen. Auch der Ungläubige konnte sich dem überall präsenten herrschenden Dogma nicht vollständig entziehen – wohl aber seinen Spott damit treiben. Ein Diplomingenieur vom ZIPC erinnert sich an die Variante des ohnehin ulkigen Diktums vom »Überholen ohne einzuholen!«, das Walter Ulbricht seinerzeit proklamiert hatte: »Ganz einfach: Aus dem ›Überstürzen ohne einzustürzen!‹ haben wir ›Untertauchen ohne einzutauchen!‹ gemacht.«

Von den FDJ-Aktivisten, aber auch von Gewerkschaftsmitgliedern wurde gefordert, dass sie sich an den üblichen republikweiten Aktivitäten wie Pfingsttreffen der FDJ, Maifeierlichkeiten oder auch den Festivitäten zu den Geburtstagen der Republik beteiligten. »Zumindest mussten wir so tun, als wären wir mit Eifer und Überzeugung dabei. Einer von uns musste halt hingehen«, sagt der heutige Bezirksbürgermeister von Treptow-Köpenick, Klaus Ulbricht, der damals einzige parteilose Abteilungsleiter am ZIPC. Reihum hätten seine Mitarbeiter das staatsbürgerliche Pflichtprogramm absolviert. Auch grundsätzlich loyale DDR-Bürger entzogen sich immer wieder lästigen Ritualen des politisierten Alltags. Angela Merkel ersparte sich beispielsweise die Teilnahme an der Demonstration zum 1. Mai 1983, sie führte kurzerhand einen »Rechnertag« als Entschuldigung für ihre Abwesenheit an.

Von den FDJler wurde zudem verlangt, sich regelmäßig an Übungen der Zivilverteidigung zu beteiligen. Die männlichen Blauhemden wurden verpflichtet, auch in der Kampfgruppe der Akademie Engagement zu zeigen. Doch schienen die jüngeren Institutsmitarbeiter nicht übermäßig motiviert, ihren staatsbürgerlichen Pflichten freiwillig nachzukommen.

»Wir waren uns auch nicht immer einig oder haben die von Partei- und FDJ-Leitung vorgegebene politische Linie nicht immer kommentarlos akzeptiert«, erinnern sich die Aktiven. So habe es durchaus jene gegeben, die mit Übereifer eine sehr strikte Linientreue zeigten, daneben die Gleichgültigen und schließlich andere, die auch im Blauhemd durchaus deutlich kundtaten, was sie dachten, und gegebenenfalls auch offen den Mut zur Kritik aufbrachten. Dazu schließlich sollten die Grundorganisationen als unterste Gliederungen der staatlichen Institutionen auch Raum bieten. Geistige Enge war Angela Merkels Sache nicht, sie scheute das Risiko der offenen Konfrontation, aber sie passte sich nicht soweit an, dass ihre eigene Position verloren gegangen wäre. Die FDJlerin Angela Merkel äußerte zum Beispiel gegenüber ihren Kollegen massiven Unmut über einen FDJ-Kandidaten, von dem sie vermutete, er nehme alles widerspruchslos hin.

»Wir haben halt versucht, Spielraum zu gewinnen, zum Beispiel bei den Studienjahren«, versucht einer der Beteiligten die Ambivalenz der FDJ-Veranstaltungen zu erklären. Die FDJ-Aktivisten veranstalteten mehrfach so genannte Studienjahre für jüngere Mitarbeiter. Angela Merkel und ihre Kollegen aus dem staatlichen Jugendverband wählten für diese – vielfach gut besuchten – Seminarveranstaltungen diverse politische Themen aus, die sich vom Standardrepertoire der staatlichen Organisationen deutlich abhoben. Wenn die Teilnehmer am Studienjahr des ZIPC mit Angela Merkel und ihren Kollegen zum Beispiel über Selbstmorde debattierten, so brachen sie damit ein Tabu: Selbstmorde durfte es in der sozialistischen Gesellschaft nicht geben – waren sie doch in der offiziellen Lesart der SED allein den zerstörerischen Gesellschaften im kapitalistischen Westen vorbehalten.

Ein anderes Thema der Studienjahre hieß Scheidung, angesichts der hohen Trennungsrate der in jungen Jahren geschlossenen Ehen durchaus ein Thema, das die Teilnehmer des Studienjahres selbst berührte. Häufig aber ging das Angebot der FDJ-Funktionäre an ihre Kollegen über den persönlichen Erfahrungshorizont hinaus: Einmal wurde die politische Entwicklung im Iran vorgestellt, ein andermal war die vormalige Ostafrika-Korrespondentin der staatlichen Nachrichtenagentur ADN zu Gast und berichtete von ihren Erlebnissen in Tansania. Schließlich widmete sich ein Studienjahr der Frauenpolitik. Das Forschungsthema der um ein Referat gebetenen Spezialistin lautete offiziell: »Die Stellung der Frau in der Bundesrepublik«. Doch sehr schnell wurde deutlich, dass die Wissenschaftlerin sich diesem Sujet nur deshalb zugewandt hatte, weil ihr das Material für die Erforschung der Gleichberechtigung im eigenen Land nicht zugänglich war. »Sie hat auf der FDJ-Veranstaltung tatsächlich erklärt, dass ihre Aussagen über Benachteiligung und patriarchalische Strukturen im Westen analog auch in der DDR gelten«, sagt einer der Teilnehmer von einst.

Der Parteileitung wiederum missfielen die Studienjahre 1981/82. Mit strengem Blick bemerkte einer der Genossen »eine gewisse Trägheit unter den FDJlern«, die sich nach seiner Beobachtung von den Referenten schlicht »berieseln« ließen und deren eigenes Engagement nicht gerade ausgeprägt wäre.

Aber das allein gab nicht den Ausschlag für die Strenge des Parteisekretärs. Der wissenschaftliche Nachwuchs am ZIPC fing in den frühen Achtzigerjahren an, sich auch für offiziell unerwünschte Phänomene in der DDR-Gesellschaft zu interessieren: die allmählich aus den Kirchenräumen hervortretende Friedensbewegung zum Beispiel. Die braven Genossen von der Parteileitung waren verunsichert. Themen, die ihnen bestenfalls aus dem Westfernsehen bekannt waren, mussten ihnen suspekt vorkommen.

»Vom Unterricht in Marxismus-Leninismus sind viele jüngere Kollegen übersättigt«, berichtete der Parteisekretär. In seinem Monatsbericht vom April 1982 geht er auf die unheimlichen Einflüsse aus dem Dunstkreis der Kirchen ein: »Einige der Genossen sehen ... eine ungenügende und uninteressante FDJ-Arbeit als Ursache für den Zulauf der Kirche unter den Jugendlichen ... Die Friedensbewegung der Kirche entspricht mehr dem Streben der Jugendlichen nach Spontaneität ... Die FDJ sollte mehr solche Veranstaltungen wie ›Rock für den Frieden‹ organisieren.«

Zwei Mitarbeiter des ZIPC trauten sich im Frühjahr 1982, Aufnäher mit der Losung »Schwerter zu Pflugscharen« offen zu tragen. Das pazifistische Wort des Propheten Micha klang für den Parteisekretär wie ein Alarmsignal. Außer dieser schamlosen Provokation war ihm auch noch aufgefallen, dass sich einige jüngere Mitarbeiter seines Instituts mit dem Slogan »Frieden schaffen ohne Waffen« identifizierten. Unter diesem Motto war auf Initiative des Berliner Pfarrers Rainer Eppelmann im Januar 1980 der »Berliner Appell« veröffentlicht worden. Auch Teile der westdeutschen Friedensbewegung übernahmen die griffige Aufforderung.

Die SED-Funktionäre aber hatte Eppelmann besonders deshalb verunsichert, weil er nicht nur für das Ende des Wettrüstens plädierte, sondern zugleich wagte, an das Selbstbestimmungsrecht der Deutschen zu erinnern, und sowohl das Machtmonopol der Staatspartei als auch die Legitimation der DDR grundsätzlich in Frage stellte – ein Gedanke, der freilich in der westdeutschen Friedensbewegung kaum Niederschlag fand.

Über die Gefahren atomarer Rüstung und über den NATO-Doppelbeschluss wurde am Institut relativ offen diskutiert. Angela Merkel konnte in den Debatten vorsichtig ihre im Elternhaus erlangten Kenntnisse über Vorgänge aus dem Umfeld der Kirche beisteuern. Zudem warf sie in diesem Zusammenhang eine durchaus berechtigte Frage auf: Die »Schwerter-zu-Pflugscharen«-Abzeichen würden von der Herrnhuter Brüdergemeinde in Sachsen gefertigt; wenn den Herrnhuter Brüdern die Herstellung erlaubt sei – oder diese doch wenigstens toleriert würde –, warum dann so eine Aufregung, wenn jemand die Aufnäher tatsächlich trägt?

Die Parteileitung am ZIPC sah sich genötigt, klärende Gespräche mit jenen beiden Mitarbeitern zu führen, die durch die provozierenden Abzeichen aufgefallen waren. Das Resultat der Parteiintervention vermerkt der Monatsbericht an die Kreisleitung: Die

Provokateure konnten dazu bewegt werden, nunmehr reumütig FDJ-Abzeichen anzulegen. Doch dem Parteisekretär schien die Bekehrung nicht ehrlich: »Es ist illusorisch anzunehmen, dass nach dieser Veranstaltung alle Jugendlichen von der Schädlichkeit der Losung ›Frieden schaffen ohne Waffen‹ restlos überzeugt waren.«

Weit schwerer als die Argumentation gegen die »Schwerter-zu-Pflugscharen«-Abzeichen fiel den Genossen in dieser Zeit, die korrekte Antwort auf Fragen nach einem angemessenen Ersatz für den Wehrdienst bei der Nationalen Volksarmee. »Jugendliche« am ZIPC hatten wie andernorts auch Alternativen zum Dienst an der Waffe gefordert, sie wünschten ein Äquivalent zum bundesdeutschen Zivildienst. Die Kirchen sprachen von dem Wunsch nach einem »zivilen Friedensdienst«. Immer wieder spielte in Diskussionen auch die Wehrerziehung in der DDR eine Rolle, unüberhörbar kritisierten nun besorgte Eltern die vormilitärische Ausbildung ihrer Kinder und beschwerten sich über Kriegsspielzeug in den staatlichen Kinderhorten.

Im Juni 1983 schmückte das Zentralinstitut für Physikalische Chemie eine kleine Ausstellung, die den Genossen noch einmal vor Augen führte, dass ihre zahlreichen »Aussprachen« mit den Sympathisanten der Friedensbewegung das gewünschte Planziel verfehlt hatten: Mitglieder einer Kulturkommission hatten sich erlaubt – »ohne Abstimmung mit der Parteileitung« – diverse Schautafeln über die Gefahren von Atomwaffen beiderseits des Eisernen Vorhangs öffentlich zur Schau zu stellen. Die Ausstellung trug den Titel »Die kleine Atombombe«, und ihr Tenor empörte den berichtenden Parteisekretär. Er verfügte das sofortigen Abhängen der Tafeln. Die Partei legte trotz ihrer ständigen Bekundungen, sie sei diskussionsfreudig, letztlich nur auf ideologisch einwandfreie Wandzeitungen Wert, die aus dem kontrollierten Umfeld der FDJ stammten.

Begebenheiten wie diese, die den Alltag an der Akademie für die Betroffenen für einen Moment durcheinander brachten, waren selten. »Wir lebten ruhig dahin«, sagt einer der Wissenschaftler, und es ist ihm anzumerken, wie rätselhaft es ihm vorkommt, dass seine einstige Kollegin einen anderen Lebensrhythmus hat finden können. Die relative Beschaulichkeit der Akademie fiel insbesondere jenen auf, denen der Blick über den Tellerrand hinaus gestattet worden war. Michael Schindhelm zum Beispiel, heute Intendant am Theater Basel und damals Quantenchemiker an der Akademie, verbrachte einen mehrjährigen Aufenthalt in der russischen Industrie- und Universitätsstadt Woronesch. In seinem autobiographischen Roman *Roberts Reise* berichtet er distanziert von den »schwerelosen Hochschulaventuren« seiner Kollegen von einst. »Wir zogen in unserer Sandkiste schöne Kreise, bis der nächste Regen kam oder ein Kaninchen hineinpinkelte.«

Schindhelm hat sich inzwischen dazu bekannt, dass die Staatssicherheit ihn als Inoffiziellen Mitarbeiter geworben hatte und er unter dem Decknamen Manfred Weih seinem Führungsoffizier berichtete: nicht über das ZIPC, sondern vielmehr über ausländische Freunde, die er in der Sowjetunion kennen gelernt hatte.

Nach seiner Rückkehr aus Woronesch teilte Schindhelm für kurze Zeit den Arbeitsplatz mit Angela Merkel. Sie ist es auch, die sich in seinem Roman hinter der Figur der Kollegin Renate verbirgt. Diese Renate habe damals aus Sentimentalität eine nutzlose, alte Hewlett Packard Rechenmaschine bewahrt und viel Zeit damit verbracht, den überforderten Rechner der Akademie unermüdlich mit Stapeln selbst gestanzter Lochkarten zu füttern. Als entrückt und fern der Realität beschreibt er das Dasein der Theoretiker: »Während in anderen Akademiebereichen im Auftrag der großen Kombinate Katalysatoren, Halbleiter und Kunstharze aus der Substanz naturwissenschaftlicher Beobachtung und Kalkulation geschaffen wurden, um die wissenschaftlich-technische Revolution zu befeuern und der Konsumgüterproduktion zu neuen Befriedigungen zu verhelfen, unterhielten sich die sieben Herren unserer Abteilung und Renate leis-vertraulich und unmittelbar mit dem Weltgeist.« Für Schindhelm war Renate alias Angela Merkel, das »Vorbild einer illusionslosen Jungwissenschaftlerin. Sie promovierte seit

Jahren vor sich hin. Pathos beseelte sie nur im Zusammenhang mit einsamen Radtouren in der Mark Brandenburg.«

Die von Schindhelm überlieferte Illusionslosigkeit paarte sich bei Angela Merkel mit dem sicheren Gefühl, nicht ausgelastet zu sein. Ihre hohe Kommunikationsfähigkeit beispielsweise konnte sie unter den herrschenden Bedingungen an der Akademie nicht ausspielen: Etwas in ihr lag brach. Wohl verschafften das preußisch-protestantische Pflichtbewusstsein und ihre Akribie ihr innerhalb der Arbeitsgemeinschaft im Institut Anerkennung. Hier wurde allein die Leistung des Einzelnen, der seinen Beitrag zum jeweiligen Forschungsvorhaben der Abteilung lieferte, gewürdigt. Zugleich aber waren außerhalb dieser Arbeitsgemeinschaft die Schranken unübersehbar, die Angela Merkel durch ihre Familiengeschichte, aber auch durch die politischen Vorgaben des realsozialistischen Wissenschaftsbetriebs gesetzt waren. Nichts geschah im Institut ohne Wissen, kaum etwas ohne Genehmigung der Partei, der sie nie beigetreten war.

Die SED erstellte in den Achtzigerjahren so genannte Jugendförderpläne, die Regelungen zur Unterstützung jüngerer Wissenschaftler, besondere Angebote an die Jugend enthielten – eine Art Stipendium, nicht zuletzt, um die Kluft zwischen wissenschaftlichem und nicht-akademischem Nachwuchs zu überbrücken. Im Jugendförderplan kündigte die Partei auch die Dissertation von Angela Merkel an.

Seit Anfang 1984 war die Doktorandin nicht mehr in der FDJ-Leitung aktiv. Sie hatte sich immer mehr aus dem gesellschaftlichen und geselligen Leben am ZIPC zurückgezogen, um sich ungestört auf ihre Dissertation mit dem Thema »Die Untersuchung des Mechanismus von Zerfallsreaktionen mit einfachem Bindungsbruch und Berechnung ihrer Geschwindigkeitskonstanten auf der Grundlage quantenchemischer und statistischer Methoden« zu konzentrieren. 1985 schließlich konnte sie das Manuskript unterschreiben und ihren Prüfern vorlegen. Auf 153 Seiten hatte die

Physikerin nach theoretischen Modellen unterschiedliche Reaktionen von Kohlenwasserstoffen berechnet. Im Anhang der Arbeit dankte sie ihrem Doktorvater, Professor Lutz Zülicke, und zwei ihrer Kollegen. Dr. Joachim Sauer bedachte sie mit einem Dank für die kritische Durchsicht des Manuskripts.

Um den Doktorgrad zu erlangen, mussten die Kandidaten neben den formalen Voraussetzungen zunächst eine Sprachprüfung bestehen, einen obligatorischen Beleg für ihre Kenntnisse des Marxismus-Leninismus liefern, die eigentliche Dissertation verfassen und diese schließlich vor den Kollegen verteidigen. In der Verteidigung kam zuerst die Kandidatin zu Wort, anschließend fühlten die Professoren ihr auf den Zahn, und in der dritten Runde war der Ring frei für die abgesprochenen oder auch hinterhältigen Fragen der Kollegen. Wer es sich mit den Mitstreitern im Kollegenkreis verdorben hatte, der konnte hier regelrecht aufs Kreuz gelegt werden. Die Doktorandin Angela Merkel aber war nicht unbeliebt und ihre Verteidigung ein Erfolg. Präsentation und wissenschaftlicher Gehalt ihrer Promotion standen in einem ausgewogenen Verhältnis zueinander, was durchaus nicht über jede Verteidigung gesagt werden konnte.

Im Januar 1986 konnte die Physikerin stolz die Exemplare ihrer Dissertation ordnungsgemäß vervielfältigen lassen, in der Akademiebibliothek hinterlegen und sich fortan mit dem Doktortitel schmücken.

Mit dieser Dissertation hatte sich Angela Merkel von der Situation, die dem Vater wie ein verlängertes Studentendasein vorgekommen war, mehr und mehr entfernt. Das Ende studentischer Betriebsamkeit brachte in vielerlei Hinsicht eine Zäsur. Ihr Leben wurde strukturierter, zunächst privater und die Zahl ihrer Bezugspersonen nahm ab: Übrig blieb aus dieser für sie komplizierten Zeit der Orientierung vor allem Joachim Sauer. Der damals noch verheiratete Freund, Lebensgefährte und spätere Ehemann von Angela Merkel gewann an Einfluss auf die nunmehr 31-jährige Physikerin.

Auch Sauer, sechs Jahre älter als Angela Merkel, konnte unter den gegebenen Bedingungen im Wissenschaftsbetrieb der Akademie seinen eigentlichen Ambitionen nicht wirklich gerecht werden, sagt einer der Akademiker. Sauer erhielt zum Beispiel jahrelang keine Erlaubnis zu Aufenthalten im westlichen Ausland, obgleich seine Teilnahme an Kongressen oder Forschungsaufenthalte aus wissenschaftlicher Sicht durchaus begründet gewesen wären.

Reisen in das NSW, das »nicht-sozialistische Wirtschaftsgebiet« gehörten zu den reizvollsten und umstrittensten Privilegien, die nur wenigen ausgesuchten Mitarbeitern des Wissenschaftsapparats der DDR gewährt wurden, anderen dagegen konsequent verwehrt blieben. Zum Reisekader gehörte nicht notwendigerweise derjenige, für den der persönliche Kontakt zu westlichen Kollegen aus fachlichen Gründen Gewinn bringend gewesen wäre. Von den rund 600 Mitarbeitern des Zentralinstituts für Physikalische Chemie zählten in den Achtzigerjahren nur 24 zum Reisekader. Sie wurden wie Nomenklaturkader und Geheimnisträger einer peniblen Sicherheitsüberprüfung unterzogen. Vorgesetzte benannten dem Ministerium für Staatssicherheit die fragliche Person zur Überprüfung ihrer Reisetauglichkeit. Zumeist ohne Wissen des Betroffenen checkten die MfS-Mitarbeiter dann den Genannten anhand ihrer Aktenbestände und erteilten dem Institut ein abschließendes Urteil – ohne Begründung für ihre entscheidende Erkenntnis.

Auch private Reisen in den Westen galten als Politikum: Die Parteileitung der Humboldt-Universität beispielsweise führte mit der SED an der Akademie der Wissenschaften einen Briefwechsel darüber, ob einem Antrag der Söhne von Robert Havemann »auf Besuch der Schwester in der BRD« stattgegeben werden sollte. »Die Genossen der Humboldt-Universität sind für Ablehnung der Anträge«, heißt es lapidar, bevor die Bitte auf »Abstimmung der Standpunkte« folgt.

Die Belegschaft des Zentralinstituts diskutierte genehmigte oder auch abgelehnte Reiseanträge kontrovers – gleich, ob es sich um Besuche bei Verwandten im Westen, um die Teilnahme an wissenschaftlichen Kongressen handelte oder auch um längere Forschungsaufenthalte. Ein später als Inoffizieller Mitarbeiter der Staatssicherheit enttarnter Kollege von Angela Merkel beispielsweise durfte nach Rom reisen, ein verdienter Nachwuchsphysiker vom ZIPC arbeitete zeitweise in den USA, und jeder kannte Wissenschaftler, die von Reisen in den Westen nicht zurückgekehrt waren.

Wer schließlich die Erlaubnis erhielt, einen Forschungsauftrag in der westlichen Welt zu erfüllen, war am Institut vielfach dem Neid selbst wohlwollender Kollegen ausgeliefert und sah sich genötigt, wie sich ein Akademiemitarbeiter erinnert, den Auslandsaufenthalt durch doppelten Eifer und hohe Leistungen gegenüber den zu Hause gebliebenen Kollegen und Freunden zu rechtfertigen. »Die haben ja ohnehin meist geglaubt, man käme nicht mehr zurück.«

Während ihrer Auslandseinsätze erschraken die Reisenden über die augenfällige Diskrepanz zwischen Ost und West. Auf beschämende Art und Weise wurde ihnen die Enge des DDR-Wissenschaftsbetriebs und dessen Provinzialität bewusst. Und noch eine weitere Erfahrung teilten die ostdeutschen Reisenden, die aus dem kapitalistischen Ausland zurückkehrten: Sie hatten nicht mit einer so gravierenden Unkenntnis ihrer westlichen Kollegen über den real existierenden Sozialismus gerechnet. Die DDR-Wissenschaftler begegneten gerade in der Bundesrepublik plumpen Vorurteilen, einem weit verbreiteten Desinteresse am östlichen Nachbarn und einem Misstrauen, das von einem diffusen Antikommunismus geprägt war – wobei Vorsicht gegenüber den Besuchern nicht in jedem Fall ohne Grund war, schließlich überprüfte die Staatssicherheit die Wissenschaftsreisenden nicht nur, sondern beauftragte manch einen von ihnen explizit mit Beobachtungen der Szenerie im Westen.

»Wir versuchten, nicht außen vor zu bleiben, und unterhielten unter erschwerten Bedingungen Kontakte zu ausländischen naturwissenschaftlichen Instituten auch über den Eisernen Vorhang hinweg«, beschreibt einer der Wissenschaftler sein Bemühen, der Isolation vorzubeugen. Die Post wurde kontrolliert, aber nicht systematisch behindert, allein Briefe nach Israel, Taiwan, Chile oder Südafrika blieben gänzlich untersagt.

Wer Besuch empfing, hatte sich strikt an Vorgaben zu halten, Telefongespräche ins Ausland mussten mit Einverständnis von Vorgesetzten offiziell angemeldet werden. Michael Schindhelm beschreibt, wie er die interne Telefonanlage der Akademie zu überlisten lernte. Utz Havemann verriet ihm den Trick, »wie man die Gabel des Telefons sachte nach unten drücken und dabei den richtigen Punkt zwischen zwei Impulsen finden musste, um eine Verbindung an das Außennetz zu bekommen«.

Entgegengenommene Telefongespräche aus dem Westen mussten penibel in einer Aktennotiz festgehalten werden. Es war unklug, sich dieser Vorgabe zu widersetzen, denn die Telefonate wurden üblicherweise abgehört, die versäumte Aktennotiz also konnte auffliegen und hätte dann erst recht unnötig Verdacht erregt.

Auch jene Akademiker der DDR, die wie Angela Merkel nicht zum Reisekader zählten, forschten und experimentierten nicht im luftleeren Raum. Sie nahmen Veröffentlichungen in den einschlägigen internationalen Fachpublikationen zur Kenntnis und verfolgten Entwicklungen außerhalb ihres eigenen unmittelbaren Wirkungskreises – nicht zuletzt war der Austausch mit Fachkollegen in anderen Ländern des Ostblocks relativ unproblematisch. So hatte Angela Merkel diverse Male Gelegenheit, längere Zeit am Heyrovsky-Institut an der Akademie der Wissenschaften in Prag zu arbeiten.

Ein erheblicher Teil der Veröffentlichungen der Grundlagenforscher der DDR erschien in englischer Sprache in westlichen Fachzeitschriften, der Doktorvater von Angela Merkel war Mitherausgeber einer niederländischen Fachpublikation. Ein Teil der wissenschaftlichen Studien wurde also auch dem Publikum außerhalb der östlichen Hemisphäre erschlossen. Auf Kongressen, zum Beispiel bei den regelmäßig abgehaltenen Arbeitstagungen der Quantenchemiker im Ostseebad Kühlungsborn, auf denen auch die junge Grundlagenforscherin Merkel ihre Arbeit der Fachöffentlichkeit vorstellte, trafen sich Wissenschaftler unterschiedlicher Nationalität. Es war nur konsequent, dass die Physikalische Gesellschaft der DDR die Tagungsberichte in englischer Sprache herausgab. Zusammen mit ihrem Doktorvater und zwei weiteren Kollegen publizierte Angela Merkel für die tschechoslowakische Akademie in Prag 1987 eine theoretische Studie in englischer Sprache. Der Gebrauch des Englischen ermöglichte es einerseits, über die engen Grenzen hinaus an Diskursen teilzunehmen, andererseits führte er den Ostdeutschen auch ständig die schmachvolle Beschränkung auf ihren kleinen Mikrokosmos vor Augen. Englisch musste ihnen vielfach wie eine tote Sprache vorkommen.

»Wir standen schon abseits«, bemerkt ein Wissenschaftler im Rückblick. Auch der größte Elan, die besten Ideen und wirkliche Inspiration nützten wenig – sie blieben auf der anderen Seite des Vorhangs. Ein Wissenschaftler vom ZIPC erfuhr zufällig durch ein Lob von Kollegen aus den USA, dass ihm mit einem speziellen Röntgenverfahren eine grundlegende Entdeckung in der Erforschung von Materialstrukturen gelungen sei. Reisen waren ihm nicht erlaubt und so musste er froh sein, überhaupt Kenntnis davon zu haben, dass sein Verfahren von einem amerikanischen Konzern aufgegriffen und in der Industrie Anwendung gefunden hatte.

Die Realisten in der Mitarbeiterschaft der Akademie machten sich über den Stand der technologischen Entwicklung der DDR wenig Illusionen: Obgleich es an der Akademie durchaus Forschungsfelder mit hochmoderner Ausrüstung gab, ahnten auch jene, die den westlichen Wissenschaftsbetrieb nie mit eigenen Augen gesehen hatten, dass der Wettlauf der Systeme längst entschieden war. Da konnten die hartnäckig ausgegebenen Durchhalteparolen der senilen Staats- und Parteichefs wenig ändern.

Nach Abschluss ihrer Dissertation war Angela Merkel in eine andere Abteilung des Instituts für Physikalische Chemie gewechselt. Und auch hier herrschte ein relativ freies Klima, die Mitarbeiter von Klaus Ulbricht erwiesen sich als ebenso diskussionsfreudig wie die ihres Doktorvaters. Die Atmosphäre in der Abteilung war stark geprägt von einem folgenschweren Eingriff der SED. In den frühen Achtzigerjahren hatte die Partei Heinrich Kriegsmann, einen beliebten und erfolgreichen Professor, aus politischen Gründen seiner Ämter enthoben. Diese Degradierung zum einfachen wissenschaftlichen Mitarbeiter war Resultat der gezielten »operativen Bearbeitung« durch die Staatssicherheit. Wohl konnte das MfS Kriegsmann demütigen, nicht aber brechen und seine unbeugsame Art stärkte viele seiner Mitarbeiter.

Angela Merkel war nun als Theoretikerin unter vorwiegend experimentell arbeitenden Kollegen beschäftigt. Fleißig und schnell hat die Physikerin Merkel ihre Berechnungen abgeliefert. »Sie war so schnell, dass wir als Praktiker kaum nachkamen mit unseren Versuchen«, erinnert sich ein Kollege. Klaglos hat sie gelegentlich auch Nachtschichten eingelegt, kooperativ und kameradschaftlich gearbeitet. Angela Merkel hatte ein Büro in einer Baracke auf dem nördlichen Teil des Geländes bezogen, versteckt hinter einem riesigen unförmigen Gebilde, dem schwarz geteerten Strömungskanal der Luftfahrtforschung, der noch aus Vorkriegstagen stammte. Den Blick aus dem Bürofenster versperrten Angela Merkel und ihren Mitstreitern wild wuchernde Schlehenbüsche, Kaninchen hoppelten im Gras. Ausgerechnet hier, inmitten der wichtigsten Forschungseinrichtungen der DDR fanden sich noch Reminiszenzen an das 18. Jahrhundert, als im gerade gegründeten Adlershof Maulbeerbaumplantagen für die Seidenproduktion angelegt worden waren.

Die Abteilung, in der die junge Wissenschaftlerin nun arbeitete, war vergleichsweise modern ausgestattet, aber die Devisenknappheit lähmte den Wissenschaftsbetrieb generell und traf auch wichtige Forschungsinstitute. Auch im Elfenbeinturm der Akademie waren zum Ende der Achtzigerjahre die Anzeichen für die Agonie des Staatswesens nicht mehr zu überdecken. Obgleich das technische Equipment in Adlershof im Vergleich zur bescheidenen Ausstattung der Universitäten geradezu üppig war, erschwerte der akute Geldmangel die Arbeit der DDR-Wissenschaftler zusehends.

Moderne Rechner zu Forschungszwecken wie auch schlichte zur Datenerfassung anzuschaffen, wäre mit fortschreitender Digitalisierung selbstverständlich gewesen. Um gemäß den Beschlüssen der Parteitage das viel beschworene »Weltniveau« zu erreichen, hätten Labore und Büros mit modernem technischen Gerät – westlichen oder östlichen Fabrikats – ausgestattet werden müssen. Indes mangelte es laut Parteibericht selbst an Kugelschreibern. Das mochte eine Übertreibung, ein bewusst gesetztes Alarmsignal gewesen sein, die Unterversorgung mit »Kleinrechnern« aber war durchaus real. Um Devisen für den Kauf von Computern zu beschaffen, planten Mitarbeiter verschiedener Institute schließlich auf eigene Faust eine private Sammelaktion, um PCs für den Dienstgebrauch zu beschaffen. Im Monatsbericht über das Parteileben am ZIPC war schon 1982 die Episode über einen verdienten Genossen vermerkt, der eigenmächtig plante, Kapital des »Klassenfeinds« für sich zu mobilisieren. Während einer Tagung bat er amerikanische Kollegen, als Bürgen den Kauf eines wissenschaftlichen Großgeräts zu ermöglichen. Mit diesem Eingeständnis der Notlage in seinem Land beging der Akademiker allerdings einen Fauxpas, den die SED ihm sehr übel nahm.

Die Situation am Zentralinstitut hatte sich immer weiter zugespitzt – nicht zuletzt wegen der engen Verflechtungen und gegenseitigen Abhängigkeiten innerhalb der maroden DDR-Wirtschaft. So kündigte die SED der Akademieleitung an, dass ein erst kurz zuvor erworbenes Massenspektrometer stillgelegt werden müsse, da das Gerät zur Kohlenwasserstoffanalyse nur mit importierten Filtern funktionierte, die wiederum angesichts der Devisenknappheit nicht angeschafft werden könnten. Die Partei erteilte dem ZIPC den Auftrag, eine »Substitutionskonzeption« zu entwerfen – die Fantasie der Forscher sollte sich auf die Überwindung des Mangels richten.

1987 fehlten, so die Klage eines Parteisekretärs, sieben Millionen Mark. Der Chemieanlagenbau Leipzig-Grimma hatte die Kooperation mit den Forschern »vorübergehend« aufgekündigt und die vereinbarten Zahlungen eingestellt. Damit war selbst in den Augen des Parteisekretärs die Lage fortan so angespannt, dass »die Finanzierung eines wesentlichen Teils unseres Forschungspotenzials auf dem Schwerpunktgebiet des Instituts völlig unklar« war. Die permanente Auseinandersetzung mit dem offenkundigen Mangel – keine wirkliche Not, aber die einem Industriestaat unangemessen dürftige Versorgungslage – weckte aber auch den Improvisationsgeist der Akademiker und nicht zuletzt auch ein Gefühl der Solidarität.

Während ein Teil der Institutsmitarbeiter in dieser Zeit resignierte, spielten andere mit dem Gedanken daran, einen Ausreiseantrag zu stellen. Schließlich fassten in den späten Achtzigerjahren aber auch immer mehr Menschen den Mut, in einem bestimmten Rahmen Veränderungen einzufordern – und dies nicht mehr nur hinter vorgehaltener Hand. In Angela Merkel erwachte das Gefühl, dass sich auch ihr angesichts der sich allmählich lösenden Starre der DDR-Gesellschaft neue Perspektiven bieten könnten. Sie wusste nicht konkret, dass sie die geschützte Welt der Akademie bald verlassen würde. Es gab für sie keinen genauen Plan, wohl aber die Bereitschaft, Chancen wahrzunehmen. »Geh ins Offene« – die Worte Hölderlins hatte sie einst in Gogols *Tote Seelen* geschrieben und die Widmung ihrem Freund Michael Schindhelm zum Abschied mit auf den Weg gegeben. Dieser Appell galt auch für sie selbst.

Am ZIPC spielten sich im Kleinen die Veränderungen ab, die republikweit das System allmählich ins Wanken und schließlich zu Fall brachten. In den Tagen des Untergangs der DDR trat die Physikerin Angela Merkel aus dem Schatten ihrer gehüteten Privatheit der letzten Jahre am Institut heraus. Zur Verwunderung vieler Mitarbeiter wagte sie sich in den turbulenten Vollversammlungen des Instituts plötzlich ungewöhnlich weit hervor. Sie sprach schlicht das aus, was viele dachten. In Diskussionen forderte sie energisch längst überfällige Veränderungen ein – aktiv, engagiert und jetzt ohne jede Zurückhaltung auch öffentlich. Sie verließ das geschützte Umfeld des Kollegenkreises, stellte fest, dass die Zeit der verknöcherten Hierarchie vorüber sei und die Führungsriege am Institut abtreten solle.

Selbstverständlich war Angela Merkel nicht die Einzige, die im Jahr 1989 aufstand, der Dynamik der Ereignisse entsprechend Mut fasste und lange unterdrückte Forderungen stellte. Und so ist es keinesfalls nur ihr Verdienst, dass die alte Institutsleitung des ZIPC, zum Rückzug gedrängt, ihre Sachen packen musste und zunächst die zweite Reihe der gelernten Kader die Verantwortung übernahm.

Als die inzwischen 35-jährige Wissenschaftlerin sich vor der Institutsöffentlichkeit offen artikulierte, hatte sie sich gedanklich von ihrem bisherigen Arbeitsumfeld Schritt für Schritt gelöst. Die Zeiten, da ihr Anpassung als eine überlebenswichtige Tugend erschienen war, neigten sich dem Ende zu. In den Jahren an der Akademie hatte sie ihre Leistungsfähigkeit beweisen können. An ihrer Intelligenz, ihrem Fleiß und ihrer Kommunikationsfähigkeit musste sie nach zehn Jahren Berufstätigkeit nicht mehr zweifeln. Instinktiv wurde ihr klar, dass sie nun aus der Deckung hervortreten konnte, die sie einst in Templin, aber auch in Adlershof nie verlassen hatte. Die Situation machte ihr Mut. Zudem hatte sie in ihrem bisherigen Leben soviel Sicherheit erworben, dass sie sich auf Neues einlassen konnte.

Drittes Kapitel
DIE »NOVEMBERREVOLUTIONÄRIN«

Immer donnerstags gingen Angela Merkel und ihre Freundin abends in die Sauna. Es war eine feste Verabredung, und auch am Donnerstag, dem 9. November 1989, wollten die beiden Freundinnen nicht von ihrer Gewohnheit lassen, obwohl die Zeiten unstet und aufregend waren. Nicht nur die westdeutschen Medien, auch Fernsehen und Rundfunk der DDR berichteten nun ständig über das sich immer mehr beschleunigende Geschehen, über die kurz zuvor noch gänzlich unvorstellbaren Erosionen des starren politischen Gefüges der DDR.

Die Opposition formierte sich, regimekritische Bewegungen und politische Vereinigungen traten seit dem Sommer an die Öffentlichkeit und zwangen die SED zur Reaktion: Die Parteiführung konnte die Protestierenden nicht länger als Staatsfeinde oder Konterrevolutionäre verunglimpfen.

Schon seit Jahren hatten sich einzelne kleine und lokale Friedenskreise, Bürger- und Menschenrechtsgruppen oder Zirkel von Umweltschützern in unterschiedlicher Form gegen die staatliche Autorität zur Wehr gesetzt. Eine Reihe von Bürgerrechtlern hatte sich unter dem Dach der *Initiative für Frieden und Menschenrechte* gesammelt. Nun verließen sie diese bedeutendste, von der Kirche unabhängige Oppositionsgruppe der DDR, um sich neu zu organisieren. Auf Initiative von Bärbel Bohley hatte sich im September in Grünheide bei Berlin das *Neue Forum* gegründet, das sich zur Vereinigung mit dem größten Zulauf entwickeln sollte. Ebenfalls im September wurden der »Aufruf zur Einmischung in eigener Sache« sowie die »Thesen für eine demokratische Umgestaltung der DDR« veröffentlicht, in denen zur Bildung der Bürgerbewegung *Demokratie Jetzt* aufgerufen wurde. Als besondere Provokation empfand die Parteiführung der SED die neue *Sozialdemokratische Partei*, die sich ausgerechnet am 40. Jahrestag der Gründung der DDR zusammengeschlossen hatte und zunächst unter der Abkürzung SDP firmierte. Die seit Oktober existierende Gruppierung, die sich *Demokratischer Aufbruch* nannte, wollte damals noch unterschiedlichen Initiativen ein Dach bieten, entwickelte aber doch eine unabhängige Parteistruktur – in der sich schließlich auch Angela Merkel politisch engagieren sollte.

Hunderttausende von DDR-Bürgern hatten im Herbst 1989 ihre Angst vor den staatlichen Sicherheitsorganen überwunden. Seit Wochen schon versammelten sich friedliche Demonstranten in Leipzig, aber auch in anderen Bezirksstädten und in Berlin und artikulierten ihre Unzufriedenheit mit der greisen Partei- und Staatsführung. Längst war es nicht mehr die verschwindend kleine Minderheit unerschrockener Bürgerrechtler, Friedensbewegter oder Umweltschützer aus dem Umfeld der Kirche, die sich hervorwagte – jener harte Kern der »Staatsfeinde«, zu dem die Staatssicherheit kaum mehr als 2500 Menschen in der gesamten Republik zählte. Stetig wuchs die Zahl derer, die ihrem Unmut Luft machen wollten und auf die Straße gingen. Unmissverständlich forderten sie die Verjüngung der Staatsführung und die Auflösung der verkrusteten Strukturen in Politik und Wirtschaft. Die überwiegende Mehrheit der Demonstranten bekannte sich ausdrücklich zu ihrem Land.

Andere DDR-Bürger wiederum sahen hier keine Zukunft mehr für sich und ihre Kinder. Die Zahl derer, die Anträge auf Ausreise in den Westen stellten oder versuchten, die DDR über Ungarn oder die Tschechoslowakei zu verlassen, stieg. Die Flüchtlinge aus den bundesdeutschen Botschaften in Prag und Warschau hatten in schwer bewachten Sonderzügen die DDR gen Westen durchquert. Erich Honecker hatte am 1. Oktober 1989 im Fernsehen dazu den unmissverständlichen Kommentar verlesen lassen: »Man sollte ihnen keine Träne nachweinen.«

Auch wenn der Generalsekretär der SED es nicht wahrhaben wollte: Das Herrschaftssystem fiel in sich zusammen. Und so sehr Honecker bei den Feierlichkeiten zum 40. Jahrestag der Gründung der DDR – den Bürgerprotest ignorierend – beteuerte, dem Sozialismus gehöre die Zukunft, so musste er doch am 18. Oktober sein Amt an Egon Krenz abgeben. Die Reformer unter den Mitgliedern im Politbüro der SED hofften, dass eine personelle Erneuerung an der Spitze von Staat und Partei den Zerfall des maroden Apparats aufhalten könnte. Am 7. November trat dann der Ministerrat der DDR unter Willi Stoph zurück, und am Tag darauf löste sich widerwillig das alte Politbüro auf. Der Reformflügel der Staatspartei hielt nun das Zepter in der Hand – der Aufbruch in einen erneuerten Sozialismus aber konnte nicht mehr gelingen.

Seit den Sommermonaten hieß das entscheidende Stichwort »Dialog«. Mit diesem Begriff wollte sich die Opposition schützen, ihre Friedfertigkeit belegen und zeigen, dass sie keinen Umsturz provozieren wollte. Noch immer bestand die Gefahr, dass bewaffnete Truppen eingreifen könnten.

Nicht zufällig hatte das *Neue Forum* also seinem Gründungsaufruf die Diagnose vorangestellt, dass »die Kommunikation zwischen Staat und Gesellschaft gestört« sei. So regte die Bürgerrechtsbewegung neue Formen der Kommunikation in der Gesellschaft an, ohne direkt die »Systemfrage« zu stellen. Die Funktionärsriege der SED ihrerseits versuchte über einen »Dialog« mit den ungeahnt lautstarken neuen Kräften im Land für sich selbst zu retten, was schon längst nicht mehr zu retten war.

Bevor Angela Merkel und ihre Freundin an jenem Donnerstag, dem 9. November, in die Sauna gingen, verkündete der SED-Bezirkschef von Berlin, das Politbüro-Mitglied Günter Schabowski, im Pressezentrum in der Mohrenstraße einen Beschluss zum neuen Reisegesetz: Privatreisen in den Westen sollten künftig ohne Genehmigungsverfahren erlaubt werden. Schabowski hatte an der vorangegangenen Sitzung des Zentralkomitees nicht teilgenommen und kannte den Beschluss nicht im Detail. Auf der Pressekonferenz nun unterlief ihm eine kleine, aber entscheidende Nachlässigkeit. Die Nachfrage eines Journalisten, ab wann denn das Gesetz gelten sollte, konnte Schabowski nur intuitiv beantworten:

»Sofort«, behauptete er, wurde selbst stutzig, stammelte, wühlte in seinen Papieren, aber blieb vor laufenden Kameras bei dieser Aussage: »Ja«, wiederholte er, »ich habe nichts Gegenteiliges gehört.«

Angela Merkel rief sofort begeistert bei ihrer Mutter in Templin an und wärmte einen alten familieninternen Spruch wieder auf: »Wenn die Mauer weg ist, gehen wir ins Kempinski, Austern essen.« Jetzt war es soweit, die Mutter solle schon mal ihr Westgeld zählen.

Noch in derselben Nacht beriefen sich an allen Grenzübergängen gen Westen tausende von Bürgern der DDR hartnäckig auf die Worte Schabowskis – solange, bis die Grenztruppen nachgaben. Am Grenzübergang in der Bornholmer Straße sperrten sich die völlig überforderten Passkontrolleinheiten des Ministeriums für Staatssicherheit bis um halb elf am Abend. Schließlich beugten sie sich dem nicht mehr aufzuhaltenden Ansturm der Ostberliner. Als die Bürger des von ihnen bewachten Staates den Schlagbaum wegdrückten und die Öffnung der Gittertore zum Westen erzwangen, schritten die Grenzer nicht ein. Die Mauer war gefallen.

Wie ein Lauffeuer verbreitete sich die fantastische Neuigkeit. Als Angela Merkel aus der Sauna kam, erfuhr sie das Unglaubliche: Alle innerstädtischen Kontrollpunkte in der geteilten Stadt waren offen. West- und Ostberliner feierten und tanzten auf dem Kurfürstendamm. Trabis fuhren über die Grenze nach Hof oder Lübeck, die Kerzenstummel von den Montagsdemonstrationen auf dem Armaturenbrett. Entlang des gesamten »antifaschistischen Schutzwalls«, der am schärfsten bewachten Grenze Europas, hatten die Kontrolltruppen kapituliert, ohne dass ein einziger Schuss gefallen war. Wildfremde Menschen aus Ost und West fielen sich in die Arme vor Freude.

Angela Merkel schien die Öffnung der Mauer so unwahrscheinlich, dass sie sich nicht auf Nachrichtenmeldungen oder die Erzählungen anderer verlassen, nicht einer Falschmeldung aufsitzen wollte. Mit den Badesachen unter dem Arm lief sie zum nächstgelegenen Grenzübergang, um mit eigenen Augen zu sehen, was sie nicht fassen konnte. Nach 28 Jahren des Eingesperrtseins konnten sich die Bürger der DDR frei bewegen.

Im Strom mit unzähligen anderen begeisterten und jubelnden Ostdeutschen passierte auch Angela Merkel die Brücke über die Schienen am Bahnhof Bornholmer Straße und überschritt die Grenze in den Westen – ohne schikanöse Genehmigungsverfahren, langwierige Anträge oder entwürdigende Kontrollen. Bei gänzlich unbekannten Westberlinern bat sie darum, mit ihren Verwandten in Hamburg telefonieren zu dürfen. Freudestrahlend feierte sie die Grenzöffnung mit jenen, die ihr zufällig die Tür geöffnet hatten, und kehrte schließlich todmüde und euphorisch nach Hause, in den Osten der Stadt zurück.

Die Grenze konnte niemanden mehr aufhalten. Demonstranten hatten die Mauer erklommen, mit Hammer und Spitzhacke lösten sie Brocken aus dem Beton. Der friedliche Protest hatte die Weltordnung ins Wanken gebracht – doch der Rausch der Nacht verflog rasch. Neben Freude und Überschwang wurde auch eine tiefe Orientierungslosigkeit spürbar: Der bekannte Rahmen allen politischen Handelns war gesprengt, der Weg in die Zukunft aber keineswegs vorgezeichnet. Die von vielen loyalen Bürgern getragene Hoffnung auf eine Verjüngung der Staatsführung, auf eine Erneuerung der DDR und auf einen »Sozialismus mit menschlichem Antlitz« schwand. Der dringende Wunsch nach Veränderung, der vielen Demonstranten den Mut gegeben hatte aufzubegehren, musste nun in politische Veränderungen münden. Forderungen mussten formuliert und neue Entscheidungswege gefunden werden – und dies möglichst rasch, denn restaurative Kräfte waren aktiv. Noch waren Reaktionen der alarmierten »bewaffneten Organe« nicht auszuschließen.

Die Demonstranten in Leipzig oder Dresden begannen, »Wir sind ein Volk!« zu skandieren. Die D-Mark verhieß Wohlstand. Geblendet von den Verlockungen der Konsumwelt des Westens, wollte ein großer Teil der DDR-Bevölkerung die neu erlangte Freiheit nutzen, um endlich unerfüllten Konsumwünschen nachzugeben. Der Ruf nach Reformen wandelte sich allmählich zur Forderung nach einer zügigen Annäherung an die Bundesrepublik und ihr Wirtschaftssystem. Während die einen lange Entbehrtes nachzuholen suchten, schüttelten die anderen den Kopf und prophezeiten den »Ausverkauf der DDR«. Viele DDR-Bürger betrauerten das spürbar nahe Ende ihres Staates, der Besucherstrom Richtung Westen rief bei ihnen ein Gefühl der Beklemmung hervor. Skeptisch betrachteten sie die langen Schlangen vor den Sparkassen in Westberlin, an denen ostdeutschen Besuchern das so genannte Begrüßungsgeld ausgezahlt wurde. Die Aufbruchsstimmung, die Oppositionelle in den Monaten zuvor beflügelt hatte, wich dem Entsetzen darüber, wie schnell materielle Interessen obsiegten.

Die Intelligenz der DDR schwankte in ihrer Beurteilung der sich stetig beschleunigenden Ereignisse. Einige exponierte »Kulturschaffende« hatten ihre Autorität genutzt und an die Friedfertigkeit von Demonstranten und Sicherheitsorganen appelliert. In einem Aufruf »Für unser Land« forderten Stefan Heym, Christa Wolf, der Regisseur Frank Beyer, die Rocksängerin Tamara Danz und Pfarrer Friedrich Schorlemmer zusammen mit anderen Prominenten die Auflösung stalinistischer Strukturen und den Einsatz aller für eine »solidarische Gesellschaft« als »sozialistische Alternative zur Bundesrepublik«. Andere Künstler oder Wissenschaftler hielten sich bedeckt und fürchteten schlicht um ihre gesicherte Existenz.

Auch die Mitarbeiter der Akademie waren geteilter Meinung: Während sich einige ohne Vorbehalte den Demonstranten auf der Straße anschlossen, sich zum Aufbruch bekannten und den Mut zur Veränderung zeigten, gab es andere, die erschreckt oder ängstlich den Rückzug antraten – voll Bedauern über das Geschehen.

Die Diskussionen und Spekulationen nahmen kein Ende, jeder versuchte Antworten auf die Frage »Was nun?« zu finden, und alle waren wie nie zuvor bemüht, auf dem Laufenden zu bleiben. Zum einen war das Interesse der westdeutschen Sender und Zeitungen an der DDR sprunghaft angestiegen, zum anderen öffneten sich langsam auch die staatlich kontrollierten Medien der DDR. Dennoch hatten viele Menschen in den folgenden Monaten das Gefühl, die eklatanten Veränderungen in ihrem Land so schnell nicht verfolgen, geschweige denn begreifen oder gar beeinflussen zu können.

Den Kalender der wissenschaftlichen Mitarbeiter der Akademie brachte der Fall der Mauer zunächst nicht in Unordnung. Angela Merkel trat wenige Tage nach der Maueröffnung wie geplant eine längst vereinbarte Dienstreise nach Thorn an. Zu ihrer Verwunderung sprachen dort ausgerechnet ihre polnischen Kollegen ohne zu zögern von der raschen Vereinigung der beiden deutschen Staaten – als sei nichts selbstverständlicher als die Wiederherstellung der staatlichen Einheit der Deutschen. Diese Erfahrung hatte sie im Teenageralter zum ersten Mal bei ihrem Besuch in Moskau gemacht: Auch damals war sie von Russen sehr direkt auf die Wiedervereinigung angesprochen worden. Nun rückte die einst utopisch anmutende Idee tatsächlich näher, dennoch blieb Angela Merkel sehr skeptisch. Sie hatte gelernt, mit der Teilung der Deutschen zu leben, und war an die Existenz von DDR und Bundesrepublik gewöhnt. Das Gedankenspiel um eine Wiedervereinigung war ihr, solange sie denken konnte, verwehrt gewesen. Es fiel ihr nun nicht leicht, das eingeimpfte Tabu zu brechen.

Schließlich war Angela Merkel nicht allein von Staats wegen auf die Zweistaatlichkeit eingeschworen. Die scheinbar unveränderliche Realität der Existenz zweier deutscher Staaten hatte ihre Familie in besonderer Weise geprägt: Der Vater hatte den Weg in den sozialistischen Osten aus politischer Überzeugung genommen. Auch wenn Horst Kasner, als er 1954 aus Hamburg fortgezogen war, nicht ahnen konnte, dass Reisen über die Grenze schon sieben Jahre später kaum noch möglich sein würden, hatte er doch mit seiner Entscheidung Frau und Kinder der Diktatur ausgesetzt. Das gesellschaftspolitische Konzept, in das der Vater in jungen Jahren noch seine politischen Hoffnungen gesetzt hatte, war mit der DDR gescheitert. Die Ideale der ersten Autoritätsperson im Leben von Angela Merkel brachen sich an der Realität. Sie selbst habe, wie sie heute immer betont, die DDR nicht als ihr »Heimatland« empfunden. Doch verbot sich von selbst, das Provisorium der Zweistaatlichkeit in Zweifel zu ziehen.

Nach ihrer Rückkehr aus Polen erwachten in Angela Merkel Neugier und Tatkraft. Spätestens die Bemerkungen ihrer polnischen Gastgeber über die Wiedervereinigung hatten ihr deutlich vor Augen geführt, dass die Umbruchsituation Risiken, zugleich aber auch ungeahnte Möglichkeiten bot. Und diese begann sie langsam für sich zu erspüren.

Dabei ging es ihr zunächst weniger um Veränderungen im Großen als vielmehr um erste tastende Schritte im persönlichen Umfeld. Sie wollte wieder Kontakt zu einem alten Freund aus ihrer Leipziger Studien- und Diplomzeit aufnehmen, der im Westteil Berlins lebte. Mit dem Physiker war sie schon vor ihrer Ehe eng befreundet gewesen, über eine lange Zeit hatten sie einander regelmäßig sehr persönliche Briefe geschrieben. Noch heute weiß er, wie gleichmäßig die Kringel ihrer Handschrift auf den ersten Blick aussehen und wie schwer sie oft zu entziffern sind.

Dieser Freund war in den frühen Achtzigerjahren aus politischen Gründen in Jena verhaftet worden. Er hatte nach seiner Freilassung einen Ausreiseantrag gestellt und lebte seit 1983 in West-Berlin. Angela Merkel hatte ihn nach seiner Ausreise gebeten, keine Briefe mehr zu schicken. Weder in der Akademie noch in ihrem privaten Briefkasten wollte sie Post eines im Staate Unerwünschten empfangen. Mit dieser Reaktion ihrer daheim gebliebenen Freunde mussten sich durchaus viele Ausgewiesene oder Ausgereiste abfinden. In vielen anderen Fällen jedoch blieben die Beziehungen auch über die Mauer hinweg erhalten, ohne dass den in der DDR Lebenden daraus Nachteile entstanden wären.

Nach dem Fall der Mauer nun schien Angela Merkel die Gelegenheit günstig, wieder an das alte Vertrauensverhältnis anzuknüpfen. Doch der Faden ließ sich, anders als sie angenommen hatte, nicht einfach als eine Wiedervereinigung im Privaten wieder aufnehmen. Sie hatte die Tatsache, dass einmal verlorenes Vertrauen schwer wiederherzustellen ist, unterschätzt.

An ihrem Arbeitsplatz an der Akademie der Wissenschaften konnte Angela Merkel schon sehr bald beobachten, dass die seit Jahrzehnten eingespielten Machtmechanismen nicht mehr wie gewohnt funktionierten. Der Alltag der Wissenschaftler ging weiter, aber die Verunsicherung war groß. Wie sollte mit Altkadern umgegangen werden, wer sollte künftig Entscheidungen treffen?

Angela Merkel war neugierig zu erfahren, wie das entstandene Machtvakuum in anderen Lebensbereichen ausgefüllt wurde und wie sich diejenigen, die das starre System aufgeweicht hatten, nun verhielten.

Im September bereits war sie bei einem Besuch im Waldhof in Templin zufällig auf eine Gruppe getroffen, der es weniger um die dringend notwendigen Reformen im Kleinen – zum Beispiel an den Instituten der Akademie – ging, sondern die sich grundsätzlichen ethischen Problemen stellte. Seit 1986 traf sich in lockeren Abständen ein kleiner Zirkel von Naturwissenschaftlern und Theologen, um philosophische Überlegungen anzustellen. Zu diesem Kreis zählte neben dem seit langem in der kirchlichen Opposition engagierten Physiker Günter Nooke auch Marcus Kasner, der jüngere Bruder von Angela Merkel, der gleichfalls in Leipzig Physik studiert hatte.

Horst Kasner hatte dem Gesprächszirkel Räume in der evangelischen Bildungseinrichtung im Waldhof zur Verfügung gestellt, er überließ ihnen bereitwillig auch die hier vorhandene Literatur aus dem Westen. In der Abgeschiedenheit des Waldhofes konnten sich die etwa 15 Teilnehmer der akademischen Runde ungestört und in ruhiger Seminaratmosphäre treffen. Auf hohem theoretischen Niveau setzten sie sich mit den Konsequenzen der eklatanten Umweltverschmutzung in den Industrierevieren der DDR auseinander, stellten allgemeine energiepolitische Überlegungen an und beschäftigten sich mit der aus ihrem christlichen Glauben gespeisten Verpflichtung zum Handeln. Missstände im ökologischen wie ökonomischen System der DDR wollten sie nicht dulden, und sie versuchten gegen Ignoranz und Resignation anzukämpfen. Dabei begaben sie sich bewusst in Konfrontation zur staatlichen Autorität.

Nooke, Kasner und andere hatten während des Leipziger Kirchentages im Juli 1989 eine Erklärung zu Friedens- und Umweltfragen miterarbeitet, vor allem aber hatten sie das staatliche Machtmonopol in Frage gestellt. Neben dem offiziellen Kirchentag in Leipzig hatte sich aus Protest gegen die befürchtete Entpolitisierung der Veranstaltung eine Gegenbewegung formiert: Der »Stattkirchentag« in der Lukasgemeinde versuchte jenen ein Forum zu bieten, die auf dem Kirchentag selbst keine Möglichkeit sahen, sich frei zu artikulieren.

An jenem Wochenende im September nun öffnete sich der lange miteinander vertraute Kreis der Theologen und Physiker an einem Abend. Angesichts der angespannten Lage im Staat suchten viele das Gespräch und den Austausch über die Ereignisse. Angela Merkel, die mit dem Kreis von Nooke zuvor keine Verbindung hatte und die in vergleichbaren Zirkeln immer fremd gewesen war, kam mit ihrem Vater nun hinzu. Im Gespräch habe sich ein Konflikt zwischen den Generationen gezeigt, so Günter Nookes Erinnerung: Während Angela Merkel in dieser Runde dafür plädierte, jetzt mitzumachen und die sich bietenden Chancen für ein Engagement wahrzunehmen, habe der Vater zugleich vor Gegenreaktionen gewarnt.

Bisher hatte sie sich mit ihrer Kritik an den Zuständen in der DDR zumeist unter Menschen bewegt, die weit mehr Kompromisse und geringere Risiken eingegangen waren als die kleinen Gruppen im oppositionellen Umfeld der evangelischen Kirche. In unregelmäßigen Abständen beispielsweise hatte sie einen Gesprächskreis in der Berliner Paul-Gerhardt-Gemeinde besucht, dort aber keine andere Rolle als die der Zuhörerin eingenommen.

Schon die überwiegend basisdemokratischen Entscheidungsprozesse in diesen Gruppen oder unter den Anhängern des *Neuen Forums* – dem sich ihr Vater schließlich anschloss – erschienen ihr weltfremd und in ihrer Arbeit wenig Erfolg versprechend. Angela Merkel schätzte endlose Debatten nicht, wie sie Günter Gaus erklärt: »Ich glaube, dass man in der politischen Arbeit auch zum Machbaren kommen muss und nicht zu lange sich im eigenen Diskutieren verlieren sollte.« Auch Fundamentalopposition hielt sie für wenig praktikabel. Wie die Anhänger der »Demokratie von unten« im ständigen Diskurs miteinander Politik machen wollten, erschloss sich der rational denkenden Physikerin in ihrem Realitätssinn nicht. Offene Entscheidungsabläufe, vor allem aber jede anarchistische Neigung schreckten sie.

Sie war an feste Entscheidungsstrukturen gewöhnt, diese hatten sie zwar eingeengt, aber ihr zugleich den Rahmen allen Handelns vorgegeben. Ihrer Vorstellung nach waren diese Strukturen aufzubrechen, von festen Handlungsrahmen aber wollte sie sich auch künftig grundsätzlich nicht trennen. Jahre später erscheint in der *Welt am Sonntag* das Zitat: »Ohne Macht gibt es Chaos.«

Ein Teil der Protagonisten der Bürgerbewegung scheute sich in der historisch offenen Situation am Ende des Jahres 1989, nach der gewissermaßen auf der Straße liegenden Macht zu greifen. In ihrer Auseinandersetzung mit dem diktatorischen Staat hatte die Opposition jahrelang Mitbestimmungsrechte eingeklagt und gefordert, die Macht im Staat müsse auf demokratische Weise geteilt werden. An den Runden Tischen sollte nun im Gespräch zwischen neuen und alten Kräften Einfluss auf Entscheidungen genommen werden. »Wir haben uns dabei oft von der SED über den Tisch ziehen lassen«, gestehen Mitglieder der Bürgerbewegung heute. Aus prinzipiellen Erwägungen zögerten sie, das damals entstandene Machtvakuum selbst zu füllen. So absurd dies scheinen mag: Die in der ständigen Auseinandersetzung mit dem übermächtigen Staat entwickelte politische Vorstellungskraft vieler Bürgerrechtler ermüdete, als die jahrelang bekämpfte Autorität zu wanken begann. Die Handlungsfähigkeit der Widerständigen erlahmte, als der Druck des Staates nachließ. In der Umbruchsituation war es zwar nun einerseits endlich möglich, die Verantwortung für Entscheidungen auf die Schultern vieler Einzelner zu verteilen – andererseits wurde offenkundig, wie mühsam dieser ungewohnte und nicht institutionalisierte Prozess der Demokratisierung zugleich war.

Angela Merkel war in dieser Hinsicht unvoreingenommen. Für sie folgten Entscheidungen nicht aus endlosen, zermürbenden Debatten, sondern ergaben sich schlicht aus Notwendigkeiten und einem nüchternen Prozess der Abwägung verschiedener Argumente. Sie wird auch später als Bundesumweltministerin nicht immer Geduld aufbringen für lange Debatten mit Interessenvertretern, die in mühevollen Prozessen Meinungsbilder erstellen. Sie selbst kann Details emotionslos betrachten – und ist irritiert, wenn bei anderen auch durchaus subjektive Vorlieben in Entscheidungsprozessen eine Rolle spielen.

Anders als viele der Bürgerrechtler war Angela Merkel bereit, Autoritäten zu akzeptieren und eine eigene autoritäre Kraft zu entfalten. Nun war sie auf der Suche nach einem Ort, wo ihre Tatkraft und ihre Hilfsbereitschaft gebraucht würden, wo sie zupacken und »selbst was tun« konnte.

Welche Wege die neuen politischen Parteien einschlagen wollten, interessierte auch Angela Merkels Chef an der Akademie der Wissenschaften, Klaus Ulbricht. Der bis dato parteilose Abteilungsleiter am Zentralinstitut für Physikalische Chemie nahm seine Kollegin an einem Abend im November mit zu einer Veranstaltung der neu gegründeten Sozialdemokratischen Partei der DDR. Klaus Ulbricht hegte schon länger Sympathie für die SDP, die ihre Ziele an diesem Abend in Treptow vorstellen wollte. Unschlüssig blickte sich Angela Merkel unter dem dicht gedrängten Publikum im Saal um. Sie war umgeben von Neugierigen, die versuchten, über die Köpfe der anderen hinweg einen Blick auf Angelika Barbe zu werfen. Die Stellvertretende Parteisprecherin der Sozialdemokraten der DDR, die sich im vorangegangenen Jahr zunächst der *Initiative Frieden und Menschenrechte* angeschlossen hatte, stand vorn und bemühte sich nach Kräften, das allgemeine Gemurmel zu übertönen. Wie überall war das Durcheinander groß, Spannung lag in der

Luft in den unruhigen Novembertagen. Überraschend viele Menschen waren gekommen um zu erfahren, was die Gründer der SDP – Markus Meckel, Martin Gutzeit, Arndt Noack, der später als Inoffizieller Mitarbeiter der Staatssicherheit enttarnte Ibrahim Böhme und deren Mitstreiter – in Opposition zur SED planten. Schon mit dem Gründungsaufruf im August hatten die Ziele der SDP unter Opposition und Staatsführung enormes Aufsehen erregt: Die Initiatoren der Partei stellten nicht allein den absoluten Machtanspruch der SED in Frage, sie forderten zudem eine parlamentarische Demokratie und bekannten sich zur Sozialen Marktwirtschaft. An der Zweistaatlichkeit wollten die überwiegend aus dem Kreis der evangelischen Pastorenschaft stammenden Protagonisten der SDP zunächst nicht rütteln, wohl aber klagten sie das Selbstbestimmungsrecht der Deutschen ein. Am 7. Oktober – dem Tag, an dem die Partei- und Staatsführung im Beisein von Michail Gorbatschow im Palast der Republik den 40. Jahrestag der DDR-Gründung feierte – hatten sie im Pfarrhaus von Schwante im Norden von Berlin ihre Partei konstituiert. In den folgenden Wochen versuchten die Parteigründer und deren Sympathisanten die Werbetrommel für die SDP zu rühren und dem wachsenden Informationsbedürfnis der Bürger gerecht zu werden.

Klaus Ulbricht entschloss sich noch am selben Abend nach der Veranstaltung mit Angelika Barbe in Treptow, der SDP beizutreten. »Als ich das am nächsten Tag meinen Kollegen berichtete, gab es einen Aufschrei«, erinnert sich Ulbricht. Die Skepsis gegenüber Parteien aller Art war so groß, dass sein Beitritt zur SDP im Institut auf Unverständnis stieß – schon der Begriff »Partei« schien nach vierzig Jahren des Missbrauchs durch die SED und die Blockparteien diskreditiert. Diese Vorbehalte übertrugen viele, die sich den Parteien bewusst fern gehalten hatten, nun auch auf die politischen Neugründungen. Mitglied einer Partei »wurde man nicht«.

Angela Merkel war in dieser Frage, die ihr Chef so rasch und klar für sich beantwortet hatte, zunächst unentschieden. Nicht der rasche Beitritt ihres Vorgesetzten zu jener neuen politischen Gruppierung war ihr suspekt, sondern die SDP selbst, obwohl auch ihre Mutter sich bei den Sozialdemokraten engagierte.

Viel später erläuterte Angela Merkel, dass ihr zum Beispiel das traditionelle »Du« unter den Genossen der SDP damals seltsam vorgekommen sei. Auch das traditionelle Liedgut der Partei habe ihr missfallen, wie sie der *Berliner Morgenpost* erklärt: »Die haben so komische Lieder gesungen wie ›Brüder, zur Sonne, zur Freiheit‹.«

In ihren Inhalten unterschieden sich die diversen politischen Gruppierungen in der frühen Phase des Aufbruchs in den Pluralismus kaum. Einvernehmlich klagten sie die Menschen- und Bürgerrechte ein, forderten freie Wahlen sowie eine neue Sicherheitspolitik. Sie stritten für die Bewahrung der Natur, für Umweltschutz und für ein unabhängiges Erziehungs- und Bildungssystem. Und obwohl die wenigen führenden Köpfe der Bewegungen zunächst ähnliche oder gleich lautende Ziele verfochten, grün waren sie einander deswegen noch lange nicht. Entsprechend schwierig gestaltete sich für diejenigen, die politisch aktiv sein wollten, die Entscheidung für die eine oder andere Gruppierung. Einige gingen in dieser Zeit Verbindungen ein, die sie später enttäuscht wieder lösten, um sich in anderen politischen Vereinigungen zu engagieren. Andere traten der Partei oder Gruppierung bei, der sich Freunde oder Bekannte angeschlossen hatten.

Angela Merkel war in dieser Hinsicht gänzlich unvoreingenommen und konnte sich bei der Suche nach einer politischen Umgebung allein auf ihre Intuition verlassen. Sie hatte gegen Ende des Jahres 1989 entschieden, sich nicht der Ost-CDU anzuschließen. Im *Spiegel* sagt sie 1994, dass »die Ost-CDU früher für mich eine schlimme Partei (war). Ich habe gelernt, dass diese Partei für viele auch ein Hort war«.

Die Blockpartei mit ihren mehr als 130000 Mitgliedern hatte die Macht der SED über vierzig Jahre de facto stabilisiert. Wohl war die Mitgliedschaft in der CDU von manchen schlicht als kleineres Übel empfunden worden, als Notlösung. Die Ost-CDU hatte unter ihrem langjährigen Vorsitzenden Gerald Götting – der am 10. November

1989 von Lothar de Maizière abgelöst wurde – über vierzig Jahre keinen konsequenten Versuch unternommen, sich von der SED zu emanzipieren. Zwar haben sich einzelne couragierte Mitglieder der Ost-CDU durchaus gegen Bevormundung zu wehren versucht, gegen Wahlfälschungen protestiert oder aber das Massaker auf dem Platz des Himmlischen Friedens in Peking öffentlich verurteilt – der generellen Linie der Blockpartei aber entsprach dies nicht. Einige »Unionsfreunde« – insbesondere aus den Hierarchien und dem Umfeld der Kirchen – hatten sich vom »C« im Namen ihrer Partei tatsächlich eine Anlehnung an das Christentum versprochen. Wer es für ratsam hielt, ein Parteibuch zu besitzen, aber das der SED ablehnte, dem hatte die Ost-CDU in den vierzig Jahren des Bestehens der DDR einen weitgehend geschützten Platz zum Überwintern geboten.

Angela Merkel hat 1991 gegenüber Günter Gaus von »verschiedenen qualitativen Formen« der Anpassung gesprochen. Sie unterschied dezidiert zwischen der Anpassung als einer »ziemlich lebensnotwendigen Sache« einerseits und dem »aktiven Unterstützen aus Überreaktion auf Sichanpassenmüssen« andererseits. Zwischen der defensiven Form des Konformgehens – sich zu arrangieren, ohne aufzufallen – und der offensiven Annäherung an die Macht mit der Absicht, sich von dieser schützen zu lassen und an ihr teilzuhaben.

Beide Formen der Anpassung waren Angela Merkel aus dem eigenen Erleben wohl vertraut. An der Akademie hatte sie karrierebewusste Mitläufer oder überzeugte Ideologen beobachten können, aber auch Aufrechte, die ihre abweichenden Ansichten nicht aufgeben wollten. Angela Merkel hatte in den Jahren im Wissenschaftsapparat der DDR für sich selbst ausprobieren können, wie weit sie mit ihrem Staat konform gehen wollte. Sie entschied sich dafür, keine Risiken einzugehen. Die Wissenschaftlerin hatte darauf geachtet, stets in einem geschützten Umfeld zu leben, in dem sie sich kleine Freiheiten nehmen konnte und ihre Meinung nicht zu verstecken brauchte.

Diese Erfahrung spielte bei der Suche nach einem neuen Feld für ihr gesellschaftliches Engagement durchaus eine Rolle. Jene, die sich gedanken- oder kritiklos oder zum eigenen Vorteil dem System der DDR ergeben hatten, waren ihr suspekt. Wer aber bewusst Risiken eingegangen war und den offenen Konflikt mit dem Staat nicht gescheut hatte, verunsicherte sie. Denn – anders als den politisch Verfolgten – hatte ihr die Diktatur keine Wunden beigebracht. Gängelung und die Beschränkung der Reisefreiheit hatte sie erfahren. Den autoritären Habitus von Vorgesetzten, deren Macht durch nichts legitimiert war als durch ihre Parteimitgliedschaft, hatte sie beobachtet. Aber da sie dem Staatsapparat keinen Anlass gegeben hatte, gegen sie vorzugehen, war sie eines Teils ihrer Freiheit, nicht aber ihrer Würde beraubt worden.

Anfang Dezember schließlich lernte Angela Merkel auch den *Demokratischen Aufbruch* kennen, der sich mit den beiden Attributen »sozial« und »ökologisch« in der Öffentlichkeit präsentierte. Allein schon der Name dieser Gruppierung hätte ihrer Stimmung von damals entsprochen, sagt sie zehn Jahre später. Der DA hatte sich am 1. Oktober unter dramatischen Umständen in Berlin zu formieren versucht: Etwa achtzig Oppositionelle aus der gesamten DDR hatten miteinander die Konstituierung einer politischen Bewegung geplant. Sie wollten sich in der Samariterkirche zusammenfinden, aber Polizei und Staatssicherheit griffen ein und riegelten die Umgebung der Pfarrgemeinde von Rainer Eppelmann ab. Vielen, darunter dem SDP-Mitbegründer Markus Meckel, der im *Demokratischen Aufbruch* damals ein Dach für verschiedene Oppositionsparteien sehen wollte, wurde der Zugang verwehrt. »Nur einigen wenigen Teilnehmern gelang es, meine zum Ausweichquartier erkorene Wohnung zu erreichen«, erinnert sich Ehrhart Neubert: »Die Polizei war schneller.« Andere wählten spontan eine Kirchgemeinde in Pankow als alternativen Sammelpunkt. »Wir haben dann versucht, per Telefon zwischen den beiden Gruppen den Kontakt herzustellen, denn wir wollten ja eine gemeinsame Erklärung herausgeben. Aber die Telefonverbindung wurde gekappt. Nur einer kam durch: Um Wolfgang Schnur Gelegenheit zu geben, den Abbruch der Unternehmung zu fordern, wurde die Sperre aufgehoben.« Die Rolle des Rostocker Rechtsanwalts Wolfgang Schnur blieb in dieser Situation dubios, erst Monate später wurde offenbar, dass Schnur unter anderem als IM Torsten jahrelang mit der Staatssicherheit kooperiert hatte.

Jetzt war er Mitbegründer des *Demokratischen Aufbruch* und hatte keine Skrupel, sich in vorderster Front zu platzieren. Er zählte zu jenen Inoffiziellen Mitarbeitern, die in einem waghalsigen Unterfangen versuchten, plötzlich die Seite zu wechseln – als könnten ihre Verfehlungen damit wieder gutgemacht werden. Wolfgang Schnur hatte über Jahre Oppositionellen Rechtsbeistand geleistet, im Gefängnis mit ihnen gebetet und tatsächlich in vielen Fällen geholfen, dabei aber stets ein Doppelspiel getrieben. Die Staatssicherheit hatte Schnur ausdrücklich auf Rainer Eppelmann angesetzt und ihm schon 1983 bescheinigt, er habe »maßgeblich dazu beigetragen, einen Missbrauch der Kirchen und eine Konfrontation Staat – Kirche vorbeugend zu verhindern«.

In der Wendezeit versuchte Wolfgang Schnur nun, sich von der Staatssicherheit zu lösen und Zeichen seiner Unabhängigkeit zu setzen. Er erlaubte sich eigenmächtige, von der Staatssicherheit nicht lancierte Auftritte. Beispielsweise hatte er dagegen protestiert, dass auch nachdem den Besetzern der bundesdeutschen Botschaft in Prag bereits die Ausreise zugesichert worden war, der Straftatbestand der Republikflucht noch erhoben wurde.

Gleichzeitig baute er seine Position im DA aus, ihm sollte in der neuen Rolle niemand Böses nachsagen können. Doch Schnur hatte seine einstigen Auftraggeber unterschätzt. Aller Wahrscheinlichkeit nach waren es Mitarbeiter der Staatssicherheit, die IM Torsten oder IM Ralf Schirmer im März 1990 bei Mitgliedern des Runden Tisches denunzierten.

Im Oktober 1989 jedoch lebte Wolfgang Schnur noch mit seiner Legende: Auf einem ersten Delegiertentreffen in den Räumen des kirchlichen Königin-Elisabeth-Hospitals in Berlin-Lichtenberg wurde die Gründung des DA nachgeholt. Die Angereisten wählten den vertrauenswürdigen Rechtsanwalt aus Rostock zum Vorsitzenden des *Demokratischen Aufbruch* – zur Verwunderung und Enttäuschung von Rainer Eppelmann, der in der neuen politischen Kraft eigentlich »sein Kind« gesehen hatte und nun seinem Freund Schnur den Vorsitz überlassen musste.

Angela Merkel hatte an einigen Veranstaltungen von Eppelmann in der Samariterkirche teilgenommen, aber sie kannte den Initiator der Blues-Messen nicht persönlich. Sie wohnte damals an der Schönhauser Allee im Prenzlauer Berg und hatte Anfang Dezember von einem Treffen einer kleinen Gruppe des *Demokratischen Aufbruch* in ihrer Nachbarschaft erfahren. In einem ungemütlichen, dunklen Raum in der Christburger Straße traf sich eine Hand voll jüngerer Anhänger des DA und schmiedete in wildem Durcheinander Zukunftspläne. Das kleine improvisierte Büro mit ein paar Engagierten erschien Angela Merkel auf den ersten Blick nicht unbedingt einladend. Aufmerksam, aber doch ungläubig verfolgte sie, wie hier die Basisarbeit für den Stadtteil auf die Beine gestellt wurde. Die Physikerin von der Akademie war sich zunächst nicht sicher, ob dies wirklich ihr Terrain war. Doch bei nächster Gelegenheit kehrte sie in das düstere Büro mit den schief hängenden Jalousien zurück. Der Initiator der kleinen Nachbarschaftsgruppe und spätere Berliner Landesvorsitzende des DA, Andreas Apelt, warb um ihr Engagement. Ob sie sich vielleicht vorstellen könnte, regelmäßig an den Treffen teilzunehmen und mitzumachen?

»Mitmachen« hieß in der schwierigen Zeit vor dem Jahreswechsel sehr viel: Die neu formierten Gruppen und Parteien mussten sich aus dem Nichts ihre eigene Infrastruktur schaffen, die Parteigliederungen aufbauen und Programme entwerfen.

Angela Merkel reizte die Arbeit in dieser Gruppe. Nachdem sie sich auch mit ihren Kollegen und dem Leiter ihrer Abteilung an der Akademie beraten hatte, entschied sie sich dafür, den *Demokratischen Aufbruch* aktiv zu unterstützen. Die Volkskammer der DDR hatte im Januar beschlossen, dass sich Berufstätige zeitweise von ihrer regulären Arbeit befreien lassen konnten, um in den Parteien die für den März anberaumten Volkskammerwahlen vorzubereiten. Klaus Ulbricht unterstützte Angela Merkels politisches Interesse, befürwortete ihr Engagement und beurlaubte seine Mitarbeiterin.

Eigentlich hing Angela Merkel an ihrer Arbeit als Wissenschaftlerin. In der Grundlagenforschung hatte sie einerseits eine Beschäftigung gefunden, die sie faszinierte. Noch 1992 nennt sie auf die Frage der *FAZ* nach ihrer Lieblingsgestalt in der Geschichte den Namen der Nobelpreisträgerin Marie Curie. Andererseits hat sie die Beschäftigung als Physikerin nie so erfüllt, dass sie nicht über das Leben an der Akademie der Wissenschaften hinausgedacht hätte.

»Angela Merkel hat über die Physik ihr Denkvermögen geschult, ihre Intelligenz beweisen können, und sie hatte Freude daran, Sinnzusammenhänge in mathematischen Kategorien darzustellen«, sagt einer ihrer Arbeitskollegen. »Die Wissenschaft hat Angela Merkel geholfen, die Welt zu begreifen.« Aber ihre Arbeit konnte sie nicht wirklich befriedigen – nicht zuletzt weil sie hatte einsehen müssen, dass sie sich unter den herrschenden Bedingungen wohl wissenschaftliche Meriten erwerben konnte, eine Karriere am Institut allein davon aber gar nicht abhing. »Ich habe gerne Physik gemacht. Aber ich habe nicht so gerne Physik gemacht, dass ich auf alle Beigaben des Lebens sonst noch verzichtet hätte. Und das muss man, wenn man in der Forschung ist, doch zu weiten Teilen tun«, erklärt sie im Gespräch mit Günter Gaus.

Als Angela Merkel begann, sich für den *Demokratischen Aufbruch* zu engagieren, war das Chaos in den verschiedenen Anlaufstellen der Partei immens. Sympathisanten, aber auch Fremde lieferten immer wieder kleine Spenden ab. Freiwillige boten ihre Hilfe an, wussten aber zumeist auch nicht, was zu tun war. Interessierte übergaben Kartons voll Papier oder stellten Schreibmaschinen zur Verfügung. Nachbarn brachten Kaffee vorbei. Und schließlich kamen unzählige Leute, die voller Erwartung bei den neuen politischen Initiativen ihre Bitten, Anregungen und Wünsche loswerden wollten. Die Mitglieder des DA mussten sich über die praktische

Bedeutung ihrer vage formulierten Grundsätze verständigen – ein Prozess der politischen Willensbildung, in den ausdrücklich alle Mitglieder einbezogen waren.

Der DA war auf das Engagement möglichst vieler wohlmeinender Anhänger angewiesen, zugleich aber herrschte unter den Protagonisten tiefes Misstrauen gegenüber Unbekannten – schließlich waren die Netze der Staatssicherheit in dieser Zeit noch ausgeworfen. Niemand wusste, ob die instabile Situation nicht noch kippen würde. Die hauptamtlichen Mitarbeiter und Führungsoffiziere der Stasi registrierten selbstverständlich den Niedergang ihres Herrschaftssystems, waren nervös, stark verunsichert und ohne klare Befehle vielfach überfordert. Es blieb ihnen nichts anderes, als zu beobachten, wie diejenigen, die sie als Staatsfeinde jahrzehntelang im Visier gehabt hatten, an Einfluss gewannen, während die eigenen Vorgesetzten rat- und bald auch machtlos waren.

Zunächst diente dem DA die Wohnung eines Klempners in der Marienburger Straße 12 am Prenzlauer Berg als Büro, bevor schließlich die Bezirksleitung der Berliner SED das *Haus der Demokratie* an der Friedrichstraße freigab. Auch wenn die Wohnung in der Marienburger Straße keine ideale Parteizentrale sein konnte, die Gründer der Bewegung waren froh, nach vielen konspirativen Treffen überhaupt einen legalen Ort für ihre Oppositionsarbeit gefunden zu haben. In der Zentrale ging es hoch her, es war überdeutlich, wie dringend hier Organisationstalent gebraucht wurde. Den Parteien und Gruppierungen standen in dieser Zeit kaum Telefone oder etwa Vervielfältigungsgeräte für ihre Programme, Mitteilungen oder Einladungen zur Verfügung. Ehrhart Neubert berichtet, er habe auch in dieser Zeit noch seine programmatischen Texte nachts verfasst und Bündel mit Durchschlägen im Vertrauen an Bekannte weitergegeben, damit diese Abschriften unters Volk bringen sollten. Was wirklich mit den raren, eng beschriebenen Seiten geschah, konnte damals freilich niemand genau nachvollziehen. Ausdrücklich wurden die Mitglieder gewarnt, mit dem Material »verantwortungsvoll umzugehen und es nicht ziellos zu streuen«.

Die Genehmigung zum Gebrauch eines Faxgeräts musste damals noch bei der Post schriftlich beantragt werden. In dieser Situation hat schon mal ein findiger Techniker Hand angelegt und ein gespendetes Gerät schwarz angeklemmt. Dieses aber war wiederum nur begrenzt von Nutzen: Nicht alle Vorstandsmitglieder waren telefonisch erreichbar, geschweige denn besaßen sie Faxgeräte. Das Funktelefon des DA war ein unförmiger, schwerer Kasten, dessen Antenne gedreht und gewendet werden konnte, ohne dass dies den Empfang günstig beeinflusst hätte.

Die parteiinterne Kommunikation lief in dieser Zeit im Wesentlichen auf Zuruf, das heißt, sie basierte auf alten Verbindungen zwischen den zumeist lange miteinander vertrauten Personen. Es war für die Mitglieder außerordentlich schwierig, Kontakt zu halten und verlässliche Absprachen zu treffen. Noch problematischer als die interne Kommunikation aber war es, neue Mitglieder anzuwerben und die Ideen der noch jungen Opposition zu verbreiten. In der sich mühsam selbst befreienden Gesellschaft existierten zunächst keine verlässlichen Informationswege – die Mund-zu-Mund-Propaganda hingegen war erprobt und funktionierte.

Nach einem Warnstreik der Berliner Taxifahrer war Angela Merkel auf die Idee gekommen, diese Berufsgruppe als Multiplikatoren für die Ideen des *Demokratischen Aufbruch* einzuspannen. Nicht allein die legendäre »Berliner Schnauze« kam der Sache zugute, die Taxifahrt bot zudem die ideale Atmosphäre, um die verschiedensten Menschen direkt anzusprechen – in einer relativ gefahrlosen, vergleichsweise unverbindlichen Gesprächssituation, allein im Wagen. Für das Flugblatt »an alle Taxifahrer« dichtete sie: »Die viel gelobte Wende ist noch nicht zu Ende!«

Unerwartet schnell zählte Angela Merkel zum Kreis von rund 90 hauptamtlich für den DA tätigen Mitarbeitern in der DDR – freilich ohne im Mindesten ahnen zu können, wohin sie diese ersten Schritte in der Politik führen würden. Ihre Entscheidung, sich beim DA zu engagieren, drückte in dieser Zeit noch keine explizit festgelegte politische Haltung aus. Verwurzelt war Angela Merkel in bürgerlichen Ansichten, wie ihre Kollegen von damals beschreiben, aber sie hielt sich zugleich offen. Sie einer westdeutschen Partei zuzuordnen, wäre damals nicht ohne weiteres möglich gewesen. »Ich hätte mich auch nicht gewundert, wenn sie in die SPD gegangen wäre«, sagt Lothar de Maizière später.

Weil das Programm des *Demokratischen Aufbruch* noch sehr frei formuliert war, konnte sie sich mit den Zielen identifizieren. In einer ersten Grundsatzerklärung vom 30. Oktober 1989 hieß es, dass die »kritische Haltung des *Demokratischen Aufbruch* zum realexistierenden Sozialismus (...) keine Absage an die Vision einer sozialistischen Gesellschaftsordnung« bedeute. Der DA bekannte sich zur Verfassung der DDR, mahnte aber zugleich eine grundlegende Überarbeitung an. Um den Weg in eine pluralistische Gesellschaft frei zu machen, musste die Vormachtstellung der Staatspartei aus der Verfassung getilgt werden. Darüber hinaus sollten freie Gewerkschaften, eine unabhängige Justiz und privates Eigentum zugelassen werden. Der DA wollte das staatliche Erziehungsmonopol auflösen, forderte die Aufhebung der Pressezensur sowie die Versammlungsfreiheit und plädierte für die Einführung eines adäquaten Ersatzwehrdienstes.

Michail Gorbatschows Formulierung vom »gemeinsamen europäischen Haus« taucht unter den außenpolitischen Zielen des DA auf. Und weiter heißt es: »Das besondere Verhältnis zur Bundesrepublik Deutschland, begründet in der Einheit der Geschichte und Kultur, wird durch den DA hoch bewertet.« Noch war in der Partei eine konsensfähige Haltung zur Wiedervereinigung nicht gefunden. Auch die Frage einer Annäherung oder einer Kooperation mit einer westdeutschen Partei war offen: Zwar kümmerten sich viele Unionspolitiker aus der Bundesrepublik um den DA, Eppelmann und Neubert aber streckten ihre Fühler in mehrere Richtungen aus.

Das Motto »Wir sind nicht rechts, wir sind nicht links, wir sind vorn!« klang eine Weile ganz flott, bot auch originelle Abwechslung in den oftmals nach Kirchentagslyrik klingenden Aufrufen politischer Gruppierungen. Potenziellen Wählern und Mitgliedern aber sollte selbstverständlich eine genaue Positionsbestimmung gegeben werden. So verfassten die Vordenker des DA in dieser Zeit verschiedene und nicht unbedingt miteinander kongruente Texte, die sich aus ihren persönlichen Erfahrungen mit der Diktatur speisten und in denen sie unterschiedliche Akzente setzten.

Als Angela Merkel den DA im Dezember 1989 kennen lernte, waren die Flügel der Partei noch vereint. Im Januar schon wurde die Formulierung präziser deutschlandpolitischer Ziele zur ersten Zerreißprobe für die Gruppierung, die zweite folgte in der Frage der Haltung zur Ost-CDU. Ehrhart Neubert verließ den von ihm mitgegründeten *Demokratischen Aufbruch* schließlich aus Protest gegen die absehbare Annäherung an die Ost-CDU – Jahre, nachdem er sich bewusst von der opportunistischen Blockpartei gelöst hatte, wollte er sich nicht ausgerechnet jetzt wieder von ihr einholen lassen.

Auch Friedrich Schorlemmer war mit dem politischen Kurs von Eppelmann und Schnur nicht mehr einverstanden und schloss sich den Sozialdemokraten an. Mit Schorlemmer ging Christiane Ziller, die zuvor für die Pressearbeit verantwortlich zwar. So sehr Andreas Apelt versuchte, die Öffentlichkeitsarbeit in der noch unkonventionell arbeitenden Partei zu koordinieren, mit dem freien Posten der Pressesprecherin war eine wichtige Funktion vakant. Insbesondere für den bevorstehenden Wahlkampf musste dringend Unterstützung gefunden werden.

Angela Merkel zögerte zunächst, als ihr die Aufgabe angetragen wurde. Sie war unsicher, ob sie der Pressearbeit gewachsen sein würde, schließlich hatte sie keine Erfahrung im Umgang mit Journalisten. Sie war mittlerweile im Landesverband Berlin aktiv, arbeitete mit, half, aber bekleidete keine Parteifunktion. Ob sie nun wirklich Pressesprecherin für den DDR-weit agierenden DA werden sollte? Sie überlegte schließlich nicht lange, versicherte sich der Kooperation einiger Vertrauter und sagte zu. Viel Zeit zum Überlegen blieb ohnehin nicht, die Ereignisse überschlugen sich.

Mittlerweile war die Bundesgeschäftsstelle des damals schon nach Landesverbänden und nicht nach den DDR-Bezirken gegliederten

DA ins *Haus der Demokratie* an die Friedrichstraße umgezogen. Dort standen im dritten Stock mehrere Räume in den Zimmerfluchten des einstigen Bezirksbürgermeisters zur Verfügung.

Im größten der Büros fanden sich noch deutliche Spuren der Macht, die hier zuvor residiert hatte: Durch eine dick gepolsterte Tür betrat der Gast vom Vorzimmer aus einen Ehrfurcht gebietenden Saal. Das in den Amtsstuben der DDR obligatorische Honecker-Portrait hing nicht mehr an der Wand, indes thronte der gewichtige Schreibtisch – an dem nun der Geschäftsführer des DA Platz genommen hatte – noch immer erhöht auf seinem Podest. Aus dem SED-Erbe stammte auch die imposante Telefonanlage, deren äußerer Schein in keinem Verhältnis zu ihrer tatsächlichen Funktionstüchtigkeit stand. Das Szenario mit dem typischen »Besprechungstisch« und der »gemütlichen Ecke« wurde erst aufgelöst, als Rainer Eppelmann unvermittelt eine Vorstandssitzung unterbrach: Diese Atmosphäre sei der Arbeit des DA wohl nicht angemessen, befand der Pfarrer: »Hier komme ich mir vor wie in einer SED-Kreisleitung.«

Die junge Frau in der immer gleichen braunen Cordhose fiel beim DA weniger durch ihre Erscheinung auf, als vielmehr deshalb, weil sie nahezu rund um die Uhr zusammen mit anderen Mitarbeitern dafür sorgte, das Büro, die Parteistruktur und die Parteiarbeit zu organisieren. Ohne Arroganz, ohne Allüren, aber mit Charme erwarb sich Merkel schnell den Ruf des »Mädchen für alles«, und es kam vor, dass sie mit der Sekretärin verwechselt wurde. Sie konnte mit Computern und Software umgehen, es kostete sie keine Mühe, die als Wahlkampfhilfe gespendeten Computer auszupacken, anzuschließen und zu bedienen. In Zeiten, in denen selbst elektrische Schreibmaschinen als Raritäten galten, verfügte sie damit über Herrschaftswissen und wurde im Büro des DA unentbehrlich.

Trotzdem – umgeben von den vielfach euphorischen und in dieser lang herbeigesehnten Situation aufblühenden Initiatoren des DA wirkte Angela Merkel weiterhin wie eine »graue Maus«, wie Ehrhart Neubert sagt. Im Verzeichnis »wichtiger Telefonnummern und Adressen« des DA vom 31. Januar 1990 fehlt ihr Name, zum *inner circle* zählte sie trotz ihrer Funktion damals nicht. Obwohl sie tagtäglich zehn, zwölf oder vierzehn Stunden mit ihren Kollegen gemeinsam in den Büros oder auf Veranstaltungen verbrachte, erzählte sie wenig über ihren Beruf, ihre Zeit an der Akademie oder ihr Privatleben. Angesichts ihrer Zurückhaltung hätten sich Fragen von selbst verboten, berichten Kollegen und Besucher von einst.

Die im Büro des DA auftauchenden Westdeutschen scheuten sich oft, explizite Fragen nach dem Vorleben der DA-Mitarbeiter zu stellen. Sie hätten sich bemüht, nicht prüfend oder abschätzend aufzutreten. Unter den ostdeutschen Mitarbeitern wiederum gab es vielfach ohnehin enge, seit Jahren bestehende persönliche Verbindungen – wie sich am Beispiel Wolfgang Schnur und Rainer Eppelmann in tragischer Weise zeigte, garantierten diese nicht immer gleich die Integrität der Beziehung. Angesichts der höchst ungewissen Zukunft, der rasanten Veränderungen teilten sich viele der Mitarbeiter oder Anhänger des *Demokratischen Aufbruch* gern mit – zum einen war das Informationsbedürfnis in den ungeahnt ereignisreichen Tagen nahezu unersättlich, zum anderen wollten viele auch über ihre persönlichen Sorgen oder privaten Freuden sprechen. An dieser spezifischen Gesprächigkeit nahm Angela Merkel nicht teil.

Auch an den inhaltlichen Diskussionen um das Programm des DA beteiligte sich die neue Mitarbeiterin nach Erinnerung vieler Weggefährten von damals nicht. Ehrhart Neubert erinnert sich daran, dass Angela Merkel die entstehenden Texte des DA vorsichtig veränderte und ihnen Gestalt gab. Ihr war aufgefallen, dass »immer wieder dasselbe Zeug kopiert« würde. Ihre Eingriffe ließen die Aussagen der Erklärungen grundsätzlich unberührt, aber viele sprachliche Verbesserungen seien ihr zu verdanken gewesen. Auch verfasste sie Reden für die öffentlichen Auftritte der Vorstandsmitglieder des DA gewissermaßen aus inhaltlichen Versatzstücken.

Ihre Zurückhaltung in programmatischen Fragen erwies sich für sie als Vorteil: Sie hatte sich nicht eindeutig positioniert, war keinem Lager oder Flügel zuzurechnen und von verbindlicher Freundlichkeit gegenüber jedermann. Sie konnte gut beobachten, wie unversöhnlich andere Mitarbeiter oder auch Gründer des DA einander im Disput über grundsätzliche Fragen gegenüberstanden. Sie selbst aber hatte keine Gegner. Das honorierte der Parteitag des DA in Treptow. Hier zeigte sich, dass die schüchterne und zurückhaltend auftretende Angela Merkel in ihrer neuen Umgebung soweit bekannt und akzeptiert war, dass die Delegierten sie nach einer kurzen, knappen Vorstellung im Amt bestätigten.

Angela Merkel und Andreas Apelt versuchten ihre Arbeit zu professionalisieren. Westdeutsche Politikprofis boten dem DA außer Sachspenden immer häufiger auch praktische Unterstützung an, um der noch unerfahrenen Oppositionspartei im Osten auf die Sprünge zu helfen. So lud der Sprecher des damaligen Entwicklungshilfeministers Jürgen Warnke, Hans-Christian Maaß, eines Tages die Öffentlichkeitsarbeiter des DA zu einem Schnellkurs nach Westberlin ein. Dankbar haben sie Einladungen angenommen, erinnert sich Andreas Apelt: »Wir wollten so schnell wie möglich unseren Wissensdurst in Sachen ›Demokratie‹ stillen.«

Angela Merkel hat in dieser Zeit allmählich zu sich selbst Zutrauen gefunden – und sie entwickelte Neugier auf die Politik. In der inhaltlichen Arbeit hielt sie sich zurück, denn es bestätigte sich für die inzwischen Fünfunddreißigjährige eine Erfahrung aus der Akademie-Hierarchie: Manchmal war es klug, sich in bestimmten Fragen nach außen nicht eindeutig zu positionieren und nicht zu polarisieren. Die Auseinandersetzungen in den Reihen des DA, die zum Teil inhaltlich begründet waren, teilweise aber auch Hahnenkämpfen ähnelten und in Eitelkeiten begründet lagen, zeigten ihr ex negativo, wie gefährlich die Vermengung persönlicher und politischer Differenzen sein konnte.

Angela Merkel hatte ein Gespür dafür, wie der immense Arbeitsanfall effektiv zu bewältigen war. Sie war nicht nur wissbegierig, sondern gern bereit, Neues aufzunehmen und anzuwenden. Sie pflegte keine Attitüden und scheute sich nicht, Fragen zu stellen, um ihrer Unerfahrenheit im politischen Geschäft abzuhelfen. Viele der westlichen Beobachter von damals missdeuteten ihren Wissensdurst. Sie hielten die schüchterne Frau für naiv, weil sie ihren Mangel an Routine für Unbedarftheit in politischen Dingen hielten.

Spätestens nachdem der Termin für die Wahl zur Volkskammer auf den 18. März vorverlegt war, musste der DA seine Positionen eindeutig festlegen und sich mit künftigen Bündnispartnern für die Wahl arrangieren – und dies natürlich sowohl im Osten wie im Westen. Schließlich lief nach der Veröffentlichung des Zehn-Punkte-Programms von Helmut Kohl Ende November alles auf eine Annäherung und Vereinigung der beiden deutschen Staaten hinaus.

Auch die Regierung der DDR unter Hans Modrow entwarf einen Stufenplan und machte sich keine Illusionen mehr: Der Einigungsprozess hatte längst begonnen.

Sich dieser Tatsache zu stellen, fiel nicht wenigen in der Bürgerbewegung sehr schwer. Die Umwidmung der Rufe auf den Montagsdemonstrationen vom Slogan »*Wir* sind das Volk« zu »Wir sind *ein* Volk« als klares Bekenntnis zur Vereinigung mit der Bundesrepublik bereitete ihren Vorstellungen von einer reformierten und demokratisierten DDR ein abruptes Ende.

Die deutliche Absage an den Sozialismus hatte sich bisher für einen Teil der Opposition nicht zuletzt aus Gründen des Selbstschutzes verboten, zum Teil aber hielten die Regimegegner auch bewusst an der Utopie fest. »Nicht nur das Wort Sozialismus, sondern auch gewisse soziale Prinzipien des Sozialismus klingen für uns noch immer gut«, erklärte Edelbert Richter, einst im DA engagierter Pfarrer.

Angela Merkel dagegen liebte solche Klänge nicht. Dazu, dass beispielsweise auch ihr Vater eine gerechtere Welt im Sozialismus sucht, stellt sie im Gespräch mit Günter Gaus kategorisch fest: »Ich brauche das nicht, nein. Ich habe da eine andere Anschauung.« Angela Merkel hatte keine starke emotionale Bindung an die DDR und war mit dem Wissen darum groß geworden, dass auch jenseits der Mauer Deutsche lebten. Sie hatte diese Mauer akzeptiert, aber immer für unnatürlich gehalten und war nie in einer originären DDR-Identität gefesselt. Weder schuldete noch verdankte sie diesem Staat etwas. Ihr gesamtdeutsches Bewusstsein war stärker ausgeprägt als ihre Sympathie für das eine oder andere Gesellschaftssystem. Damit hatte sie es leichter als mancher andere, ihren Vater eingeschlossen, sich in der Aufbruchsstimmung zurechtzufinden. Die Annäherung an die Bundesrepublik erschien ihr konsequent und notwendig.

Im Januar hatten sich die reformorientierten Parteien zunächst auf ein gemeinsames Wahlbündnis geeinigt und beschlossen, keine bundesdeutschen Wahlkämpfer einzuladen. Von beiden Vorhaben sollten sie bald wieder abkommen. Die Sozialdemokraten rechneten sich bei einer ungebundenen Kandidatur größere Chancen aus und verließen das Bündnis, und zudem wurde klar, dass die aus dem Fernsehen bekannte westdeutsche Politprominenz das Publikum im Osten neugieriger machte als die vielfach unbekannten Protagonisten der neuen Parteien. In der Aufbruchsstimmung im Dezember 1989 war Helmut Kohl in Dresden frenetisch gefeiert worden, Hans-Dietrich Genschers öffentlichkeitswirksame Besuche zogen Tausende an.

Immer wieder besuchten westdeutsche CDU-Politiker die Bundesgeschäftsstelle des DA: Sie waren auf der Suche nach Kooperationspartnern unter den ostdeutschen Reformkräften. Norbert Blüm und Rita Süßmuth kannten Pfarrer Eppelmann schon aus der Vorwendezeit und hielten den Kontakt. Der umtriebige junge Christdemokrat Stefan Schwarz engagierte sich lebhaft für den DA – viele westdeutsche Christdemokraten versuchten das Terrain für eine Zusammenarbeit mit der Union zu ebnen, weil sie sich für den optimistisch und unbelastet gestarteten *Demokratischen Aufbruch* begeistern konnten. Parallel dazu unterstützte die CSU massiv die vor allem im Süden der DDR verbreitete *Deutsche Soziale Union.* Innenminister Wolfgang Schäuble und Lothar de Maizière hatten mit Blick auf eine Kooperation zwischen ost- und westdeutscher CDU miteinander Kontakt aufgenommen. Deutliche Vorbehalte indes äußerte CDU-Generalsekretär Volker Rühe gegenüber einem solchen Bündnis und ging mit den Vertretern der »Schwesterpartei« überaus ruppig um. Allgemein war innerhalb der Union im

Westen, aber auch bei DSU und DA, die Bereitschaft, sich auf die Blockpartei einzulassen, nicht besonders ausgeprägt. Peter Michael Diestel von der DSU hatte für de Maizières Gefolgschaft damals den Begriff der »roten Socken« gewählt.

Der mächtige Vorsitzende der westdeutschen Union jedoch hatte starkes Interesse daran, das Spektrum rechts von den Liberalen zu einen. Helmut Kohl intervenierte, als die Verbindung zwischen dem *Demokratischen Aufbruch*, der DSU und der Ost-CDU zu scheitern drohte. Autoritär forcierte er mit Blick auf die kommende Wahl die Einigung der ungleichen Partner. In seinem Beisein reichten sich nach zähen Gesprächen die drei Parteivorsitzenden Wolfgang Schnur, Hans-Wilhelm Ebeling und Lothar de Maizière am 5. Februar 1990 die Hand. Die *Allianz für Deutschland* war geschmiedet – ganz, wie es sich der Bundeskanzler und Parteivorsitzende gewünscht hatte.

»Das sind Männer, die ihr Vertrauen verdienen«, – mit diesen Worten empfahl Kohl den Wählern im Osten fortan die Protagonisten der drei ungleichen Partner. Die CDU der DDR, so die Interpretation von Rainer Eppelmann, »wurde gewissermaßen garniert mit den beiden unbelasteten Parteien DA und DSU«. Doch Eppelmann selbst hatte wenig Zeit, sich darüber aufzuregen, denn am Tag der Gründung der *Allianz für Deutschland* nahm er mit sieben weiteren Vertretern des Runden Tisches als Minister ohne Geschäftsbereich Platz auf der Regierungsbank von Hans Modrow.

Das Motto der drei konservativen Parteien der DDR, die jeweils eigene Kandidatenlisten aufstellten, lautete nun »Nie wieder Sozialismus!«. Eine klare, einfache Aussage, mit der Angela Merkel im Wahlkampf gut arbeiten konnte. In ihrer Aufgabe als Pressesprecherin trat sie zunächst nicht offensiv in Erscheinung, sie musste in die Inhalte und Formen der Parteiarbeit erst hineinwachsen. Zudem verfügten Eppelmann und Schnur über lang eingespielte Kontakte zu einzelnen Journalisten ihres Vertrauens und nutzten diese ohne lange Absprachen mit der von ihnen nicht ganz ernst genommenen Pressesprecherin.

Bald folgte ein erster wichtiger politischer Auftritt: Für den Landesverband des DA in Berlin unterzeichnete Angela Merkel zusammen mit Eberhard Diepgen eine Kooperationsvereinbarung mit der CDU im Westen der noch geteilten Stadt.

Am 10. Februar druckte die *Berliner Zeitung* einen namentlich gezeichneten Artikel von Angela Merkel unter dem Titel: *CDU-West natürlicher Verbündeter beim Umbau der Gesellschaft.* Angela Merkel schreibt über »stalinistische Strukturen« und darüber, dass Politik wieder »Dienstleistung am Volk« werden müsse. Sie legt ein schlichtes Bekenntnis zu Rechtsstaatlichkeit und Deutscher Einheit ab. Dann versucht sie den Lesern zu erklären, warum es sinnvoll sei, sich an den »Demokratieerfahrungen westeuropäischer Länder, insbesondere der Bundesrepublik, zu orientieren«. Viel Raum widmet sie der »Konsolidierung der wirtschaftlichen Lage«. Sie schreibt über Ludwig Erhard und die Soziale Marktwirtschaft – nicht immer ganz fehlerlos – und darüber, welche Chancen diese Wirtschaftsordnung ihrer Meinung nach bietet. Auch das später immer wiederkehrende Stichwort »ökologisch« fällt bereits. Am Schluss heißt es: »Wir haben ein schweres Erbe angetreten. Es liegt aber auch viel Leistungsvermögen brach. Der DA möchte Bedingungen schaffen, unter denen es sich lohnt, die eigenen Fähigkeiten in der Gesellschaft einzusetzen.« Aus diesen Worten spricht jemand, der von einem starken Willen getrieben ist, endlich Leistung zu zeigen, und einen angemessenen Lohn – im immateriellen Sinn – dafür empfangen möchte. Angela Merkel beschreibt die Funktion des Staatswesens im klassischen liberalen Sinn allein damit, dass der Staat den Rahmen für das Prinzip von Leistung und angemessener Entlohnung garantieren sollte. Und sie folgt einem stark idealisierten Bild der Sozialen Marktwirtschaft, das sie auch in den folgenden Jahren im Brustton der Überzeugung immer wieder als »faszinierend« bezeichnet: »Für mich war das Bekenntnis der CDU zum Einzelnen, zum Vertrauen in den Wettbewerb der Menschen, aus deren Kreativität Wohlstand entstehen kann, die richtige Grundidee«, sagt Angela Merkel im *Rheinischen Merkur.*

Im Bekenntnis zur Kraft des Wettbewerbs liegt für sie der entscheidende und persönlich erfahrbare Unterschied zwischen den Systemen: »In der DDR war es fast unmöglich, seine Fähigkeiten auszuleben und an die eigenen Leistungsgrenzen zu stoßen«, erklärt sie zehn Jahre später im *Stern* und setzt freimütig hinzu: »Aber daran habe ich Freude.«

Angela Merkel spricht nicht viel über die DDR. Die wenigen Äußerungen und Rückblicke sind unsentimental. Man spürt, dass sie nicht ständig unter einem Mangel an Meinungsfreiheit oder Repressionen gelitten hat. In ihren Gedanken ist wenig Platz für politischen Idealismus oder theoretische gesellschaftspolitische Erwägungen. Sie hat die Fähigkeit zur nüchternen Verkürzung und zur Entideologisierung, was sich in ihrer politischen Zukunft als hilfreich erweisen sollte. Ihre allgemein verständliche Ausdrucksweise ermöglicht ihr, den Ton der potenziellen Wähler zu treffen, viel eher als denjenigen, die gesellschaftspolitischen Theorien anhängen und idealistische Gedankengebäude entwerfen. In ihrer pragmatischen Art konnte Angela Merkel sich in potenzielle Wähler hineindenken, war ihnen in ihren Ansichten nahe. Ohne sich lange mit Fehlern und Enttäuschungen aus der Vergangenheit aufzuhalten, entwickelte sie Überzeugungskraft.

Es war im Februar 1990, die Mitarbeiter des *Demokratischen Aufbruch* hielten die erste – und am Ende einzige – Ausgabe der Wahlkampfzeitung *Der Aufbruch* als Druckfahne in den Händen, als eine Bombe platzte, die das Blatt zu Makulatur machte. Der Vorsitzende Wolfgang Schnur war zunehmend unter Druck geraten. Die Verdächtigungen über seine Kontakte zum Ministerium für Staatssicherheit – von ihm selbst vehement bestritten – waren nicht mehr aus der Welt zu schaffen. Während Schnur mit einer Herz-Kreislauf-Attacke abgeschirmt in einer Berliner Klinik lag, hatte Rainer Eppelmann unter einem Wahlplakat mit der Aufschrift »DA – die ehrliche Alternative« eine Ehrenerklärung für seinen Freund abgegeben.

Dieser wiederum empfing am Krankenbett Besuch von CDU-Politikern aus dem Westen und zeigte sich ihnen gegenüber aufrichtiger als den eigenen Parteikollegen und Freunden.

Wenige Tage vor der Volkskammerwahl schließlich bewahrheiteten sich die seit längerer Zeit kursierenden Gerüchte: Bürgerrechtler hatten in den Archiven des MfS in der Bezirksverwaltung Rostock eindeutige Akten über IM Torsten und IM Ralf Schirmer gefunden. Schnur hatte Mandanten aus dem Kreis der Kirche, Kriegsdienstverweigerer, aber auch Ausreisewillige vertreten – und verraten. Der DA musste sofort reagieren und eine neue Erklärung über seinen Vorsitzenden abgeben. Eine Krisensitzung des Vorstands wurde eilends einberufen, die Presse belagerte hartnäckig den Raum, die Spannung stieg – hier drohte der Fall eines Mannes, den der übermächtige Bundeskanzler geschützt hatte.

Im Anschluss an die quälende Vorstandssitzung begleitete Angela Merkel den sichtlich niedergeschlagenen und persönlich tief getroffenen Rainer Eppelmann zu den wartenden Journalisten und erlebte ihren ersten großen öffentlichen Auftritt als Pressesprecherin des DA. Eppelmann verlas eine Erklärung des Vorstands: Der DA trenne sich von seinem Vorsitzenden Wolfgang Schnur, er selbst übernähme die Geschäfte. Damit allein aber waren die Journalisten nicht zufrieden zu stellen. Gerüchten nach habe es den Versuch gegeben, die IM-Tätigkeit Schnurs bis nach der Wahl zu verheimlichen. War die Enttarnung unmittelbar vor der Wahl bewusst lanciert worden, um dem DA zu schaden? Das konservative Wahlbündnis war doch ohnehin vielen ein Dorn im Auge gewesen, weil es die Ost-CDU reinzuwaschen half.

Mit dieser Enttäuschung unmittelbar vor der Wahl umzugehen, war für den *Demokratischen Aufbruch* nicht einfach. Schnurs Name kursierte überall und ausschließlich im Zusammenhang mit seiner verheimlichten Stasitätigkeit. Er hatte die Unverfrorenheit besessen, gegen den von ihm bespitzelten Eppelmann um den Vorsitz des DA zu kandidieren, und seinen angeblichen Freund schließlich betrogen bis zum bitteren Ende.

Die Aktiven im DA waren traumatisiert, das gegenseitige Misstrauen wuchs. Viele von ihnen waren Opfer so genannter Zersetzungsmaßnahmen des MfS geworden und hatten gelernt, anderen mit Vorsicht zu begegnen – und doch mussten sie immer wieder schmerzlich erleben, wie selbst im Freundeskreis Verrat geübt wurde und wie lange die Zuträger der Staatssicherheit ihr Doppelspiel leugneten. Angela Merkel blieb nicht verborgen, wie hilflos die Betroffenen dieser Situation ausgesetzt waren, wie eng persönliche und politische Enttäuschung beieinander lagen. Und obwohl sie zu Schnur nie so enge Kontakte unterhalten hatte wie Eppelmann, sagt sie: »Schnur war die größte Enttäuschung meines Lebens.«

Die Wahlkämpfer des DA fürchteten nun zu Recht um den Ruf der gesamten Partei. Die West-CDU ihrerseits war nicht glücklich darüber, dass unter den potenziellen Partnern ausgerechnet ihr liebster und vermeintlich sauberer Schützling in die Schlagzeilen geriet. Es konnte nicht trösten, dass zuvor in der Ost-CDU ein hochrangiger Funktionär als IM aufgeflogen war und – was freilich niemand wissen konnte – in der SPD Ibrahim Böhme gleichfalls mit seiner Enttarnung rechnen musste.

Bei den Volkskammerwahlen im März kandidierte Angela Merkel nicht. Auch ist keine Wahlprognose von ihr überliefert. In den Tagen vor dem Eklat um Schnur war im Flur der DA-Zentrale noch eine Wandzeitung ausgehängt gewesen, die vom Optimismus der Aktiven gekündet hatte. Jemand erhoffte stolze 20 Prozent der Wählerstimmen. Rainer Eppelmann wünschte seiner Partei 12 Prozent, Apelt wettete auf bescheidene 3 Prozent. Die Wähler indes entschieden am 18. März anders: Nur minimale 0,9 Prozent der Stimmen erhielt der DA – zur bitteren Enttäuschung seiner Wahlkämpfer und Anhänger. Damit war die so optimistisch gestartete junge Partei der schwächste Partner in der *Allianz für Deutschland*. 6,3 Prozent der Wähler hatten der DSU ihre Stimme gegeben. Die CDU war mit 40,9 Prozent eindeutig und überraschend stärkste Kraft geworden. Lothar de Maizières Partei hatte – mit massiver Unterstützung der westdeutschen CDU – offenbar Wohlstand und Sicherheit in der Marktwirtschaft glaubwürdig versprechen können, und dieses Versprechen überstrahlte das Image der Blockpartei als duldende Kraft in der Diktatur. Die Wähler in der DDR erteilten der CDU am 18. März gewissermaßen Absolution. Die *Allianz für Deutschland* gewann die Wahlen mit großem Abstand zu ihren Konkurrenten, zur absoluten Mehrheit aber fehlten ihr bei 192 Sitzen acht Mandate. Das Ergebnis der SPD mit 21,8 Prozent blieb weit hinter den Erwartungen der Sozialdemokraten zurück und widerlegte die Demoskopen, die einen Sieg der neu gegründeten SPD nicht ausgeschlossen hatten.

Lange Gesichter bei den geschlagenen Aktiven des DA – sie waren gewiss, dass ihr schlechtes Abschneiden im Wesentlichen auf die spektakuläre Enthüllung der unappetitlichen IM-Tätigkeit von Wolfgang Schnur zurückzuführen war, der noch zum Wahlkampfauftakt in Halle wider alle Vernunft vor der Öffentlichkeit ins Mikrofon gerufen hatte: »Vor euch steht der künftige Ministerpräsident der DDR!«

Noch nie hatte Angela Merkel eine Wahlnacht als direkt Beteiligte erlebt: Mit ihrem Lebensgefährten Joachim Sauer, einem der westdeutschen Helfer des *Demokratischen Aufbruch,* dem Verleger Claus Detjen und dessen Sohn fuhr sie im Trabi durch Berlin. Beim *Demokratischen Aufbruch* herrschte Betrübnis und Untergangsstimmung – die vier hatten die Hoffnung, sie könnten ihre Laune beim überragenden Wahlsieger, der Union, möglicherweise heben. Angela Merkel zögerte zunachst, ließ sich dann aber überzeugen und chauffierte den Trabi von Joachim Sauer zur Wahlparty der CDU im Ahornblatt, einer Veranstaltungshalle in Berlin-Mitte. Eine riesige Menschentraube umlagerte das gezackt aufragende Gebäude. Jubelnde CDU-Wähler waren außer sich. Sie feierten den Wahlsieg und damit das nahe Ende der DDR wie ein Volksfest: »Hauruck-Patriotismus«, lautete der sarkastische Kommentar eines Journalisten.

Um einander im Getümmel nicht zu verlieren, nahmen sich die vier bei den Händen und erreichten schließlich tatsächlich die

Türen zum Ahornblatt. Die Polizei hatte das Gebäude abgeriegelt. Zu ihrer Verblüffung blieb ihnen der Einlass verwehrt. Auch der Verweis auf die *Allianz,* darauf, dass sie gewissermaßen auch zu den Wahlsiegern zählten, half nichts. Unter den Volkspolizisten herrschte noch die alte Ordnung.

Angela Merkel hatte auch die Einladung zur Wahlparty ihrer eigenen Partei in der Tasche: Eigentlich wollte sie in der Gaststätte »Zur Mühle« am Prenzlauer Berg die Korken knallen lassen. Die »Mühle« war zwar geschmückt, als sei Karneval, die Stimmung aber glich eher dem Aschermittwoch. Nur wenige enttäuschte Anhänger waren überhaupt gekommen, um sich gegenseitig zu trösten – zu feiern gab es für den DA nach dieser Niederlage nichts. Selbst die Tatsache, dass zum ersten Mal überhaupt in freien Wahlen über die Besetzung der Volkskammer bestimmt worden war, geriet angesichts des desaströsen Ergebnisses in Vergessenheit, ebenso die Tatsache, dass die Vorkämpfer des DA entscheidenden Anteil daran gehabt hatten, dass die freien Wahlen überhaupt hatten stattfinden können.

Plötzlich ging die Tür auf. Zur Überraschung aller erschien ausgerechnet der Wahlsieger. Völlig erschöpft und außerdem leicht verletzt musste der Spitzenkandidat der CDU sich von seiner eigenen, aus dem Ruder laufenden Siegesfeier und der überlaufenen offiziellen Wahlparty im Palast der Republik erholen. »Ich war froh, aus dem Hexenkessel im Ahornblatt und im Palast der Republik rausgekommen zu sein« – dem Tumult und rücksichtslosen Medienrummel dieser Nacht war der ruhige, musische CDU-Vorsitzende nicht gewachsen. Überall produzierten sich Politiker aus Ost und West vor Kameras und Mikrofonen – das war nicht seine Welt. Bei den entmutigten Verlierern der Wahl allerdings schien sein Auftritt unwirklich, doch hat er sich am Abend des 18. März im Gästebuch in der »Mühle« verewigt. Viele Signaturen weist es nicht auf, wohl aber haben einige der Anwesenden noch die Fantasie für aufmunternde Sprüche aufgebracht und zum Teil rührende Gedichte verfasst. Mit Galgenhumor hat sich jemand die kleine Unverschämtheit erlaubt und das Gästebuch mit »Wolfgang Schnur« signiert.

An anderer Stelle unterschrieb Angela Merkel. »Ob's wohl die letzte Party war?«, fragte sie und fügte hinzu: »Es war sehr wichtig.«

Viertes Kapitel
DIE BEOBACHTERIN

Für Katerstimmung blieb keine Zeit. Angela Merkel war bis zum 6. Mai 1990, dem ursprünglichen Wahltermin, von ihrer Arbeit freigestellt. Jetzt musste sie über ihre Zukunft nachdenken, über ihre Rückkehr in die Wissenschaft entscheiden – oder dem Glück vertrauen. Dass sie neugierig war auf politische Entwicklungen und in der offenen Situation Ausdauer und Nervenstärke zeigen konnte, war ihren Mitstreitern in den Wochen vor der Wahl nicht entgangen. Auch ihren Eifer und ihre Zuverlässigkeit hatte sie in der kurzen Zeit beim *Demokratischen Aufbruch* unter Beweis gestellt. Aber sie konnte nach der Volkskammerwahl vom 18. März 1990 keine zielgerichteten Schritte in Richtung einer politischen Karriere unternehmen, dafür stand sie zu weit von den wirklichen Entscheidungsträgern entfernt. Wie vielen anderen in der Wendezeit in ein neues Umfeld aufgebrochenen DDR-Bürgern kam auch ihr der Zufall zu Hilfe. Angela Merkel sollte Stellvertretende Regierungssprecherin werden. Damit hatte sie als Neuling in der Politik die Chance, gewissermaßen aus der zweiten Reihe den Einigungsprozess und das Ende der DDR miterleben zu können.

Lothar de Maizière begriff den klaren Wahlsieg der CDU als Auftrag, die Deutsche Einheit vorzubereiten. Er selbst verstand sich dabei stets als »Anwalt der Bürger der DDR«. Mühsam handelte der künftige Ministerpräsident mit den Vertretern der in die Volkskammer gewählten und vereinigungswilligen Parteien zunächst eine Koalitionsregierung aus. Die Parteien der *Allianz für Deutschland* schlossen ein Regierungsbündnis mit den Sozialdemokraten und den Liberalen, das trotz aller Differenzen von einer breiten, demokratisch legitimierten Mehrheit der neu gewählten Abgeordneten in der Volkskammer getragen wurde. In der schwierigen Zeit des Interregnums musste die Regierung mehrere Verfassungsänderungen und Gesetzesvorhaben durchsetzen, die in die Vereinigung der beiden deutschen Staaten münden sollten, und dafür brauchte sie die Zweidrittelmehrheit der Stimmen in der Volkskammer.

De Maizières Regierung war also viel stärker noch als andere Regierungen auf eine breit angelegte Unterstützung angewiesen, sie musste die – nicht zuletzt auch psychologisch – schwierige Aufgabe erfüllen, sich selbst überflüssig zu machen und das Terrain für die Vereinigung zu ebnen.

Die erforderliche Selbstlosigkeit der handelnden Politiker, denen es nicht darum gehen konnte, die eigene Macht zu erhalten, stand in einem eigentümlichen Widerspruch zur historischen Bedeutung der fälligen Entscheidungen. Die letzte Regierung der DDR war angetreten, um innenpolitisch die Weichen für eine Vereinigung zu stellen. In Kooperation mit der Bundesregierung waren die außenpolitischen und innerdeutschen Modalitäten für eine Vereinigung zu klären –, wobei sich schnell herausstellte, dass beide Partner hier nicht auf gleicher Augenhöhe miteinander verhandelten. Darüber hinaus hatten die Abgeordneten der »Volkskammer neuen Typs« und die Regierungsmitglieder die Verantwortung dafür zu tragen, dass der innere Frieden in der DDR gewahrt blieb.

Nach der Regierungsbildung mussten unübersehbar viele Posten mit vertrauenswürdigen, unbelasteten und nach Möglichkeit erfahrenen Akteuren besetzt werden. Das Diktum von den »Laienspielern« kursierte in der westdeutschen Presse und unter den Profis der bundesrepublikanischen Politik insbesondere nach der Kommunalwahl im Mai, als auch auf den unteren Ebenen der Verwaltungen »neues« politisches Personal dringend gebraucht wurde. Die Westdeutschen sahen sich vielfach Verhandlungspartnern gegenüber, die nicht auf ihre Art Politik zu machen eingestellt waren, die zumeist aus anderen Berufen kamen und nach anderen Denkmustern Entscheidungen trafen, vermeintlich politisch unbedarft.

De Maizière hatte im Vorstand des Kollegiums der Berliner

Rechtsanwälte, in der Synode der Evangelischen Kirchen, als Mitglied der Regierung von Hans Modrow und in der Ost-CDU durchaus die politische Praxis der DDR erlebt. Den Vorwurf der »Laienhaftigkeit« habe er als Kränkung empfunden, schreibt er in dem Band *Mandat für die Deutsche Einheit.* »Es war geradezu Voraussetzung, dass ... sie vorher eben nicht Politik gemacht hatten, denn die gesamte ›politische Klasse‹ war ja durch die 40 Jahre zuvor diskreditiert.« Die Tatsache, dass die neue Regierung und ihre Mitarbeiter gewissermaßen als Exoten auf der politischen Bühne agierten, konnte schließlich vorteilhaft sein. Ein Bonus war die größere Offenheit und die Bereitschaft zu fantasievollen, zuweilen unorthodoxen Lösungen – was sich in einer Situation, in der vergleichsweise wenig Konventionen den Spielraum der Handelnden einengten, als notwendig erwies.

An qualifizierten Personen mit einem politischen Gespür, Willen zur Verantwortung, Mut zum Handeln und mit Erfahrung im öffentlichen Leben herrschte erheblicher Mangel. Es war schwer genug, dieses Personal zu rekrutieren. Ein Teil der Fachleute an de Maizières Kabinettstisch stammte aus den verschiedenen Fakultäten der Universitäten der DDR. Der Anteil an Theologen in öffentlichen Ämtern – auch auf den Sitzen in der Volkskammer – übertraf ihren Anteil an der mehrheitlich atheistischen Gesamtbevölkerung erheblich. Die »Pfaffenrepublik« wurde belächelt, aber es waren eben im Umkreis der Kirchen die Vertauensverhältnisse entstanden, auf die de Maizière zurückgreifen konnte. Nicht zuletzt lag hier die Wurzel der Verbindung zwischen den prominenten und politisch versierten Kirchenjuristen.

Lothar de Maizière hatte sich Matthias Gehler als Regierungssprecher empfehlen lassen, der zuvor Referent des Generalsekretärs der Ost-CDU, Martin Kirchner, gewesen war, welcher wiederum über seine Verstrickungen mit der Staatssicherheit gestolpert war. Matthias Gehler hatte eine ungewöhnliche Laufbahn: Der gebürtige Sachse war Theologe, hatte den Dienst bei der Kirche quittiert und sich eine Zeit lang unter anderem auch als Liedermacher durchgeschlagen. Seit 1987 arbeitete er für das CDU-Zentralblatt *Neue Zeit*. Er war ein Quereinsteiger, einer der wenigen im Journalismus der DDR, der die klassische Kaderausbildung an der Sektion Journalistik der Karl-Marx-Universität nicht absolviert hatte.

Gehler war bei der *Neuen Zeit* zuletzt als Redakteur im Ressort Innenpolitik für eine neu eingeführte »Ethik-Seite« verantwortlich. Hier erschienen Beiträge, die Diskussionen anregen oder über offenkundige Missstände aufklären sollten. Am Tag nach den Feierlichkeiten zum 40. Jahrestag der Gründung der DDR wollte Gehler auf der dritten Seite der *Neuen Zeit* eine Reportage über den Demonstrationszug der Protestbewegung zur Gethsemane-Kirche in Berlin veröffentlichen, bei dem er selbst verletzt worden war. In seinem Artikel schilderte er, wie die »Sicherheitsorgane« mit Knüppeln gegen friedliche Demonstranten vorgegangen waren. Gehler wollte aufräumen mit der offiziell verbreiteten Legende, brave Volkspolizisten seien von »kriminellen Elementen« provoziert worden. Mehrfach hatte er seine Reportage über die Ereignisse umschreiben müssen. Tatsächlich gedruckt wurde eine Geschichte über eine vom Aussterben bedrohte Vogelart.

Die Zeiten, da offene Eingriffe in die Pressefreiheit von den Mitarbeitern der Parteiblätter kritiklos hingenommen wurden, waren jedoch vorbei. Gehler und der Chefredakteur der Parteizeitung protestierten bei der Union. Der stellvertretende Vorsitzende der Ost-CDU, Wolfgang Heyl, beschönigte die Vorgänge während der Demonstrationen nicht und gab zur Antwort, zur Verteidigung der Demonstranten seien bereits juristische Schritte ergriffen worden. In diesem Zusammenhang hörte Matthias Gehler zum ersten Mal den Namen des Berliner Anwalts Lothar de Maizière.

Als es nun um die Besetzung des Postens eines Regierungssprechers ging, entschied sich de Maizière rasch für den Journalisten mit der ungewöhnlichen Laufbahn, der sich unversehens im Rang eines Staatssekretärs wieder fand. Weniger dringend erschien zunächst die Frage, wer Gehlers Stellvertretung übernehmen sollte.

In aller Eile wurden die Spitzenposten in der Regierung neu besetzt, in den Ministerien aber gab es auf den Ebenen unterhalb der Staatssekretäre wenig Austausch. Das war angesichts der Aufgabe, die diese Regierung hatte, ein Wagnis: Konnten sich zum Beispiel Minister wie Markus Meckel oder Rainer Eppelmann auf die langjährigen Mitarbeiter in »ihren« Häusern wirklich verlassen? Sie gehörten in den Jahren zuvor zum Feindbild und waren als Staatsgegner diffamiert worden, jetzt fanden sie sich in der Rolle der Vorgesetzten von einst loyalen Dienern des DDR-Staatsapparats wieder. Zudem sollte das alte politische Personal der gewählten neuen Elite nun helfen, den Staat abzuschaffen – eine absurde, ungewöhnlich spannungsgeladene Situation. Jahrzehntelang hatten in den Ministerien feste und eingespielte Kommandostrukturen geherrscht. Jetzt sollten in denselben Institutionen buchstäblich von heute auf morgen transparente Entscheidungsprozesse ablaufen – und all dies mit dem gleichen Personal.

»Als eine meiner ersten Amtshandlungen habe ich die Belegschaft zusammengerufen, mich vorgestellt und meine sämtlichen Mitarbeiter mit dem Kirchentagsmotto ›Vertrauen wagen‹ konfrontiert – und alle haben gestaunt«, erinnert sich de Maizière: »Ich habe den von früher übernommenen Mitarbeitern angeboten, wenn sie die nötige Loyalität nicht aufbringen könnten, würde ich sie angemessen versetzen lassen.« De Maizières Vorschlag fand keine Resonanz. Das an Selbstverleugnung grenzende Pflichtbewusstsein erschien den Staatsdienern offenkundig wichtiger als die politischen Motive oder Hintergründe ihrer Aufgabe.

Parteitaktische Erwägungen spielten bei der Vergabe der vakanten politischen Posten selbstverständlich eine wichtige Rolle, zur Verwunderung der Berater aus dem Westen rangierte allerdings oftmals die Frage der Vertrauenswürdigkeit eines Kandidaten noch vor seiner Parteizugehörigkeit. Der künftige Regierungssprecher Gehler besaß seit drei Jahren das Parteibuch der Ost-CDU. Der politischen Arithmetik folgend hätte der Posten des Stellvertretenden Regierungssprechers in einer großen Koalition durchaus dem zweitgrößten Koalitionspartner, also den Sozialdemokraten, zufallen können, die ohnehin schon zu Gunsten des DSU-Innenministers Peter-Michael Diestel auf den Posten des Stellvertretenden Ministerpräsidenten verzichtet hatten.

Aber die Aussicht auf einen sozialdemokratischen Vizesprecher fand de Maizière nach Erinnerung Gehlers nicht recht verlockend. Die Vertreter der *Allianz* versuchten, so schnell wie möglich Fakten zu schaffen und den Koalitionspartner mit einem akzeptablen Vorschlag schlicht zu überrumpeln.

Rainer Eppelmann, designierter Minister für Abrüstung und Verteidigung, brachte in dieser Situation den Namen Angela Merkel ins Spiel – so die Erinnerung von Lothar de Maizière. Pfarrer Eppelmann hatte sich ohnehin vehement dafür stark gemacht, dass die Vertreter des *Demokratischen Aufbruch* in der neuen Regierung und den ihr unmittelbar zugeordneten Ämtern gemessen am Wahlergebnis des DA überproportional berücksichtigt wurden. Die Vorbehalte der Bürgerrechtler gegenüber den Mitgliedern der Blockpartei waren mit der Gründung der *Allianz für Deutschland* keinesfalls verschwunden. Die CDU, so stellte der Pfarrer in der CDU-Zeitung *Neue Zeit* unmissverständlich fest, solle sich nicht als unschuldige Jungfrau gebärden. Die Union im Osten sei vielmehr als »schlampiges Mädchen« nur »allzu willig in das warme Bett der SED gekrochen«. Eppelmann empfahl für die Besetzung von freien Stellen in der neuen Regierung und den Verwaltungen seine Mitstreiter vom *Demokratischen Aufbruch* als politisch zuverlässig, aktiv und vor allem als unbelastet. Für viele bedeutete eine solche Empfehlung die endgültige Absage an den bisher ausgeübten Beruf – die über vierzig Jahre zementierte DDR-Gesellschaft wurde in dieser Hinsicht plötzlich offen und durchlässig. Und diese Durchlässigkeit kam auch Angela Merkel zugute.

Der als Berater in Pressefragen fungierende westdeutsche Christdemokrat Hans-Christian Maaß kannte Angela Merkel von Begegnungen beim DA im Haus der Demokratie. De Maizière fiel ein, dass ihm die Physikerin mit dem unverstellten Auftreten bereits kurz vor der Wahl einmal vorgestellt worden war. Er habe seine erste, wohl eher zufällige Begegnung mit Angela Merkel und einigen ihrer Getreuen vom *Demokratischen Aufbruch* jedoch nicht als »Bewerbungsgespräch« empfunden. Bei einem Besuch im Restaurant Newa im Haus der Sowjetischen Kultur haben Angela Merkel, ein Pfarrer, ein Grafiker, Maaß und de Maizière miteinander gegessen. »Aber da ging es mir nicht konkret um eine Weiterbeschäftigung einer jungen Pressesprecherin des *Demokratischen Aufbruch.*«

Dem Juristen de Maizière waren manche der DA-Leute als Mandanten bekannt und aus der politischen Auseinandersetzung vertraut. Doch gab es in der damaligen Situation wenig Berührungspunkte zwischen de Maizières bürgerlich-durchgeistigter Welt als Musiker und – später – als Rechtsanwalt einerseits und der oftmals wenig konventionellen Lebenswirklichkeit vieler Bürgerrechtler. De Maizière gestand selbst, dass er sich mit seinem Kollegen Gregor Gysi besser unterhalten könne als mit Bärbel Bohley.

Auch die Welt der Physikerin Angela Merkel war ihm zunächst in gewisser Weise fremd. Ihr uneitler Habitus und das Auftreten der sehr mädchenhaft wirkenden Frau in den weiten, selbst genähten Röcken und den als »Jesuslatschen« belächelten Sandalen entsprachen kaum dem Bild, das der letzte Ministerpräsident der DDR sich von einer verantwortungsbewussten Frau in einem öffentlichen Amt mit diversen Repräsentationsaufgaben malte: »Sie war ja ein ganz anderer Typ, damals.«

Andererseits hatte der Ministerpräsident Wichtigeres zu tun, als über die Personalie des Stellvertretenden Regierungssprechers nachzudenken. Als ihm der Vorschlag unterbreitet wurde, doch Angela Merkel mit der Aufgabe der zweiten Sprecherin zu betrauen, hat er nicht lang gezögert: »Ich wusste ja, aus welcher Kiste sie kommt.« Als Vizepräses der Synode des Bundes der Evangelischen Kirchen der DDR garantierte ihm das Wissen um die Herkunft von Angela Merkel aus dem christlichen Elternhaus im Brandenburgischen ihre Glaubwürdigkeit und Zuverlässigkeit. Er vertraute darauf, dass ihre Wurzeln in dem von ihm selbst mitgetragenen Kulturprotestantismus der DDR die Basis für ein gemeinsames, produktives Arbeiten sein könnten.

Und noch ein weiteres Argument sprach aus der Sicht mehrerer Zeitzeugen eindeutig für die Nominierung von Angela Merkel: De Maizière und seine Berater konnten damals zu Recht annehmen, dass sich gegen den Vorschlag, die noch weitgehend unbekannte DA-Pressedame zur Stellvertretenden Sprecherin der Koalitionsregierung zu machen, bei den Koalitionspartnern, insbesondere bei den Sozialdemokraten, »wohl kein nennenswerter Widerstand« erheben würde.

Nach einer Diskussion unter den bereits fest nominierten Mitarbeitern des Stabs von de Maizière war es Maaß, der die Kandidatin schließlich mit dem Anliegen, ob sie seine Stellvertreterin werden wolle, konfrontierte. Angela Merkel kam das Angebot etwas ungelegen, weil sie gerade mit Joachim Sauer die neu erworbene Reisefreiheit nutzen und ihn auf einer Dienstreise begleiten wollte. Sie bat sich eine kurze Bedenkzeit aus, wollte sich beraten und sammeln.

Aus ihrem bisherigen Berufsleben waren Angela Merkel DDR-typische Karrieremuster vertraut, die stark bestimmt waren von Kriterien wie SED-Zugehörigkeit, Anpassungswillen und Opportunismus. Leistungsbereitschaft und Können hatten für den Aufstieg im staatlichen Forschungsbetrieb eine untergeordnete Rolle gespielt. Jetzt konnte sie die eingefahrenen Gleise verlassen, denn ihr eröffnete sich – zufällig, wie sie wusste – eine ganz neue Perspektive: der Einstieg in ein ihr unbekanntes Berufsfeld, zumal ein Einstieg auf hohem Niveau. Sie wusste nicht, ob sie der Aufgabe gewachsen sein würde, ja, sie hätte nicht einmal die Arbeit selbst definieren können. In dieser historisch beispiellosen und unbestimmten Situation war für niemanden abzusehen, welche Aufgaben die Regierung im Detail zu bewältigen haben würde. Aber Angela Merkel konnte erkennen, dass ihr hier eine einmalige Chance geboten wurde. Für die inzwischen Fünfunddreißigjährige war nicht die Angst vor dem möglichen Scheitern ausschlaggebend, sondern allein die Herausforderung.

Handschriftlich schließlich verfasste sie noch vor ihrer Abreise einen freundlichen Antwortbrief an den Regierungssprecher, in dem es höflich und zurückhaltend heißt, dass sie das ihr angetragene Amt »gern und dankend« annehmen wolle. Nicht ohne eine Kontaktperson zu nennen, die in ihrer Abwesenheit ihre Geschäfte regeln würde, verabschiedete sie sich dann vorerst aus Berlin – wofür sie sich bis heute ein wenig schämt. Nach ihrer Rückkehr war »ihre« Regierung bereits im Amt und vereidigt. Am Gründonnerstag, dem 12. April 1990, kurz vor Beginn der zweiten Tagung der Volkskammer, war die Koalitionsvereinbarung unterzeichnet worden.

Am gleichen Tag hatte das Parlament in einem ersten Wahlgang den Ministerpräsidenten gewählt und anschließend die 23 Minister seiner Regierung bestätigt. In ihrer ersten Sitzung änderte die Volkskammer in Teilen die Verfassung und schaffte den Staatsrat der DDR ab. Die Präsidentin der Volkskammer, die Christdemokratin Sabine Bergmann-Pohl, nahm nun die Aufgaben des Staatsoberhauptes wahr und vereidigte den Ministerpräsidenten sowie dessen Regierung – mit dem Regierungssprecher im Rang des Staatssekretär Matthias Gehler. Den eigentlichen Amtsantritt der Regierung hatte Angela Merkel verpasst – aber auch das entsprach ihrer Art: Die Zeremonie der Vereidigung war ihr damals nicht wichtig.

Lothar de Maizière und seine Regierung trafen mit der Einführung der kommunalen Selbstverwaltung, der Wiederherstellung der Länder und der Vorbereitung der Währungsunion als Vorstufe der Vereinigung in rascher Folge grundsätzliche Entscheidungen, die einen eklatanten und deutlich spürbaren Wandel für die Bürger der DDR mit sich brachten. Die Volkskammer stimmte den Verfassungsänderungen zu: Jetzt garantierte die Verfassung der DDR die individuelle wirtschaftliche Handlungsfreiheit oder ermöglichte die Einführung einer unabhängigen Rechtsprechung. Das an Starre gewöhnte Land bewegte sich. Und mit den verfassungsrechtlichen Änderungen war eine nie gekannte Flexibilität von den Bürgern der DDR gefordert.

Die Aufgabe der Pressesprecher war in diesem Kontext enorm wichtig: Hier ging es nicht mehr wie zuvor nur um die pure Verlautbarung, sondern um möglichst plausible Erklärungen für die schrittweise Auflösung der alten Ordnung. Die Bevölkerung verlangte nach Informationen. Die Neugier der Presse aus beiden Teilen Deutschlands, aber auch der ausländischen Medien war immens. Auffällig gering indes war die Neigung des Ministerpräsidenten, sich der Presse zu stellen. Anders als manche seiner Kabinettsmitglieder sonnte er sich nicht gern im Scheinwerferlicht. Seine ausgesprochene Zurückhaltung gegenüber der Presse inspirierte einen Journalisten schließlich zu der Wortschöpfung, der Ministerpräsident sei »medienschroff«.

Die Pressestelle der Regierung war rund um die Uhr gefordert. Angela Merkel bewies in ihrer neuen Position zunächst einmal Nervenstärke und Ausdauer. Die Strukturiertheit ihres Denkens und ihre Lernfähigkeit kamen ihr in der neuen Arbeit sehr zugute. Ihre Haltung gegenüber den Journalisten ähnelte indes gelegentlich der Reserviertheit ihres Chefs. Gehler agierte im Vergleich deutlich lockerer.

Der Regierungssprecher und seine Stellvertreterin, beide fünfunddreißig Jahre alt, arbeiteten bis zur Wiedervereinigung, also zwischen April und Oktober, unter Hochspannung rund um die Uhr. Weder der Regierungschef noch die beiden Regierungssprecher konnten die eigene Arbeitszeit auch nur annähernd auf ein verträgliches Maß regulieren.

Auf einen eingespielten, funktionierenden Apparat für ihre Informationspolitik konnten die neuen und noch unerfahrenen Sprecher zunächst nicht zurückgreifen. Wie nahezu überall in der Republik waren auch in ihrer Behörde Improvisationsgeist und Organisationstalent der Beteiligten gefordert. Das alte Presseamt beim Ministerrat war Ende 1989 umbenannt und zum Presse- und Informationsdienst der Regierung der DDR umstrukturiert worden. Die Mitarbeiter folgten in der Amtszeit von Hans Modrow noch dem Selbstverständnis vom Zusammenwirken zwischen Politik und Journalismus in der Diktatur: Das Amt erfüllte Propagandazwecke. Nach den demokratischen Wahlen musste das anders werden, die Regierung erhob den Anspruch, den Forderungen der Demonstranten nach Transparenz und Offenheit gerecht zu werden. Die organisatorischen Grundlagen für ihre Informationspolitik schufen Matthias Gehler und Angela Merkel zum Teil mit westdeutscher Unterstützung, zum Beispiel stand ihnen Hans-Christian Maaß zur Seite.

Gehler als Staatssekretär und seine Vertreterin Merkel waren weiterhin direkt im Amt des Ministerpräsidenten angesiedelt. Dort saß auch der Parlamentarische Staatssekretär Günther Krause. Er bekleidete zum einen das Amt des Fraktionsvorsitzenden von CDU und DA in der Volkskammer. Zum anderen sollte es seine Aufgabe werden, die Wirtschafts- und Währungsunion mit der Bundesrepublik auszuhandeln und die Delegation der DDR in den Beitrittsverhandlungen als direktes Gegenüber von Wolfgang Schäuble zu leiten. Der Staatssekretär, CDU-Mitglied seit 1975, verfügte über einen untrüglichen Sinn für politisches Handeln, wenngleich sein Eifer ihm später zum Verhängnis wurde. Krause urteilte damals sicher über die politischen Fähigkeiten der Menschen in seinem Umfeld, und in jener überschaubaren Runde des so genannten »Küchenkabinetts« von Lothar de Maizière war ihm Angela Merkel bald aufgefallen. Krause gehörte in dieser Phase unbedingt zu ihren Förderern. Trotz der hohen Belastung während der Verhandlungen um die Währungsunion und den Einigungsvertrag behielt er im Gegensatz zu anderen immer auch die Zeit nach Vollendung der Einheit klar im Blick – womit er Angela Merkel noch sehr helfen sollte.

»Wir konnten uns nicht einfach auf Sachgebiete oder Lieblingsthemen konzentrieren und die Themen zu gleichen Teilen untereinander aufteilen«, erinnert sich Matthias Gehler. Angesichts der vielen auswärtigen Termine mussten beide Regierungssprecher versuchen, nach Möglichkeit in allen Sujets auf dem Laufenden zu bleiben. Gehler nahm häufiger als seine Kollegin und mit größerer

Begeisterung Repräsentationspflichten wahr, pflegte auch intensiver den persönlichen Kontakt zu Journalisten. Angela Merkel blieb im Hintergrund. Dem Rampenlicht ausgesetzt zu sein, war für sie ungewohnt. Niemand konnte ihr damals nachsagen, sie hätte das konzentrierte Interesse der Medien genossen. Sie ließ Gehler in der Öffentlichkeit widerspruchslos den Vortritt: »Und ihre Zurückhaltung war nicht damit begründet, dass ich den höheren Rang bekleidete.«

Der Arbeitstag der Regierungssprecher begann frühmorgens im alten Gebäude des Ministerrates in der Klosterstraße damit, dass sie im Wechsel die Presseschau vorbereiteten. Um acht Uhr versammelte der Ministerpräsident seine Getreuen zu einer ersten Besprechung der Lage. Das »Küchenkabinett« war eine feste, einflussreiche Größe im Regierungssystem von de Maizière, der von überwiegend jüngeren Mitarbeitern seines Stabs beraten wurde. Die morgendlichen Sitzungen waren für den Ministerpräsidenten unerlässlich und erfüllten nicht zuletzt auch die Funktion des Stimmungsbarometers: Was rührte sich in Regierung und Volkskammer – und was erwartete die Bevölkerung?

»Angela hat in diesen Runden unglaublich effektiv und ernsthaft Wissenswertes von Unwichtigem getrennt und vor allem die ›harten‹ Themen des jeweiligen Tages vorbereitet«, beurteilt de Maizière die Arbeit seiner Vizesprecherin im Rückblick. Auch in ihrer Auswahl von Journalisten für Exklusivinterviews habe sie ein sicheres Gespür für seine Vorlieben und die realen Erfordernisse der jeweiligen Situation entwickelt. Vor allem wusste Angela Merkel sorgfältig zwischen den Fakten und ihrer eigenen Meinung oder den Kommentaren anderer zu unterscheiden.

Mittwochs, gelegentlich auch montags, auf jeden Fall aber im Anschluss an die Sitzungen des Kabinetts luden der Regierungssprecher oder seine Vertreterin zur Pressekonferenz ins Internationale Pressezentrum in die Mohrenstraße. Mit der kontrollierten Beschaulichkeit des staatlichen Informations- und Propagandaapparats von einst war es nun endgültig vorbei: Gelegentlich erschienen in den Pressekonferenzen bis zu zweihundert Medienvertreter aus aller Welt – schließlich stand die schrittweise Auflösung eines zentralen Elements der europäischen Nachkriegsordnung auf dem Programm. Entsprechend groß war das Interesse der Öffentlichkeit – und die Verantwortung der Regierungssprecher.

Angela Merkel fand bei diesen Pressekonferenzen einen stillen, aber überzeugenden Stil. Nach wie vor war es nicht ihre äußere Erscheinung, die Beobachter für sie einnahm. Einer sagt: »Es war wie eine Dienstleistung: nüchtern. Sie wollte in erster Linie Informationen transportieren, weniger Meinungen.«

Die Penetranz der Journalisten, die beide Regierungssprecher mit berechtigten wie auch mit unsinnigen Fragen löcherten, zerrte dem Duo Gehler und Merkel gelegentlich an den Nerven.

»Aber da gab es einen kleinen Trick, um heikle Situationen in den gelegentlich ausufernden Pressekonferenzen aufzulockern«, erinnert sich Gehler. Eine Boulevardzeitung hatte darüber berichtet, wie sich Chinesen aus Hongkong angeblich die bundesdeutsche Staatsbürgerschaft erschleichen wollten. Die Chinesen hätten sich DDR-Pässe gekauft und warteten nun schlicht auf die Wiedervereinigung, die ihnen die Einbürgerung gebracht hätte. »Tagelang wurden uns permanent Fragen nach dem vergleichsweise doch marginalen Thema der Hongkong-Chinesen gestellt«, so Gehlers Erinnerung. Kaum war die Debatte um den vermeintlichen Skandal verstummt, machte er die dreisten Chinesen zum *running gag*, mit dem er unangenehme Fragen abbog: »Keine Fragen heute zu den Hongkong-Chinesen?«

»Es war schon merkwürdig«, sagt Gehler, »wir saßen an jenem Tisch, an dem Günter Schabowski im November des Vorjahres die sofortige Öffnung der Mauer angekündigt hatte!« Die historische Tragweite war keinem der Beteiligten ständig bewusst, aber tatsächlich bewegten sich die Protagonisten der neuen Zeit in den alten Räumen und verkündeten Veränderungen, die zuvor undenkbar erschienen waren: Die Regierung der DDR legte der Volkskammer Gesetzentwürfe zur Abstimmung vor, die mit dem Grundgesetz kompatibel waren und den Weg zum Beitritt zur Bundesrepublik über den Artikel 23 des Grundgesetzes ebneten.

Beide Sprecher des Ministerpräsidenten wechselten einander ab, wenn es darum ging, die Delegationen des DDR-Ministerpräsidenten ins Ausland zu begleiten. De Maizière absolvierte in seiner kurzen Amtszeit einen Reisemarathon durch die Hauptstädte der Bündnispartner der beiden deutschen Staaten und leistete seinen Part bei den Verhandlungen um die außenpolitischen Voraussetzungen für die Vereinigung.

»Reisen waren riskant«, sagt de Maizière. »Wenn wir unterwegs waren, passierte in Berlin ständig irgendetwas Unvorhergesehenes, die Mäuse tanzten auf den Tischen.« Seine Vizesprecherin habe viel Verständnis für seine Befürchtungen gezeigt. Auch wenn es nicht unbedingt ihre Aufgabe gewesen ist, so kümmerte sie sich unauffällig darum, dass der Regierungschef auf dem Laufenden blieb und auch in Abwesenheit die Fäden, so gut es ging, in der Hand behalten konnte. Sie hatte ein Gespür dafür, den Informationsfluss zu steuern, und wusste in der Regel sofort, wo es brannte. Das Berliner Büro der Regierungssprecher blieb während der Reisen der DDR-Delegation selbstverständlich nicht unbesetzt, einer der beiden Sprecher führte die Geschäfte weiter. Und doch wirbelten unvorhersehbare Ereignisse die Planungen immer wieder durcheinander: Nicht zuletzt die Aufkündigung des Regierungsbündnisses durch den sozialdemokratischen Koalitionspartner im August warf die Arbeit des Ministerpräsidenten aus der Bahn. Als schließlich auch die Liberalen die Koalition verließen, habe er das schon gar nicht mehr so tragisch genommen, wie Wolfgang Schäuble in seinem Buch über die Vertragsverhandlungen beschreibt. Täglich bewies sich aufs Neue: Nichts war sicher, alles war im Fluss. Das Ziel allein war mit der Einigung definiert, aber weder das Prozedere, nicht einmal der Termin, für die erste gesamtdeutsche Bundestagswahl oder das Datum der Wiedervereinigung standen fest.

Insbesondere bei den *Zwei-plus-vier-Gesprächen* in Moskau habe de Maizière die Anwesenheit seiner zweiten Regierungssprecherin sehr geschätzt. Zum einen halfen ihre guten Russischkenntnisse in den komplizierten Gesprächen und erleichterten seine Bemühungen um ein vernünftiges Verhandlungsklima. Sie verstand zudem in dieser sensiblen Situation die sowjetische Seite in der gleichen Weise wie de Maizière. Beide wussten, welche Rücksichten auf die labile Position Gorbatschows im Land der Perestroika zu nehmen waren. Angela Merkel konnte sich ausmalen, welche psychologische Wirkung die angestrebte Lösung der DDR aus dem Warschauer Pakt in der Sowjetunion haben würde. Sie blieb zwar während der Verhandlungen im Hintergrund, aber sie hatte klar begriffen, dass gerade die ostdeutsche Seite bei den *Zwei-plus-vier-Gesprächen* den sowjetischen Verhandlungspartner nicht demütigen durfte. De Maizière: »Wir wollten, dass aus den Gesprächen vier Sieger hervorgehen.« Die europäische Nachkriegsordnung war nach östlicher Lesart dem Sieg der ruhmreichen Sowjetarmee im Großen Vaterländischen Krieg zu verdanken. So war es insbesondere unter den Militärs der Westgruppe der Armee keineswegs Allgemeingut, dass diese Ordnung der Deutschen Einheit wegen nun gesprengt werden sollte.

Die Pressesprecherin betreute während der Moskaureise die Mitreisenden sowie die in der Sowjetunion akkreditierten Journalisten. Folglich arrangierte sie in ihrem Hotel schließlich ein Pressegespräch mit de Maizière über die Ergebnisse der Verhandlungen. Der Ministerpräsident, aber auch sie selbst haben den hartnäckig nachfragenden Journalisten schließlich weit detaillierter über die Gespräche berichtet, als zuvor mit den übrigen Verhandlungspartnern abgesprochen gewesen war. Dennoch – so wundert sie sich noch zehn Jahre später – seien die Journalisten unzufrieden von dannen gezogen, zum nächsten Termin: der Parallelveranstaltung von Hans-Dietrich Genscher. Der routinierte Außenminister seinerseits hatte die Presse zu einem Gespräch in die Botschaft der Bundesrepublik geladen, dort schließlich deutlich weniger Fakten

Bilder aus Kindheit und Jugend: Angela Kasner 1958 und als Studentin.

März 1990: Angela Merkel auf einer Pressekonferenz des Demokratischen Aufbruch *mit Brigitta Kögler, Rainer Eppelmann, Oswald Wutzke, Bernd Findeis.*

September 1990: DDR-Ministerpräsident Lothar de Maizière und seine Pressesprecherin im Flugzeug auf dem Weg zum Zwei-plus-Vier-Außenministertreffen in Moskau.

Die Bundesfrauenministerin improvisiert beim Internationalen Frauentag, 8. März 1991, in Rostock (links im Bild: Klaus Gollert, Sozialminister von Mecklenburg-Vorpommern).

Günther Krause und Angela Merkel (im Hintergrund Norbert Blüm) bei der Sitzung der Interfraktionellen Arbeitsgruppe zur Finanzpolitik der fünf neuen Bundesländer, Mai 1991.

März 1991: Bundespräsident Richard von Weizsäcker empfängt Angela Merkel und ihren Lebensgefährten Joachim Sauer im Schloss Bellevue.

Helmut Kohl und das »Mädchen«, November 1994.

Der CDU-Vorsitzende Wolfgang Schäuble, sein Vorgänger Helmut Kohl und die Generalsekretärin Angela Merkel auf dem CDU-Bundesparteitag am 7. November 1998 in Bonn.

Angela Merkel begrüßt Altkanzler Helmut Kohl demonstrativ, der zum ersten Mal nach der Parteispendenaffäre wieder im Bundestag anwesend ist, 17. März 2000.

Mit 96 Prozent der Stimmen gewählt: die neue CDU-Vorsitzende mit dem Vorsitzenden der Bundestagsfraktion von CDU und CSU, Friedrich Merz, am 10. April 2000 in Essen.

30. Juni 2000: Angela Merkel und Norbert Blüm übergeben dem Haus der Geschichte in Bonn den vormals am Konrad-Adenauer-Haus angebrachten CDU-Schriftzug.

8. Juni 2001: Angela Merkel im Flugsimulator des Airbus A 340.

Seltener gemeinsamer öffentlicher Auftritt: Angela Merkel mit Ehemann Joachim Sauer bei der Eröffnung der Richard-Wagner-Festspiele in Bayreuth, 25. Juli 2001.

August 2001: Die CDU-Vorsitzende beim Signieren von Autogrammkarten in Quedlinburg.

12. Juli 2001: Angela Merkel, skeptisch beäugt vom Fraktionsvorsitzenden der CDU/CSU-Bundestagsfraktion Friedrich Merz.

14. September 2001: Angela Merkel bei einer Gedenkveranstaltung anlässlich der Terroranschläge in New York und Washington vom 11. September, mit dem FDP-Vorsitzenden Guido Westerwelle, Bundesaußenminister Joschka Fischer, dem CSU-Vorsitzenden Edmund Stoiber und Bundeskanzler Gerhard Schröder.

Stille Freude? Angela Merkel am Abend der Bundestagswahl 2002 mit dem knapp gescheiterten Unionskandidaten Edmund Stoiber, dessen Frau Karin und CDU-Generalsekretär Laurenz Meyer.

27. Mai 2003: Papst Johannes Paul II. begrüßt die Protestantin Angela Merkel im Vatikan.

Hilfe von oben? Angela Merkel bei einer Pressekonferenz am 8. September 2003.

23. Mai 2004: Horst Köhler, gemeinsamer Kandidat von CDU, CSU und FDP, wird von der Bundesversammlung zum neuen Bundespräsidenten gewählt – auch ein Triumph für Angela Merkel.

23. Februar 2005: Während seines Staatsbesuchs in Deutschland begegnet US-Präsident George W. Bush auch der CDU-Vorsitzenden.

Der erste Kanzler der Bundesrepublik – und die erste Kanzlerin? Angela Merkel bei der Enthüllung der Konrad-Adenauer-Statue in Berlin, 19. April 2005.

26. Mai 2005: Angela Merkel auf dem 30. Evangelischen Kirchentag in Hannover.

Vizekanzler Joschka Fischer, Bundeskanzler Gerhard Schröder und die Oppositionsführerin am 12. Mai 2005 im Deutschen Bundestag.

30. Mai 2005: Nach ihrer Nominierung zur Kanzlerkandidatin der Union für die kommenden Bundestagswahlen tritt eine sichtlich glückliche Angela Merkel zusammen mit dem CSU-Vorsitzenden Edmund Stoiber vor die Kameras.

präsentiert als zuvor auf der ostdeutschen Gesprächsrunde offen gelegt wurden – und dennoch bei den Journalisten den Eindruck erweckt, als seien sie tiefgründiger informiert worden, was nicht nur daran gelegen hat, dass die Bewirtung in der bundesdeutschen Botschaft um Klassen besser war als in de Maizières Hotel. »Da hab ich verstanden, was Professionalität ist«, erinnert sich Angela Merkel.

Im *Magazin der Süddeutschen Zeitung* erklärt Angela Merkel in ganz knappen Worten, wie sie ihren Enkelkindern die DDR beschreiben würde: »Als großes Lager.« Jetzt endlich eröffnete sich ihr eine Welt außerhalb dieses »Lagers«. Trotz der hohen Belastungen auf den Reisen genoss sie die Möglichkeit, Eindrücke zu sammeln. Im Tross der Politiker, Journalisten, Diplomaten, Berater und Sicherheitsleute stand sie mit ihrer ausgeprägten Neugier auf Orte und Menschen oft im Abseits. Kaum jemand teilte ihr Bedürfnis nach Neuem – oder zumindest bekannten sich die wenigsten offen zu einer solchen Neugier.

Begleitete sie de Maizières Delegation in Städte, die ihr weniger vertraut waren als Moskau, war die Regierungssprecherin längst nicht so sicher und hatte zudem zu tun, sich unter den überwiegend männlichen Mitreisenden souverän zu behaupten.

Die Reisen waren für die zumeist übernächtigten und überarbeiteten Teilnehmer anstrengend, und die Spannung konnte sich außer in Hotelbars nur während der Flüge lösen. Es konnte schon passieren, dass Angela Merkel einmal rot wurde wegen der Witze, die auf ihre Kosten gemacht wurden. »Schon gesehen, Angela hat 'nen neuen Mantel«, raunten die Gentlemen in Anspielung auf das nicht gerade ausgeprägte Modebewusstsein der Pressesprecherin.

Aus anderen Gründen habe auch er sich nicht immer in seiner Haut wohl gefühlt, erinnert sich Lothar de Maizière. Während er es als hohe Ehre empfand, die letzte Sitzung des nunmehr überlebten Warschauer Pakts im Namen der DDR, dem einstigen Musterknaben der Ost-Allianz, zu leiten, erging es ihm im Westen schon zu Beginn des Verhandlungsmarathons ganz anders. Zum Beispiel auf dem Gipfeltreffen der Staats- und Regierungschefs der Europäischen Gemeinschaft im April 1990 in Dublin: »Es war demütigend: Wir waren wie Zuschauer dabei, aber wir spielten keine Rolle. Ich habe unser Land in Dublin von einer Position am Katzentisch aus vertreten müssen!«

Zum Ende des Aufenthalts der DDR-Delegation in Irland bat der damalige ARD-Korrespondent Rainer Burchardt um ein Hörfunkinterview mit de Maizière. Wohl wirkte die unerfahrene Regierungssprecherin auf der Konferenz etwas unkoordiniert – einem anderen Journalisten schien sie damals »klar überfordert« zu sein. Sie habe aber bereitwillig einen Termin in einem Hinterzimmer des Berteley Court Hotels organisiert. In ihrem Beisein stellte Burchardt seine Fragen, das Band lief, der Ministerpräsident antwortete. Plötzlich griff Angela Merkel von hinten ein, ließ die Aufnahme unterbrechen und begann mit ihrem Chef zu flüstern. Widerspruchslos akzeptierte de Maizière ihre offenkundigen Einwände gegen die Freimütigkeit seiner Aussagen. Das Interview musste wiederholt werden – in inhaltlich abgespeckter Variante. »Wir müssen hier momentan sehr vorsichtig sein«, rechtfertigte die Sprecherin anschließend ihre spontane Intervention.

In der Frage nach künftigen außenpolitischen Konstellationen habe sich Angela Merkel damals ihm gegenüber plötzlich ganz unmissverständlich positioniert. Lothar de Maizière war irritiert, als sie ihm bedeutete, dass es doch gar keinen Zweifel daran geben könne, dass auch das vereinte Deutschland Mitglied der NATO bliebe. Zu dieser Zeit kursierten unter den ostdeutschen Verhandlungspartnern, die ihre Skepsis gegenüber der NATO längst nicht überwunden hatten, eine Vielzahl anderer Modelle – zum Beispiel das einer überwölbenden, neutralen Sicherheitsstruktur auf der Basis der Konferenz für Sicherheit und Zusammenarbeit in Europa. Die Vereinbarungen der KSZE hatten in Ostdeutschland den Bürgern und den Bürgerrechtlern während des Kalten Krieges stets Mut und Hoffnung gegeben. Das positive, geradezu idealisierte Bild der Schlussakte von Helsinki wirkte weiter.

Dass sich seine Sprecherin hingegen so deutlich zur NATO bekannte, überraschte den Ministerpräsidenten damals vor allem, weil es bis dahin nicht Angela Merkels Art entsprach, so dezidiert politisch Partei zu ergreifen. Doch im Verlaufe der nächsten Monate kam es immer öfter vor, dass sie für sich klare eigene Positionen fand. De Maizière teilte ihre Meinung nicht immer, akzeptierte aber die von ihr mit zunehmender Bestimmtheit vorgebrachten Argumente.

»Wir mussten diesen Prozess im Gehen erfinden«, hat Lothar de Maizière über die Entwicklung bis zur Währungsunion geschrieben. Das entsprach dem Denkmuster der Naturwissenschaftlerin, und dass sie an diesem Prozess nicht an entscheidender Stelle, wohl aber als Beobachterin teilgenommen hat, war für Angela Merkels politischen Weg entscheidend. Ihr wurde gewissermaßen im historischen Lehrstück vorgeführt, wer in dem einmaligen Geschehen welche Fäden zog. Sie erlebte, worüber die Öffentlichkeit informiert wurde und was vorsichtshalber verschwiegen wurde. Sie sah, welche Rücksichten genommen werden mussten und an welcher Stelle Beschlüsse gelegentlich auch zur Rücksichtslosigkeit führten. Ihr wurden in dieser Zeit politische Entscheidungswege transparent, und sie konnte teilnehmen, ohne selbst Verantwortung zu tragen. »Sie hat sich damals auch ganz klar als Lernende verstanden«, sagt de Maizière heute.

In dieser Zeit des Übergangs erlebte Angela Merkel zum einen die »eigenen« Politiker, von denen viele als Amateure auf der politischen Bühne standen. Zugleich lernte sie in ihrer neuen Tätigkeit auf den Reisen zu den Verhandlungen in Bonn, Paris, Moskau oder Dublin westdeutsche Berufspolitiker kennen – nicht zuletzt natürlich Helmut Kohl, Wolfgang Schäuble oder auch Hans-Dietrich Genscher. Angela Merkel konnte sie alle beobachten und insgeheim Vergleiche ziehen. Verschiedene Protagonisten der ostdeutschen Seite erinnern sich daran, wie befremdlich ihnen in dieser Zeit beispielsweise das Auftreten des forschen CDU-Generalsekretärs Volker Rühe vorgekommen sei. Auch die Sicherheit, mit der Helmut Kohl auf den Gipfeltreffen im Sommer 1990 von seinem »Freund George Bush« sprach oder mit der er François Mitterrand begegnete, führte der ostdeutschen Seite eine Nonchalance vor, die man nicht kannte.

Einzelne, wie Günther Krause, parierten die scheinbar unerschütterliche Souveränität der westlichen Seite. Andere wiederum verwahrten sich bewusst dagegen, ihre Eigenheiten aufzugeben. Sie mussten den Kontext ihres Handelns erst schaffen und wollten sich in erster Linie vom autoritären Verhaltenskodex der SED-Funktionäre absetzen. Doch für einen Prozess der Orientierung hatten die meisten westdeutschen Profis damals kaum Verständnis, zudem standen die Verhandlungen unter Zeitdruck. Sie verlangten von der Gegenseite – ob ausgesprochen oder ob nicht – die Anpassung.

Angela Merkel hatte sich rasch zur eisernen Verfechterin der liberalisierten Wirtschaft entwickelt. Während der erbitterten Proteste der Bauernschaft, die ihre Landwirtschaftlichen Produktionsgenossenschaften und damit die gesamte Sozialordnung auf dem Land in Gefahr sah, fand sie sich in einer Situation, in der sie ihre Überzeugung hart verteidigen musste. Sie wurde ausgerechnet mit der inzwischen viel zitierten Aussage des Bundeskanzlers konfrontiert, der versprochen hatte, dass es »niemandem schlechter, aber vielen besser gehen« würde. Die Regierungssprecherin verteidigte mit den hehren Worten von Freiheit und Verantwortung vehement die Einführung der Sozialen Marktwirtschaft – ganz nach dem Vorbild von »Ludwig Erhards Radikalkur«, wie sie in ihrem Artikel in der *Berliner Zeitung* im Februar geschrieben hatte.

Die feste Überzeugung, dass nur die rasche Einführung der Marktwirtschaft der maroden Wirtschaft der DDR Hilfe bringen konnte, teilte sie mit dem Parlamentarischen Staatssekretär Günther Krause. Von seiner Entscheidungsstärke und seinem überaus engagierten Einsatz in den Einigungsverhandlungen mit Wolfgang Schäuble war sie beeindruckt. Seine sehr bestimmte Haltung gegenüber den Sozialdemokraten, aber auch sein vehementes Eintreten für die Soziale Marktwirtschaft haben sie stark beeinflusst.

Der Einigungsprozess musste weiter beschleunigt werden, denn die Übergangsphase barg das Risiko der Instabilität, wie sowohl Krause als auch Schäuble als Verhandlungsführer erkannt hatten. Während Lothar de Maizière sich sehr viel stärker als »Anwalt der Bürger der DDR« verstand und gegenüber den Verhandlungspartnern aus der Bundesrepublik versuchte, Reste der alten in die neue Ordnung hinüberzuretten, hatte Krause – wie Wolfgang Schäuble in seinen Erinnerungen an die Vertragsverhandlungen schreibt – »die DDR eigentlich nie als sein Heimatland verstanden, sondern immer Deutschland«. Diese Haltung gefiel Angela Merkel, die in ihrer zuweilen kompromisslosen Art Krauses Position teilte und im Gegensatz zu vielen Oppositionellen und Intellektuellen in den Jahren vor der Wende nicht ernsthaft mit dem Gedanken gespielt hatte, die DDR zu reformieren.

Im Sommer 1990 kristallisierte sich schließlich zum einen der Termin für die ersten gesamtdeutschen Wahlen heraus, zum anderen fixierten die Verhandlungspartner mühsam den Termin des Beitritts. Auch die Parteien näherten sich unterdessen einander an. In der westdeutschen CDU war die Skepsis gegenüber der Schwesterpartei dem Vertrauen auf die eigene Dominanz gewichen. Die fünf ostdeutschen Landesverbände sollten sich auf dem Vereinigungsparteitag am 1. Oktober in Hamburg der CDU-West anschließen. Die Ost-CDU blieb inhomogen – es war schlicht keine Zeit, eine neue Identität zu definieren oder gar über eine ernsthafte Auseinandersetzung mit der Vergangenheit eine Läuterung einzuleiten. In ihrer Mitgliederschaft vereinte de Maizières Partei Anhänger eines diffusen Begriffs vom Sozialismus als einem Synonym für soziale Gerechtigkeit ebenso wie Verfechter eines christlich-konziliaren Prozesses und jene, die sich in der gesamtdeutschen Tradition von Jakob Kaiser, Mitbegründer der CDU, sahen. Für Lothar de Maizière stand – höchst pragmatisch – in dieser Situation das Bekenntnis zur Sozialen Marktwirtschaft im Mittelpunkt, wofür ihm Wolfgang Schäuble »Lernfähigkeit« bescheinigte.

Während der Weg der Ost-CDU vorgezeichnet war, blickte die kleine Partei, der Angela Merkel angehörte, in eine nicht ganz so klare Zukunft. Der *Demokratische Aufbruch* konnte sich der Gunst der westdeutschen Christdemokraten sicher sein, während das saubere Image des DA vielen Ost-CDU-Mitgliedern eher ein Dorn im Auge war. Ein einfaches Zusammengehen von DA und westdeutscher Union war aus grundsätzlichen parteirechtlichen Erwägungen nicht möglich. Also führten die Delegierten des *Demokratischen Aufbruch* auf einem eigens einberufenen Parteitag in Berlin eine erbitterte Diskussion darüber, ob sie in der ungeliebten einstigen Blockpartei – mit der sie ja in Regierung und Volkskammer längst kooperierten – aufgehen wollten, um so wie die *Demokratische Bauernpartei* im zweiten Schritt Teil der dann gesamtdeutschen CDU zu werden.

Der Vorschlag Helmut Kohls, nach einer Fusion mit der Union einen partei-internen »Arbeitskreis Demokratischer Aufbruch« zu gründen, erregte das Misstrauen der ostdeutschen Christdemokraten. Sie fürchteten, dass die Vertreter des DA so eine »Partei in der Partei« bilden würden. Der Parteitag des *Demokratischen Aufbruch* stimmte nach einer quälenden Debatte schließlich dem Beitritt zur ungeliebten Ost-CDU zu, um über diesen Umweg schließlich die Verbindung zur westdeutschen Union zu erreichen. 75 Prozent der Delegierten akzeptierten das geplante Prozedere – freilich waren Skepsis und Widerwillen damit nicht gänzlich verschwunden. Angela Merkel selbst bekannte auf der Feier zum zehnten Jahrestag der CDU-Vereinigung am 1. Oktober 2000, dass sie zuerst nicht glücklich gewesen sei, »dass wir vom DA beitreten mussten«.

Der Vereinigungsparteitag der Union am 1. und 2. Oktober in Hamburg brachte der CDU Deutschlands wie geplant die Mitgliedschaft der »Brüder und Schwestern« aus den ostdeutschen Landesverbänden, die der Union beitraten, so wie sich zuvor der DA der CDU angeschlossen hatte. Die für die Union eklatanteste Veränderung: Von nun an stand hinter dem Parteivorsitzenden Helmut Kohl nur noch ein einziger Stellvertreter. Die Delegierten aus den fünfzehn Landesverbänden erwiesen Lothar de Maizière ihren Respekt, er erhielt nicht nur *standing ovations,* sondern fast ebenso viele Stimmen wie der Parteivorsitzende.

»Der 3. Oktober 1990 war ein heiterer Tag. Die Menschen gingen in einer freudigen Gelassenheit am Nachmittag spazieren, und ich habe selten eine so zuversichtliche und fröhliche Stimmung gesehen«, schreibt Angela Merkel in einem Artikel für die *Frankfurter Rundschau* im April 1993 über den Vereinigungstag, der mit einer nächtlichen Feier am Brandenburger Tor und einem symbolträchtigen Handschlag von Wolfgang Schäuble und Günther Krause auf den Stufen des Reichstagsgebäudes begonnen hatte.

Doch die Erlebnisse hinterließen bei ihr neben aller Freude über die Vereinigung der beiden ungleichen deutschen Staaten offensichtlich auch einen fahlen Nachgeschmack. Sie wollte den Staatsakt zur Vereinigung in der Philharmonie erleben. Der Weg dorthin war abgesperrt, das aber schreckte sie nicht. Sie sei vor dem Gebäude einem Polizisten begegnet, hält sie in der *FR* fest. »Er hatte für mich ganz untrüglich ein ›DDR‹-Gesicht und steckte plötzlich in einer anderen Uniform. Dies ging mir ähnlich mit einigen Bundeswehrsoldaten. Gestern noch Angehörige der NVA und von außen für mich eindeutig als solche erkennbar. In diesem Moment durchschauerte es mich, und seitdem begleitete mich durch die gesamte Feierlichkeit die bange Frage: Wissen die Westdeutschen, welche Menschen jetzt mit ihnen gemeinsam in einem Land leben? Wissen sie um die Unterschiedlichkeit der Biographien in Ost und West? Wissen sie um die Unterschiede zwischen den Ostdeutschen selbst?«

Selbstverständlich hebt sich ihre Vita in der DDR ab von der einstiger Uniformträger. Auf ihr lastete niemals dieselbe Verantwortung wie auf demjenigen, der im Ernstfall die Diktatur »mit der Waffe in der Hand« gegen innere und äußere Feinde hätte verteidigen müssen. Aber Angela Merkel fällt doch ein außergewöhnlich hartes Urteil über »DDR-Gesichter«, distanziert sich in außergewöhnlich scharfer Form. Ihr Urteil klingt fast so, als hätte sie selbst eine andere Staatsangehörigkeit gehabt als jener Polizist mit dem »DDR-Gesicht«.

Diese Haltung entspricht dem Selbstverständnis, das sie in den letzten Jahren der DDR entwickelt hatte: Sie wollte nicht mehr dazugehören müssen. In Gedanken hatte sie sich von diesem Staat und von seinen loyalen Bürgern verabschiedet. Für sie genügte es allerdings, um diesen Abschied zu *wissen*. Da sie weder unerträglichen Repressionen noch unzumutbaren Lebensumständen ausgesetzt war, gab es für sie keinen unmittelbaren Grund, die Ausreise aus der DDR zu beantragen – angesichts ihrer Heimatverbundenheit eröffnete sich diese Alternative, die Diffamierungen im Beruf und schließlich einen radikalen Bruch bedeutet hätte, für sie ohnehin nicht. Der 3. Oktober befreite Angela Merkel von dem Dilemma, das sich aus ihrer inneren Distanz zur DDR ergeben hatte.

Zunächst musste sich Angela Merkel allerdings weniger grundsätzlichen als vielmehr praktischen Fragen zuwenden: Der Tag der Wiedervereinigung war auch für sie mit dem Verlust ihrer Beschäftigung verbunden. Mit dem Beitritt der neuen Länder zur Bundesrepublik waren die Regierungssprecher nunmehr überflüssig. Übergangsweise wurden Mitarbeiter der letzten DDR-Regierung in den Bundesministerien beschäftigt. So war schließlich auch dafür gesorgt, dass Angela Merkel für eine kurze Zwischenzeit als Referentin im Bundespresseamt unterkam. Dieses Trostpflaster aber entsprach nicht den Vorstellungen der Akademikerin, sie war lange genug »versorgt worden«.

Mittlerweile hatte sie sich weit von ihrem eigentlichen Beruf in der Grundlagenforschung entfernt. Die Rückkehr in den Wissenschaftsapparat, der nach der Vereinigung vor einer tief greifenden Umstrukturierung stand, erschien ihr weniger attraktiv als der Einstieg in die Politik. In den wenigen Monaten im Umfeld des Ministerpräsidenten der DDR hatte sie erneut eine Hierarchie akzeptiert, um diese von innen zu begreifen. Es reizte sie, nun den Versuch zu unternehmen, zu den politisch Handelnden aufzusteigen und künftig selbst Verantwortung zu tragen – wobei sie noch einen sehr offenen Zugang zur Politik hatte: Sie zeigte sich angstfrei und völlig undogmatisch – und in ihrer Nüchternheit jenen überlegen, die von Idealismus getrieben wurden.

Zum Ende der Amtszeit der beiden Regierungssprecher habe er bemerkt, dass seine Kollegin zielstrebig darauf aus war, neben den gewohnten Amtsgeschäften auch ihr eigenes Fortkommen zu organisieren, erinnert sich Gehler. Lothar de Maizière bemerkt: »Unangenehm antichambriert hat Angela Merkel nicht, aber sie hat darauf geachtet, wo sie blieb.«

Zur Politikerin fehlte ihr noch das Mandat. Bislang hatte sie sich nie den Wählern stellen müssen. Zur ersten gesamtdeutschen Bundestagswahl im Dezember hätte sie gern in einem Berliner oder Brandenburger Wahlkreis kandidiert. Dort aber hatte die der Öffentlichkeit weithin unbekannte Kandidatin der CDU, die parteiintern noch als Anhängerin des DA galt, keine Chance. Es fehlten ihr Lobby wie Anhängerschaft, und zudem war es riskant: In den Berliner Wahlkreisen hatten alle Parteien Prominente aufgestellt, argwöhnisch wurde geschaut, wie sich die Politprofis untereinander schlugen.

Es war klar, dass Angela Merkel sich in einer Position befand, in der sie die Hilfe einflussreicher Schutzpatrone benötigte. Sie hatte genau beobachtet, dass es auch innerhalb der Parteistruktur wichtig war, eine schützende Hand über sich zu spüren und Loyalität zu beweisen. Und sie hatte gelernt einzuschlagen, sobald eine Hand sich ihr in freundlicher Absicht entgegenstreckte. Günther Krause, der Landesvorsitzende von Mecklenburg-Vorpommern, half ihr, die Kandidatur um ein Bundestagsmandat im vorpommerschen Wahlkreis Rügen-Grimmen-Stralsund zu erstreiten.

Die Bevölkerung in Vorpommern ist konservativ. Der Wahlkreis konnte Lothar de Maizières ehemaliger Pressesprecherin als vergleichsweise sicher erscheinen. Aber der Kreis ist nicht nur unübersichtlich groß, sondern zugleich auch schwierig, die Rüganer zum Beispiel gelten als eigen. Sie hatten sich vor der eigentlichen Kandidatenaufstellung bereits untereinander auf einen Favoriten verständigt, und es war ihnen überhaupt nicht recht, dass sie sich mit zwei weiteren CDU-Kreisverbänden einigen mussten, zumal die

Festländer aus Stralsund und Grimmen jeweils einen eigenen Kandidaten zur Nominierung nach Prora mitbrachten. Angela Merkel, bescheiden, aber bestimmt, traf gegenüber den CDU-Mitgliedern auf der Insel den richtigen Ton. Schließlich war es ihrem Geschick, ihrer Ausdauer und kleineren Formfehlern der Konkurrenten zu verdanken, dass sich die unprätentiöse Kandidatin Merkel innerhalb der Partei, der sie erst seit wenigen Monaten angehörte, durchsetzen konnte. Ihr weiteres politisches Schicksal lag nun in der Hand der vorpommerschen Wähler.

So deutlich sie sich am Ende des Jahres 1989 schließlich von der DDR abgewandt hat, so kompromisslos akzeptiert sie in den folgenden Jahren die neue Gesellschaft, also die Bundesrepublik. Während andere ostdeutsche Politiker, insbesondere aus dem Kreis der einstigen Bürgerrechtler, die Reform des Grundgesetzes anmahnen, sieht sie im Kern keine Notwendigkeit zur Veränderung. Im schon zitierten Artikel in der *Frankfurter Rundschau* reflektiert Angela Merkel in ungewohnt nachdenklicher Weise Fragen, die sich aus dem Verlust der alten Ordnung ergaben, einer Ordnung, in der sie sechsunddreißig Jahre ihres Lebens damit zugebracht hatte, »zwischen Freunden, Feinden, unsicheren und sicheren Bezugspersonen ... zu unterscheiden. Ich hatte einen Spürsinn für Mechanismen entwickelt, die nunmehr verloren gegangen waren. Und ich fragte mich, werde ich ein Gespür haben für die Dinge, die mich in der neuen Gesellschaft erwarten?«

Fünftes Kapitel
DAS »MÄDCHEN«

Die Kandidatin hatte Grund zum Jubel. Nach einem kurzen, aber anstrengenden Wahlkampfeinsatz im Norden gewann sie den vorpommerschen Wahlkreis 267 mit Bravour. Zum ersten Mal hatte sie sich den Wählern gestellt und aus dem Stand mit mehr als 48 Prozent der Erststimmen ein Direktmandat für den Bundestag errungen. Keine einfache Übung: Wohl war sie in einer konservativen ländlichen Gegend angetreten, zugleich aber war sie hier eigentlich fremd. Weder ihre akademische Laufbahn noch ihre kurze Zeit beim *Demokratischen Aufbruch* öffneten Angela Merkel bei der CDU-Klientel im Norden von Vorpommern Türen. Auch ihre Herkunft aus Hamburg, ihre Verbundenheit mit Brandenburg oder die Berliner Großstadterfahrungen konnten ihr auf Rügen, in der Hansestadt Stralsund oder der ländlichen Region um die Stadt Grimmen nicht automatisch Sympathien eingebracht haben. Angela Merkel gehörte nicht hierher. Und doch stellte ihr ein CDU-Mitglied aus ihrem Wahlkreis ein hohes Kompliment aus: »Sie hat überzeugend klar gemacht, dass sie eine von uns ist.« Günther Krause, CDU-Landesvorsitzender aus dem Kreis Bad Doberan, unterstützte Angela Merkel im Wahlkampf, aber sie hatte von allein verstanden, den Besuchern ihrer Veranstaltungen ihre spezielle Authentizität und ihren Optimismus zu vermitteln. Da kam niemand, der die vormaligen LPG-Mitarbeiter, die nicht unbedingt freiwillig in wirtschaftliche Freiheit entlassenen Handwerker, Gastwirte oder Fischer beschwatzen wollte. Die Kandidatin ist nicht vom Olymp der politischen Elite herabgestiegen, um vage Utopien zu verkünden oder übertriebene Erwartungen zu wecken. Sie war in ihrer antisozialistischen Überzeugung sicher, manchmal stur. Und genau das verband sie mit ihren Wählern. Sie konnte sich ohne Pathos über die Deutsche Einheit freuen und sachlich erklären, welche Vorteile die Marktwirtschaft bringen würde. Die Wahlkämpferin musste sich nicht verstellen. Wenn Angela Merkel in ihrer unkomplizierten Art auf die Leute in der Region zuging, legte sie eine natürliche Hemdsärmligkeit und selbstverständliche Heimatverbundenheit an den Tag. Sie konnte zuhören, sprach mit ihren Wählern in einer nüchternen, klaren Sprache und war sich nicht zu fein für Auftritte in maroden, postsozialistisch bescheidenen Lokalitäten. Und noch etwas anderes stimmte: In Mecklenburg-Vorpommern brauchte sie nicht – wie es im Westen möglicherweise zur Wahlkampfstrategie gehört hätte – ausgiebig zu betonen, dass sie sich »als Frau« im Falle ihrer Wahl in Bonn ganz besonders für die Belange ihrer Geschlechtsgenossinnen stark machen würde. Sie musste hier nicht feminin daherkommen, sondern erzielte Wirkung, weil sie als zupackend und tüchtig galt.

Angela Merkels überzeugendes Ergebnis passte nicht ganz in das Bild, das die Union insgesamt am Wahlabend abgab: Helmut Kohl hatte zwar die Wahlen vom 2. Dezember 1990 gewonnen, aber mit 43,8 Prozent der Stimmen verzeichnete die Partei ausgerechnet im Jahr der Einheit das schlechteste Ergebnis ihrer Geschichte – mit Ausnahme der ersten Bundestagswahlen im Jahr 1949. Dennoch: Helmut Kohl konnte das Wahlergebnis schließlich doch als Triumph verkaufen. Die Regierungskoalition insgesamt war gestärkt. Die FDP verbuchte stolze elf Prozent der Wählerstimmen, und dank der Überhangmandate zu Gunsten der Union ergab sich im vergrößerten Bundestag eine Sitzverteilung, bei der dem Bundeskanzler nur dreizehn Sitze zur absoluten Mehrheit fehlten.

Die Koalitionsverhandlungen gestalteten sich schwierig. Insbesondere in der Steuerpolitik lagen die Vorstellungen von FDP und CDU weit auseinander. Kohl war nervös, weil die gewohnte Ordnung durcheinander geraten war: Wolfgang Schäuble, der am 12. Oktober 1990 bei einem Attentat sehr schwer verletzt worden war, kehrte nun – seiner Behinderung eisern trotzend – wieder ins Umfeld des Kanzlers zurück. Den Vorsitz der CDU-Fraktion wollte der Rekonvaleszent in dieser Lage noch nicht übernehmen, obgleich Kohl dies wünschte. Zudem stand zu befürchten, dass sich Hans-Dietrich Genscher aus dem Kabinett zurückziehen würde. Der Außenminister hatte »seinen« Wahlkreis in Halle über ein Direktmandat gewonnen – kein Kandidat der FDP hatte je einen solchen Erfolg errungen. Genscher wusste, dass er den Zenit seines politischen Handelns in dem Moment erreicht hatte, als er vom Balkon der überlaufenen Prager Botschaft aus den Flüchtlingen die Einreise in die Bundesrepublik versprechen konnte. Im Januar 1990 war der Dienstälteste aller Außenminister erschöpft von den Verhandlungen im Vorfeld der Einheit.

Gegen alle Unwägbarkeiten bildete Helmut Kohl schließlich sein viertes Kabinett. Das vormalige Ministerium für Jugend, Familie und Gesundheit – also das Erbe von Heiner Geißler und Rita Süßmuth, aber auch der glücklosen Wissenschaftlerin Ursula Lehr – teilte er schlicht durch drei und setzte damit dem Gespött über das »Von-der-Wiege-bis-zur-Bahre«-Ressort ein Ende: Gerda Hasselfeldt wurde Gesundheitsministerin. Hannelore Rönsch leitete das abgetrennte Ressort für Familie und Senioren und musste immer wieder erleben, dass sie in vielen Punkten ins Gehege kam mit dem dritten, für die »weichen« Themen zuständigen Ministerium, dem für Frauen und Jugend. An der Spitze dieses Hauses wiederum sollte nach Kohls Wünschen künftig eine Christdemokratin aus dem Osten stehen.

Zunächst favorisierte er die letzte Präsidentin der Volkskammer, Sabine Bergmann-Pohl. Kritiker vermuteten in dieser Personalie eine kleine Frivolität des Patriarchen der Partei, der sich ohnehin nicht gerade als Verfechter einer progressiven Frauenpolitik gezeigt hatte und dem nun unterstellt wurde, dass er ein gewisses Ungeschick und die anfängliche Naivität seiner Wunschkandidatin ganz bewusst in Kauf nehmen würde, weil ihm das Ressort nicht zusagte. Lothar de Maizière – seit dem 3. Oktober Minister ohne Geschäftsbereich – hatte mit der offenkundig überforderten Volkskammerpräsidentin Erfahrungen gesammelt, die ihn zum Einspruch ermutigten. Er riet Kohl eindringlich von der Nominierung Bergmann-Pohls ab. Nicht dass Helmut Kohl die Ratschläge seines

Stellvertreters immer sofort befolgt hätte, in diesem Fall aber freundete er sich sogar mit dem Alternativvorschlag an, den de Maizière unterbreitete, zumal andere Politiker wie der designierte Verkehrsminister Krause den Vorschlag unterstützten. Nach Kohls etwas gestraffter Darstellung in seinen »Tagebüchern« war es Krause, der »seinen Einfluss bei mir geltend machte, um Angela Merkel in die erste gesamtdeutsche Bundesregierung zu berufen.«

Da sich der Kanzler, wie er schreibt, sehr schnell von Angela Merkels Leistungsfähigkeit überzeugen konnte, schien ihm die Idee also nicht abwegig. Lothar de Maizières Verweis darauf, dass Angela Merkel seiner Meinung nach für ein Amt, aber nicht unbedingt für ein »weiches« Ressort taugen würde, hatte hingegen zunächst keine unmittelbaren Folgen.

Von sich aus hatte Kohl an die frisch gewählte Abgeordnete keinen Gedanken verschwendet. Er hatte Angela Merkel zu Beginn ihrer Amtszeit als Regierungssprecherin flüchtig kennen gelernt, und auf dem Vereinigungsparteitag der CDU in Hamburg war sie ihm vorgestellt worden. Angela Merkel berichtet in der *Zeit* davon, dass der Kanzler kurz vor der Wahl schon einmal mit ihr gesprochen habe: »Da fragte er mich, ob ich mich mit Frauen verstehe. Das war das erste wesentliche Gespräch, das ich mit ihm geführt habe. Ich dachte vorher: Jetzt gehst du zum Kanzler der Bundesrepublik Deutschland, und jetzt wird er dich was ganz Schwieriges fragen. Und dann kriege ich diese simple Frage gestellt.«

Lothar de Maizière erinnert sich, dass er die potentielle Ministerin Angela Merkel selbst auf einen eventuellen Anruf des Kanzlers schonend vorbereitet habe – und wie heftig seine vormalige Stellvertretende Regierungssprecherin daraufhin erschrocken sei. Zwar wurde in der Presse über Newcomer im Kabinett spekuliert und auch Angela Merkels Name gehandelt, aber ganz wohl war ihr zunächst nicht. Sie liebt es nicht, eine Situation nicht selbst fest in der Hand zu haben. Das Tempo ihres Vordringens in die für sie unbekannte Bonner Politik hatte sich wie bei niemandem sonst beschleunigt. Wohl ermutigten sie brauchbare Referenzen aus ihrer kurzen Amtszeit als Regierungssprecherin. Auch konnte sie auf ihren Erfolg bei den Wählern an der Ostseeküste stolz sein. Aber der nun fällige Schritt, Chefin eines – wenngleich zusammengeschrumpften – Ministeriums zu werden, ohne genau zu wissen, wie ein solches Haus überhaupt funktioniert, war für sie bei genauerer Betrachtung mit hohem Risiko verbunden. Gleichzeitig aber hatte sie zu diesem Zeitpunkt eine gewisse Selbstständigkeit erreicht, um nach der Devise zu handeln: Ganz ohne Risiko geht es nicht. Sie war nicht leichtsinnig und wusste, dass sie ein eventuelles Scheitern keinesfalls locker verkraften könnte.

Angela Merkel nahm das Amt an – ohne wirklich gefragt worden zu sein. Helmut Kohl hatte schlicht beschlossen, sie zu nominieren, die künftige Ministerin selbst war in den Entscheidungsprozess nie wirklich einbezogen. Wieder einmal hatte Angela Merkel eine ihr angetragene Aufgabe übernommen – im Wissen darum, dass dieser Schritt alle Herausforderungen, denen sie sich bisher gestellt hatte, in den Schatten stellte.

Ihre Unsicherheit in einem fremden Umfeld konnte sie erfahrungsgemäß am besten überwinden, indem sie einen festen Kreis von zuverlässigen Personen ihres Vertrauens um sich scharte. Darauf kam es Angela Merkel zunächst an und darin unterstützte sie der oberste Personalchef der Union nach Kräften: Kohl vermittelte ihr den Pastor Peter Hintze als Parlamentarischen Staatssekretär und mit ihm einen Politiker, dem er selbst keine eklatanten Eigenmächtigkeiten oder gar Illoyalität zutraute. Auch Willi Hausmann, den Angela Merkel im Umfeld von Wolfgang Schäuble kennen gelernt hatte, zählte bald darauf zum Kreis der Getreuen. An verlässlichen und loyalen Helfern hält sie eisern fest, wenn diese sich in ihrem Schatten einmal bewährt haben.

Das Ressort Frauen und Jugend war nach Kohls Verständnis von minderem Rang, zugleich aber würde ausgerechnet dieses Haus eine der offenen und eminent wichtigen Erblasten der DDR zu regeln haben: die notwendige Angleichung der unterschiedlichen Abtreibungsregelungen Ost- und Westdeutschlands. Um diese Frage war bereits während der Einigungsverhandlungen ein heftiger, prinzipieller Streit entbrannt, und es war klar, dass auf das Frauenministerium mit dem Entwurf für eine deutschlandweit einheitliche Regelung der Abtreibungsbestimmungen im Paragraphen 218 des Strafgesetzbuches in dieser Legislaturperiode eine bedeutende und grundsätzliche Gesetzesänderung zukommen würde.

Als Bundesministerin für Frauen und Jugend fand Angela Merkel im Januar 1991 zusammen mit achtzehn weiteren Ministerinnen und Ministern am Kabinettstisch Platz – ernannt von Bundespräsident Richard von Weizsäcker, dessen Rede zum Jahrestag des Kriegsendes 1985 sie einst im Geheimen voll Bewunderung gelesen hatte.

»Als das Kabinett vollzählig auf der Regierungsbank versammelt war«, so Rainer Eppelmann im Rückblick, »da habe ich von meinem Sessel im Plenarsaal des Bundestags aus Angela Merkel zum ersten Mal bewusst wahrgenommen – gedacht, wie schön, dass mit ihr in dieser Regierung doch eine Spur vom *Demokratischen Aufbruch* wiederzufinden war.«

Die neue Ministerin hatte fürs Innehalten oder Zurückschauen keine Zeit: Angela Merkel musste sich in dem neu gegliederten Ministerium zurechtfinden und stand vor der Aufgabe, sich in einer Materie kundig zu machen, die ihr zuvor keineswegs besonders am Herzen gelegen hatte. Sie begriff die Organisationsstruktur des Beamtenapparats sehr rasch. Dass sich westdeutsche Beamte über ihre Besoldungsgruppen definieren, hat sie wie vieles andere auch zunächst irritiert, doch sie hielt sich nicht damit auf. Die junge Vorgesetzte – eine für sie gänzlich neue Rolle – wollte dem ihr unterstellten Beamtenapparat und sich selbst beweisen, dass sie die Position ausfüllen kann.

Um die Gunst ihrer Mitarbeiter im Ministerium bemühte sie sich in den ersten Tagen in »ihrem Haus« ehrlich und ohne sich zu verstellen: Sie erklärte den Beamten, dass sie auf die Kooperation mit ihnen unbedingt angewiesen sei. Es mangele ihr an Erfahrung, also brauche sie Hilfe. Gleichzeitig war Angela Merkel von Anfang an darum bemüht, sich Respekt zu verschaffen, und ging zügig daran, sich in die Thematik der Frauen- und Jugendpolitik der Bundesrepublik einzufinden.

»Als Frau weiß man ja über Frauen ein bisschen was«, antwortet sie Jahre später in Bettina Böttingers Sendung auf die Frage, ob dieses Ressort denn überhaupt das Richtige für sie gewesen sei, und fügt mit Empörung hinzu: »Ich bin schließlich nicht nach der zehnten Klasse Ministerin geworden.« Natürlich kennt sie den Hinweis und Vorwurf der Presse, Alibifrau im Kabinett zu sein, zur Genüge: Der Kanzler habe sie nur zur Ministerin gemacht, weil sie jung, eine Frau und aus dem Osten war. Angela Merkel sagt: »Ich habe in der ersten Zeit oft gespürt, dass hinter meinem Rücken die Frage gestellt wurde, warum ausgerechnet ich mit diesem Amt betraut worden war.«

Die Frau aus dem Osten, die sich seit ihrer Studienzeit immer in Männerdomänen bewegt hatte, erkannte rasch, dass die bundesrepublikanische Frauenpolitik ein Terrain war, auf dem unzählige kompromisslose Vertreterinnen der unterschiedlichsten Interessen ihre Fallen aufgestellt hatten. Angela Merkel machte kein Geheimnis daraus, dass sie nicht in diese Muster passte und sich den Kampf um die Gleichberechtigung nicht an erster Stelle auf die Fahne geschrieben hatte. Ihre Unvoreingenommenheit konnte gelegentlich hilfreich sein, durch neutrales Nachfragen gelang es ihr, verhärtete Standpunkte aufzubrechen. Angela Merkel entkrampfte ideologiebelastete Debatten zwischen lilagewandeten Frauenrechtlerinnen und erzkatholischen Abtreibungsgegnerinnen, wie sich zeigen sollte. Zudem gab es verzeihliche komische Aspekte ihrer Unkenntnis der Materie: zum Beispiel jenes kleine Aperçu über Frauenzeitschriften, mit dem das *Magazin der Süddeutschen Zeitung* die zuständige Ministerin nach den ersten einhundert Amtstagen zitierte: »*Emma*? Nö, hab ich nie gelesen, das ist was anderes als *Elle*, oder?«

Ebenso wenig vertraut wie feministische Kampftraditionen waren der Anfängerin in der Frauenpolitik beispielsweise die eklatanten

Schwierigkeiten westdeutscher Mütter, Kinder und Beruf miteinander in Einklang zu bringen. Angela Merkel kannte aus ihrer eigenen Kindheit den umgekehrten Fall, eine Mutter, die nicht berufstätig war und sich hauptsächlich ihren Kindern widmen konnte, war die Ausnahme. Die staatlich organisierte Kindererziehung in der DDR war für politische Zwecke missbraucht worden, aber konnte das bedeuten, dass sie prinzipiell die staatliche Kinderbetreuung ablehnte? Das Beispiel DDR hatte auch gezeigt, dass die formal gewährleistete Gleichberechtigung der Frauen und die ihnen zugestandene – oder zugemutete – Berufstätigkeit nicht zu einer realen Chancengleichheit geführt hatte.

In der eigenen Partei stritt Angela Merkel mit dogmatischen Frauenpolitikerinnen auch um die Einführung der so genannten Frauenquote. Sie lehnte im Gegensatz zu vielen langjährigen Berufspolitikerinnen die Quote vehement ab. Frauen dürften diese Form der Unterstützung nicht nötig haben, erklärte sie wiederholt. Das »Zwangsmittel«, wie sie sagte, zur Durchsetzung einer vermeintlichen Gleichberechtigung entsprach offenkundig nicht ihrem eigenen Erfahrungshorizont. An die Überzeugungen anderer anbiedern wollte Angela Merkel sich nicht, also focht sie zunächst tapfer gegen Unionsfrauen. Auf dem Parteitag der CDU allerdings stimmte die Frauenministerin schließlich doch für das Quorum. Die Argumentation war widersprüchlich, aber Angela Merkel wollte mit ihrem Abstimmungsverhalten verhindern, dass ihr später unsolidarisches Verhalten unterstellt würde.

Die Ministerin merkte, dass sie Positionen für sich klären – und diese schließlich auch verteidigen musste. Der Rechtsanspruch auf einen Kindergartenplatz ist eines jener Beispiele, an denen sich zeigt, wie sie aus der Lage in Westdeutschland und ihrer divergierenden ostdeutschen Erfahrung produktiv eine Synthese entwickelte. Der nächste Schritt freilich war dann kein theoretischer mehr, sondern mündete in die Diskussionen darum, wie sich die gewünschten Regelungen finanzieren ließen. Finanzminister Theo Waigel zeigte sich in der ersten Phase ihrer gemeinsamen Zeit im

Kabinett nicht gerade willig, der unauffälligen Neuen aus dem Osten und ihrem vermeintlich kinderleichten Ressort große Beachtung zu schenken – von einem erhöhten Budget beispielsweise wollte der Minister aus Bayern erst gar nichts wissen. Schließlich aber gelang es Angela Merkel doch, für die Kindergärten in den neuen Ländern eine außerplanmäßige Zuwendung zu erwirken – ungewöhnlich genug: ohne breitgetretene öffentliche Debatte. Immer wieder sollte ihr dies auch später gelingen. Sie hielt ihre Entscheidungen so lange »unter der Decke«, bis sie definitiven Charakter hatten. Das oftmals exzessiv betriebene Spiel zwischen politischen Kontrahenten, die ihre Divergenzen berechnend über die Presse austragen, Themen oder auch Personalien bewusst lancieren und über die öffentliche Meinung Politik machen, war der vormaligen Pressesprecherin in ihren beiden ersten Amtsjahren sehr fremd.

Zum Ende des Jahres 1990 eröffneten sich der neuen Frauen- und Jugendministerin überraschend Perspektiven. Lothar de Maizière war erneut dem Verdacht ausgesetzt, auch er hätte als Rechtsanwalt bewusst und in verwerflicher Weise zum Schaden seiner Mandanten mit der Staatssicherheit zusammengearbeitet. IM Czerni hatte bei der Behörde des Bundesbeauftragten für die Unterlagen der Staatssicherheit rätselhafte Spuren hinterlassen: vier Aktenordner – alle leer. Hinter dem Decknamen Czerni – dem Namen des Klavierpädagogen Karl Czerny nicht zufällig ähnlich – sollte sich der Bratsche spielende Anwalt verbergen.

De Maizière verwahrte sich gegen die Vorwürfe und bat den Bundesminister des Innern, Wolfgang Schäuble, um Aufklärung. De Maizières eigene Erklärungen halfen nichts. Die Verdächtigungen hatten die Glaubwürdigkeit des Stellvertretenden Parteivorsitzenden der CDU erschüttert und mussten ihm vor Augen führen, wie wenig Freunde er in seiner Partei hatte. Niemand zeigte sich recht bereit, dem Angeschlagenen beizuspringen. Er bat den Parteivorsitzenden schließlich selbst um Entlassung aus seinen Ämtern, die Kohl dann schnell mit Angela Merkel besetzten wollte.

Der letzte Ministerpräsident der DDR war angesichts des Verdachts politisch am Ende: Ihm fehlte die Chuzpe eines Manfred Stolpe, trotz der Vorwürfe weiterzumachen. »De Maizière wurde unfair behandelt«, sagt Angela Merkel, von Kohl für de Maizières Nachfolge vorgesehen, dem Berliner *Tagesspiegel* hierzu.

Lothar de Maizière hatte sich zum Ziel gesetzt, die DDR in die Einheit zu führen. Dieses Ziel hatte er erreicht. Von einem tieferen politischen Ehrgeiz war der Jurist nicht ergriffen, zumindest hatte er weder Kraft noch Willen, etwas durchsetzen zu müssen, worauf seine Partei erkennbar keinen Wert legte. Der »Anwalt der Einheit« ließ sich noch vor Weihnachten 1990 beurlauben und sein Amt als Vize von Kohl wie auch den Landesvorsitz der CDU in Brandenburg ruhen.

Dafür, dass Angela Merkel bei Kohl so hoch im Kurs stand, fanden Beobachter wie schon im Zusammenhang mit ihrer Ernennung zur Ministerin wieder die drei schlagenden Begründungen: Frau, ostdeutsch und jung. Angela Merkel hatte er in der Hand: Sie war unerfahren, dankbar für sein Vertrauen und auf seine Hilfe wie auf seine Gunst angewiesen. All das garantierte ihm damals ihre unbedingte Loyalität. Zudem konnte er sich darauf verlassen, dass sie keine politischen Flausen im Kopf hatte. Ihre bodenständige, ungekünstelte Art gefiel dem Pfälzer. Er wusste sehr wohl um ihre Unsicherheit und kostete das Rollenspiel zwischen sich und »dem Mädchen« gern auch aus. Einmal wollte er auf einer USA-Reise im Bus vor dem ganzen Tross der mitreisenden Berater und Journalisten von ihr wissen, welchen Eindruck er auf sie gemacht habe, wenn sie ihn zu DDR-Zeiten im Westfernsehen sah. Angela Merkel hat dann etwas von ihrer Bewunderung für sein historisches Wissen gemurmelt und gesteht, sie habe da etwas herumdrucksen müssen.

Angela Merkel hatte zu Beginn der Neunzigerjahre noch keine Hausmacht in der CDU, was ihre Position gegenüber gestandenen Christdemokraten nicht gerade kräftigte. Die Haltung, über die man in der Regierungsmannschaft von Lothar de Maizière einst klagte, nämlich dass die westdeutschen Politiker ihre ostdeutschen Kollegen nicht ernst nehmen würden oder doch ein Gefühl der Überlegenheit ausspielten, wurde gegenüber Angela Merkel nach wie vor gepflegt. Ihre wenig Respekt gebietende Erscheinung, ihr unkompliziertes Auftreten und ihre ungeschminkte Art verstießen gegen gängige bundesrepublikanische Normen. Sie sah auch in den folgenden Jahren kaum eine Chance, sich von diesem Image zu befreien – und erweckte den Eindruck, als *wollte* sie es auch gar nicht.

In Vorpommern war es ihr gelungen, ihren Wahlkreis mit Bravour zu erobern. Aber die Abgeordnete, Ministerin und künftige Stellvertreterin Kohls konnte sich nicht auf die Rückendeckung eines »eigenen« Landesverbands verlassen. Sie war bemüht, akzeptiert zu werden, und merkte, dass sie zwar den Schutzschild der von Kohl Begünstigten trug, sich aber generell nicht als Person oder dank ihrer Leistungen durchgesetzt hatte. Sie habe es also als Akt der Emanzipation empfunden, sich eine eigene Basis in der Partei zu schaffen, sagt sie einem kleinen Kreis im Rückblick. Doch von allein ist sie auf den Gedanken, sich in Brandenburg zu bewerben, damals nicht gekommen.

Helmut Kohl hatte noch einen triftigen Grund, Angela Merkels Kandidatur um den Vorsitz in diesem ostdeutschen Landesverband zu befördern: Er wollte damit den längst nominierten Kandidaten, den Berliner Abgeordneten Ulf Fink, ausbremsen. Fink war als politischer Ziehsohn von Heiner Geißler in den Augen des Kanzlers keinesfalls geeignet, einen ostdeutschen Landesverband zu führen.

Nach de Maizières Rückzug hatte sich der interimsweise amtierende Landesvorsitzende der Union unter diversen potenziellen Kandidaten umgehört. Er hätte auch die Brandenburgerin Merkel gefragt und erst nach deren Absage schließlich den Berliner CDA-Mann Ulf Fink aus dem westdeutschen Reformflügel der Partei angesprochen. Fink hatte seine Kandidatur zugesagt. Das freilich wurmte den Kanzler und seinen Generalsekretär Volker Rühe, denen der Chef der CDU-Sozialausschüsse und Stellvertretende DGB-Vorsitzende längst allzu eigenmächtig war und denen auch unabhängige Entscheidungen einzelner Landesverbände nicht genehm waren.

Ulf Fink traf sich wenige Wochen vor dem entscheidenden Landesparteitag »beim Italiener« in Rhöndorf am Rhein mit Angela Merkel. Bei dieser Gelegenheit eröffnete ihm die Ministerin, dass auch sie nun für den Landesvorsitz in Brandenburg kandidieren wolle. Fink war überrascht, wollte ihr aber nicht den Vortritt lassen. Er war sich seiner Sache sicher, wenngleich er heute zugibt, dass es der Brandenburger CDU mit Angela Merkel an der Spitze vermutlich sogar besser gegangen wäre. Damals glaubte er jedoch zu wissen, dass die Chancen seiner Gegenkandidatin gering waren. Bei jenem Essen in Rhöndorf hatte Fink ihr dann noch das »Du« angeboten. Doch ein sportlicher Wettkampf war es nicht, den die im Vergleich schlicht unerfahrene Angela Merkel nun tapfer und mit einer Spur Naivität antrat.

Ihr Versuch, sich unter den Brandenburger Christdemokraten zu profilieren, war nicht richtig durchdacht. Sie hatte ihre Kandidatur erst viel zu spät angemeldet. Darüber hinaus war klar, dass das Konrad-Adenauer-Haus Merkel vor allem unterstützte, um Fink zu verhindern. Da kam Angela Merkels Bedürfnis nach einer Hausmacht gerade recht. Dass sie ohnehin im nämlichen Landstrich aufgewachsen war, schien perfekt zu passen.

Aber auf dem entscheidenden Landesparteitag der brandenburgischen CDU in Kyritz an der Knatter war die Kandidatin nicht wirklich gewappnet, um gegen einen Profi wie Ulf Fink zu bestehen. Eine groteske Situation: Nicht einmal das Argument, sie sei im Gegensatz zu Fink doch Ostdeutsche, konnte sie erfolgreich gegen den Gegner ins Feld führen. Ulf Fink ist so viel oder so wenig »Wessi« wie sie »Ossi«: Geboren in Freiberg in Sachsen, wuchs er in Westberlin auf, so wie Angela Merkel eben in Hamburg zur Welt gekommen ist und ihrerseits im Osten groß wurde. Rhetorisch war Fink ihr überlegen, zudem konnte er souveräner mit dem Publikum im Saal umgehen. Endgültig entwaffnet wurde Angela Merkel in dem Moment, als Fink die Delegierten fragte, ob sie sich selbstständig einen eigenen Vorsitzenden wählen oder einen von oben bestimmten Kandidaten nur »abnicken« wollten. Er bringe viele Vorteile mit, sei aber auch mit einem wesentlichen Manko behaftet, erläuterte er den brandenburgischen Delegierten: »Ich bin eben nicht der Liebling des Bonner Adenauer-Hauses!«

Angela Merkel fiel bei den Delegierten in Kyritz mit deutlichem Ergebnis durch: 67 Stimmen gegen 121 für Ulf Fink. Die Tatsache, dass sie vom Kanzler und seinem Generalsekretär massiv gefördert wurde, gereichte ihr hier zum Nachteil, und sie musste sich bei diesem Ergebnis eingestehen, von Kohl und Rühe zum Spielball gemacht worden zu sein. Zum ersten Mal hatte sie erlebt, dass der Patriarch der Partei nicht unfehlbar ist und dass Personalpolitik nicht zwingend Günstlingswirtschaft sein muss. Ihr Scheitern war in Wirklichkeit kein Versagen, sondern vielmehr eine Fehleinschätzung gewesen: Sie war in eine Sackgasse geschickt worden. Angela Merkels Förderer ließen sie nach der Schlappe auf Landesebene jedoch nicht fallen, und so konnte sie im folgenden Qualitäten als Stehaufmännchen beweisen.

Mit der Scharte, die sie in Kyritz davongetragen hatte, trat sie kurz darauf – Mitte Dezember 1991 – auf dem CDU-Bundesparteitag in Dresden an, um für den Stellvertretenden Parteivorsitz auf Bundesebene zu kandidieren – ganz wie es der Kanzler und Parteichef wünschte.

Vor den Delegierten im Dresdner Kulturpalast konnte sie sich darauf verlassen, dass die Mehrheitsverhältnisse stimmten. Auch hier war ihre Vorstellung nicht fulminant, aber immerhin erfüllte Angela Merkel auf diesem ersten Bundesparteitag der Union in Ostdeutschland eine wichtige Symbolfunktion. Gewissermaßen als das »Wunschkind« – wie *Die Zeit* bemerkte – konnte Kohl sie zur Personifizierung der vollzogenen Einheit zwischen Ost und West innerhalb der Partei machen. Als vergleichsweise junges Mitglied der ostdeutschen Union war sie lästigen Verdächtigungen und Vorwürfen über die Vergangenheit der opportunistischen Ost-Union nicht persönlich ausgesetzt.

Für die kurze Vorstellung vor dem Parteitagspublikum hatte der Bundesvorsitzende seiner Favoritin einen Tipp gegeben: Sie möge nichts Politisches, sondern nur Biographisches über sich sagen, wünschte der Kanzler. Insgeheim ärgerte sich Angela Merkel darüber – musste es für sie doch so aussehen, als traue ihr der politische Ziehvater keine inhaltliche Aussage zu. Neben einigen Bemerkungen über ihre Vita appellierte sie schließlich an die Neugier der Delegierten aus den alten Bundesländern und führte kurz aus, welche »Erfahrungen aus dem Leben in der ehemaligen DDR für mich ganz besonders wichtig sind: Ich glaube, die erste und wichtigste Erfahrung ist das Wissen darum, wie leicht Menschen in der Versuchung stehen, sich anzupassen, und welche Möglichkeiten des Widerstands gegen ein menschenverachtendes Regime es gibt. Dieser Erfahrungsschatz ist unverzichtbar, wenn wir die Freiheit in unserem Staat Bundesrepublik auf Dauer erhalten wollen. (...) Die zweite Erfahrung, auf die es ankommt, mag sich für westdeutsche Ohren manchmal etwas seltsam anhören. Es handelt sich um die Fähigkeit, zwischen den Zeilen zu lesen, auf leise Töne zu hören, das Unausgesprochene auch wahrzunehmen. (...) Eine dritte Erfahrung umschreibt die kulturellen Werte, die im östlichen Teil Deutschlands vielleicht noch etwas getreuer als im westlichen Teil bewahrt wurden: die Fähigkeit, mit bescheidenen Mitteln Lebenszufriedenheit zu erwerben, die Kunst, das Leben entgegen allen Unterdrückungsversuchen zu meistern, und das Geschick, sich auch dann zu behaupten, wenn man in der Minderheit ist.«

Angela Merkel erhielt bei der Wahl auf dem Dresdner Parteitag von 719 gültigen Stimmen 621. Mit einer soliden, wenngleich nicht überwältigenden Mehrheit war sie damit als erste Frau zur Stellvertretenden Vorsitzenden der CDU gewählt. Innerhalb der Partei hatte die Siebenunddreißigjährige einen bislang einmaligen Aufstieg erlebt. Sie selbst war über das Tempo auch erschrocken, wie sie Herlinde Koelbl erzählt: »Ich wollte dem ersten gesamtdeutschen Parlament angehören, aber ich wollte nicht Ministerin oder gar Stellvertretende Parteivorsitzende der CDU werden. Da frage ich mich manchmal, ob das alles zusammen nicht zu viel für mich ist, denn was ich tue, will ich auch vernünftig tun.«

Ohne sein klares Votum hätte die Seiteneinsteigerin aus dem Osten nicht diese Karriere gemacht, schreibt Kohl. Er hatte ihr den Steigbügel gehalten, aber sie konnte so rasch und unauffällig aufsitzen, dass eventuellen Konkurrenten in der Partei gar nicht schnell genug klar werden konnte, wie fest Angela Merkel plötzlich im Sattel saß. Gleichzeitig wurde sie – die in keines der bewährten bundesrepublikanischen Klischees einer ehrgeizigen Politikerin passen wollte – von der Mehrheit ihrer Parteifreunde immer noch unterschätzt und als politisches Talent nicht ernst genommen. Der Schutz, unter den Kohl sie gestellt hatte, bewahrte sie davor, zu viel von sich und den Motiven für ihre Karriere preisgeben zu müssen. Nur wer sie genau beobachtete und sich von ihrer freundlich-jugendlichen Art, von den Ringen unter ihren Augen, ihrer gelegentlichen Unbeholfenheit oder den schon mal brüsken Zurückweisungen nicht irritieren ließ, merkte, dass Angela Merkel zunehmend Spaß an der Politik hatte und Mut zu eigenen Entscheidungen entwickelte.

Der Posten als Stellvertretende Parteivorsitzende nach der kurzen Ära von Lothar de Maizière war von ambivalenter Bedeutung: Zum einen war jedem in der Partei klar, dass Kohl keinen machtvollen Vize brauchte und mit der Nominierung von Angela Merkel auch keinesfalls ein Präjudiz für eine spätere Nachfolge setzen wollte. Nach seinem Selbstverständnis war »der Job«, über den in der Union gar ein Witz kursierte, nicht so wichtig. Frage: »Was ist der Unterschied zwischen dem Stellvertreterposten und einer Hundehütte?« Antwort: »Die Hundehütte ist für einen Hund, der Stellvertreterposten für die Katz.«

Angela Merkel machte sich keine Illusion darüber, dass ihre Nominierung in erster Linie Symbolfunktion hatte: Ihre Wahl sollte zeigen, dass die Ost-CDU in der Union willkommen war. Dafür hatte die Bundespartei nach Ansicht vieler Mitglieder im Osten noch nicht übermäßig viele Beweise erbracht. Die Partei war wohl vereinigt, aber ein Teil ihrer Mitglieder fühlte sich zugleich vor den Kopf gestoßen, bevormundet und auf Bundesebene nicht ausreichend repräsentiert. Für den Wahlkampf hatte die CDU selbstverständlich den vorhandenen alten Parteiapparat im Osten gern genutzt. Nach der Vereinigung aber verblieben nur ein Zehntel der hauptamtlichen Mitarbeiter im Osten in Lohn und Brot. Damit war in gewisser Weise unter den Angestellten der CDU und ihren Altkadern »aufgeräumt«.

Als machtlose Stellvertretende CDU-Vorsitzende und Newcomerin in der Frauenpolitik richtete sich Angela Merkel wieder einmal in einer Position ein, in der sie dauerhaft auf Distanz gehalten wurde und sie selbst diese Distanz auch wahrte. Das hatte sie in den vergangenen Etappen ihres Erwachsenenlebens bereits mehrfach erfahren und erprobt: An der Akademie war ihr eine sichere Arbeitsstelle gewiss, aber in die Hierarchie konnte sie nicht wirklich vordringen. Im *Demokratischen Aufbruch* entdeckte sie ihr Interesse an gesellschaftlichen und politischen Vorgängen, aber zum Kern der Vordenker und Träger der Bürgerbewegung gehörte sie nicht. Jetzt leitete sie ein Ministerium und gehörte zur Führung einer Partei, in deren Originalität und Geschichte sie sich noch nicht auskennen konnte. Journalisten fiel in dieser Zeit immer wieder auf, dass sie nicht etwa »Wir« sagte, wenn sie die Partei meinte, sondern von »die« sprach. Es war deutlich, sie war nicht integriert – und sie ließ sich auch nicht integrieren.

Ohnehin musste Angela Merkel ihr Hauptaugenmerk auf ihre Arbeit im Ministerium richten. Eines ihrer eklatantesten Erlebnisse als Frauenministerin, erzählt sie oft, sei eine Begegnung in Nordrhein-Westfalen gewesen. Dort wurde ihr vorgehalten, dass die

Frauen in den neuen Ländern eine höhere Rente bekämen als westdeutsche Frauen. »Im Brustton der Überzeugung habe ich gesagt, das ist doch ganz normal, denn die ostdeutschen Frauen haben ja auch gearbeitet.« Daraufhin erhob sich im Saal Getöse. »Ich musste begreifen, dass der Begriff der Arbeit in unserer Gesellschaft offen war, dass definiert werden muss, was Arbeit ist und wie sie zu bewerten sein würde.«

Das Gleichberechtigungsgesetz, das gewährleisten sollte, dass Frauen und Männer zum Beispiel bei Bewerbungen die gleichen Chancen und vor allem einklagbare Rechte bekommen sollten, wurde in ihrer Zeit im Frauenministerium verabschiedet. Bei dieser Gelegenheit musste die Politikerin aus Ostdeutschland merken, wie stark der Einfluss der Wirtschaftsverbände sein konnte, die nicht allein Ausgaben im Zuge des Mutterschutzes fürchteten, sondern sich ihre Entscheidungshoheit in Personalfragen nicht aus der Hand nehmen lassen wollten – schon gar nicht von einer Frau.

Die größte Herausforderung für die Frauenministerin war in ihrer Amtszeit aber doch die Neuregelung des Paragraphen 218. Der Druck, gestand sie Herlinde Koelbl, sei am Ende so stark gewesen, dass sie am Schluss kaum noch wusste, was sie selbst eigentlich wollte. Angela Merkel war dem massiven Vorwurf ausgesetzt, sie beuge sich schlicht der Mehrheitsmeinung in ihrer von westdeutschen Männern dominierten Partei. Übergangsweise galt laut Einigungsvertrag in den neuen Ländern die Fristenlösung – also der legale Abbruch der Schwangerschaft innerhalb der ersten zwölf Schwangerschaftswochen, wie ihn das Strafgesetzbuch der DDR erlaubt hatte. Die Frauen in den neuen Ländern sollten mit einer einheitlichen Regelung nicht schlechter gestellt werden, die in der alten Bundesrepublik seit 1976 gültige Indikationslösung musste geändert werden. Lange prinzipielle Auseinandersetzungen über das heikle Thema zeigten Angela Merkel die Grenzen ihrer Gabe, nach logischen Schlussfolgerungen abgewogene Entscheidungen zu erarbeiten.

Ideologiebeladen und hartnäckig fochten die Bundestagsabgeordneten auch über die Grenzen ihrer Fraktionen hinweg Kämpfe aus, in denen das Selbstbestimmungsrecht der Frau, der Tötungsvorwurf, der moralisch verbindliche Schutz für Ungeborene und das auch theologisch begründete Recht auf Leben unversöhnlich gegeneinander gestellt wurden. Angela Merkel nahm für sich in Anspruch, dass es eine Trennung zwischen ihrem persönlichen Glauben als evangelische Christin und ihren politischen Entscheidungen geben müsse, erklärte sie der katholischen Wochenzeitung *Tag des Herrn*.

Und auch wenn Merkels Credo »Helfen statt strafen« eine Verständigung bringen sollte, so erreichte sie dennoch keine wirkliche Entlastung der überfrachteten Debatte, die sie mehrfach als eine »sehr männliche« bezeichnete, und musste einsehen, dass es einen Kompromiss in der Abtreibungsfrage schwerlich geben würde. Das Gesetz würde nie Gewissensnot oder materielle und soziale Schwierigkeiten von »Müttern in einer Zwangslage« beseitigen können.

Die selbst kinderlose Ministerin musste sich vorsichtig zwischen allen Fronten bewegen – und dabei ging es gar nicht allein um die Sache selbst: Sie riskierte bewusst den Vorwurf des Verrats, denn als solcher wurde die künftig eingeschränkte Straffreiheit für Abtreibungen in Ostdeutschland ausgelegt. Die altbundesrepublikanischen, zumeist religiös motivierten Gegnerinnen oder Gegner der Abtreibung in der Union aber durfte sie auch nicht verprellen – die Mehrheit der Mitglieder ihrer Partei sollte sich schließlich in ihren Überzeugungen wiederfinden.

Die Lösung, auf die sich der Bundestag schließlich mehrheitlich verständigen konnte, sah die Beratung vor. Dem schloss sich die Neubundesbürgerin Merkel an, wobei in Ostdeutschland und unter denjenigen, die die alleinige Entscheidungsgewalt der Frau verfochten, die Enttäuschung über ihr Abstimmungsverhalten groß war.

Das Bundesverfassungsgericht seinerseits erklärte das Gesetz im folgenden Jahr für verfassungswidrig. Die Neufassung aus dem Jahr 1995 – eine Fristenlösung und die verpflichtende Beratung mit dem Ziel, die Frau zur Fortsetzung der Schwangerschaft zu ermutigen – fiel schließlich schon in die Amtszeit von Angela Merkels Nachfolgerin Claudia Nolte.

Nach dem neuen Zuschnitt der Ministerien war Angela Merkel auch für die Jugendpolitik verantwortlich. Die anwachsende Zahl von Delikten mit rechtsradikalem Hintergrund – nicht nur in Ostdeutschland – machte Jugendpolitiker, Lehrer und Eltern zunehmend ratlos. Mehrere Programme des Bundesministeriums wurden aufgelegt, ohne dass sich der Eindruck eingestellt hätte, die Situation der gefährdeten Jugendlichen hätte sich verbessert. Eine moderne Jugendpolitik war hinter den wohlgemeinten Förderprogrammen nicht zu entdecken. Und auch Ideen wie die Einführung eines Schulfaches mit dem Namen »Völkerkunde«, das zu Toleranz anregen sollte, setzten sich in den Köpfen der zuständigen Kultusminister der Länder nicht durch.

Angela Merkel hatte es sich zur Aufgabe gemacht, Gewalt gegen Kinder einzudämmen. Die erhebliche Dunkelziffer, die bei innerfamiliären Straftaten zu vermuten war, beunruhigte die Öffentlichkeit, zugleich aber wurde mit dem heiklen Thema heuchlerisch umgegangen. Die Ministerin versuchte, das gesellschaftliche Tabu zu brechen und ließ eine aufwändige Aufklärungskampagne unter dem Motto »Keine Gewalt gegen Kinder« starten.

Sie ließ sich in dieser Zeit nicht nur fröhliche Pressetermine in Kindergärten arrangieren. Angela Merkel suchte zum Beispiel das Gespräch mit gewaltanfälligen Jugendlichen. Auch scheute sie sich nicht vor dem unpopulären Hinweis darauf, dass es bereits zu DDR-Zeiten rechtsradikale Neigungen und Ausbrüche gegeben habe, selbst wenn diese damals keinen Niederschlag in der Presse gefunden hatten.

Angela Merkel war in dieser Zeit von ungebremstem Elan. Einzig ein Beinbruch zwang sie zu einer kurzen Unterbrechung ihrer Alltagsarbeit, die sie auch in der Berliner Charité nicht gänzlich ruhen ließ. In rascher Folge empfing die Patientin Besucher, und die wenigsten kamen allein aus privaten Gründen.

Es war keine Frage mehr: In der Politik erfuhr Angela Merkel endlich die Herausforderung, der sie sich unausgesprochen immer hatte stellen wollen. Mit ihrem kleinen Ressort rangierte sie unter den Ministern, die nicht im Rampenlicht standen, und entsprechend gering wurde ihr politisches Aktionsfeld in der Presse ausgeleuchtet. Auch deshalb hafteten ihr Etiketten an, deren Aufschriften längst nicht mehr passten. Denn Angela Merkel hatte inzwischen ein starkes Selbstbewusstsein entwickelt, das ihr half, gegen die in der öffentlichen Meinung kursierenden Urteile allmählich immun zu werden und ihren eigenen Weg zu verfolgen.

Öffentliche Kritik perlte nicht einfach an ihr ab, man sah ihr deutlich an, wenn ihr auf Pressekonferenzen spitze Fragen unangenehm waren. Sie verzog dann das Gesicht oder rüffelte den Fragesteller. Aber sie wusste nicht zuletzt von Helmut Kohl, dass die Meinung der Stimmungsmacher in den Zeitungs-, Hörfunk- oder Fernsehredaktionen nicht unbedingt dem Geschmack der Wähler oder Parteimitglieder entsprach.

Längst hatte Angela Merkel die Bundesrepublik mit all ihren Schwächen akzeptiert. Sie hob zwar immer wieder hervor, dass sie anders sozialisiert worden war als ihre westdeutschen Parteifreunde, zugleich aber trat sie in inhaltlichen Fragen gewissermaßen am westdeutschesten von allen ostdeutschen Politikern auf. Nicht einen Hauch von DDR-Nostalgie verbreitete sie. Auch ihre Partei hatte sie ohne lange Nachfragen angenommen, garantierte die CDU ihr doch eine marktwirtschaftlich und leistungsorientierte Gesellschaft und schmückte sich zugleich mit dem Bezug auf ein christliches Menschenbild. Angela Merkel konnte sich mit zwei einander widersprechenden Elementen im Erscheinungsbild der Union identifizieren: mit der unintellektuell-bürgerlichen Heimatverbundenheit eines Helmut Kohl und den lauter werdenden Rufen nach Deregulierung und Wirtschaftsliberalismus, mit denen eine neue Generation von Unionspolitikern sich zu Wort meldete. Idealisierte Vorstellungen von einer »besseren Gesellschaft« hatten im Denken von Angela Merkel keinen Platz.

Damit hatte sie sich in einen offenen Widerspruch zu ihrem Vater begeben. Horst Kasner nutzte seine Beziehungen innerhalb der Berlin-Brandenburgischen Evangelischen Kirche und veröffentlichte in der Kirchenzeitung im Sommer 1992 einen Kommentar über die Folgen der Einheit. »Die harte Mark sollte ja das Beste sein, was die Bundesrepublik uns zu bringen hatte, und mit ihr war uns ein Wirtschaftswunder versprochen worden.« Der Leiter des Pastoralkollegs sieht Ostdeutschland um dieses versprochene Wunder betrogen und beklagt, dass »sich die etablierten Parteien den Staat zur Beute gemacht haben, und dass der Staat zum Selbstbedienungsladen für Politiker geworden« sei. »Der Parteienstaat der Bundesrepublik, in dem sich die beiden Volksparteien inhaltlich kaum noch unterscheiden, hebt sich eigentlich nur noch durch das Mehrparteiensystem von der Parteidiktatur der DDR ab«, befand Kasner. Er sprach mit seiner Angst vor einer neoliberalen Bundesrepublik, in der »Politik im Grunde die Fortsetzung der Wirtschaft mit anderen Mitteln« sei, vielen Ostdeutschen aus der Seele.

Angela Merkel sagt, sie habe die bittere Bilanz ihres Vaters über fast zwei Jahre Demokratie nicht gelesen. Diese Aussage passt dazu, dass sie unter allen Umständen verhindern möchte, dass die Öffentlichkeit von den durchaus legitimen unterschiedlichen politischen Überzeugungen in ihrer Familie erfährt. Ihre Mutter, Herlind Kasner, ist Kommunalpolitikerin bei den Sozialdemokraten, und der Bruder, Marcus Kasner, engagierte sich beim Bündnis 90/ Die Grünen.

Angela Merkel möchte ihre Verwandten vor der Neugier der Öffentlichkeit schützen. So versteckt sie Details aus ihrem Familienleben seit der Wende konsequent hinter dem Klischee vom »Pastorenhaushalt«. Dieses Bild weckt positive Assoziationen, und allein diese müssen dem Publikum reichen. Einen konkreten Anhaltspunkte dafür, was ihr der private Hintergrund wirklich bedeutet, verweigert sie der Öffentlichkeit bis heute rigoros. Privates bleibt privat, lautet ihre Maxime – die erst recht für die Beziehung zwischen ihr und ihrem langjährigen Lebenspartner gilt, den sie mittlerweile geheiratet hat.

Die Stellvertretende Bundesvorsitzende Angela Merkel übernahm im September 1992 in ihrer Partei noch ein weiteres Amt: Sie war für kurze Zeit Vorsitzende des Evangelischen Arbeitskreises. Einstimmig hatte dieses Gremium die Pastorentochter in Wittenberg mit der Nachfolge von Pastor Peter Hintze betraut, der wiederum nunmehr das Amt des CDU-Generalsekretärs innehatte.

Sie begann ihre Amtszeit als erste Frau an der Spitze der protestantischen Christdemokraten, als das Stichwort von der Politikverdrossenheit den politischen Diskurs in der Bundesrepublik prägte. Angela Merkel versprach, »inhaltliche Defizite« in der Politik auszugleichen und die destruktive Tendenz zur Resignation zu bekämpfen.

Wohl gab sie als Vorsitzende des Arbeitskreises Bekenntnisse zum »C« im Parteinamen ab und kündigte eine »fällige Wertediskussion« an, aber es gelang Angela Merkel nicht, im Evangelischen Arbeitskreis nachhaltige Spuren zu hinterlassen.

Ihre Amtszeit war knapp bemessen, denn als sich wieder die erhoffte Chance bot, einen Landesvorsitz zu übernehmen (diesmal in Mecklenburg-Vorpommmern), legte Angela Merkel den Vorsitz im Evangelischen Arbeitskreis der CDU nieder.

Im Jahr 1993 musste ihr skandalgebeutelter Förderer Günther Krause seine Ämter aufgeben. Nachdem er seinen Ministerposten verloren hatte, versuchte der einstige Unterhändler in Sachen Einheit zunächst, wenigstens noch Landesvorsitzender in Mecklenburg-Vorpommern zu bleiben. Prominente Landespolitiker indes verweigerten ihm jedoch schließlich die Unterstützung.

Angela Merkel war im Nordosten zwar nicht beheimatet, aber da ihr Bundestagswahlkreis im selben Bundesland lag, stand sie mit den Mitgliedern einiger Kreisverbände des Flächenlands an der Ostseeküste durchaus in persönlichem Kontakt. Also nahm sie Anlauf, diesmal geplant und präpariert für mögliche Konfrontationen. Wieder konnte sie sich der Rückendeckung des Bundeskanzlers gewiss sein. Auch wenn sie – wie sie der *Welt* erklärte – nicht in einem Ergebenheitsverhältnis zu Kohl stand, so wusste sie doch, dass der Bundesvorsitzende ihre Pläne guthieß. Als neuer Generalsekretär stand Peter Hintze ihrer Kandidatur gleichfalls mehr als wohlwollend gegenüber. Kanzleramtsminister Friedrich Bohl ebnete der Stellvertretenden Bundesvorsitzenden das örtliche Terrain. Er verhandelte mit dem Parteivorstand in Schwerin über die Nominierung der Ministerin für ein Amt. Zunächst hatte sich der Ministerpräsident des Landes, Berndt Seite, selbst für die Nachfolge von Günther Krause an der Parteispitze interessiert. Wie er richtig beobachtet hatte, hielten andernorts christdemokratische Regierungschefs – wie beispielsweise Bernhard Vogel oder Kurt Biedenkopf – auch die Zügel ihrer Landesverbände selbst in der Hand. Seite ließ sich jedoch umstimmen und nahm die vom Kanzler beförderte Personalie an. Ein bedeutender Gegenkandidat würde Angela Merkel bei ihrer Wahl also nicht noch einmal die Schau stehlen.

Außerdem galt in der mecklenburg-vorpommerschen CDU – anders als zuvor in Brandenburg – Angela Merkels Nähe zu Helmut Kohl ausdrücklich als Vorteil. Über eine gewichtige Fürsprecherin in Bonn könnte das bevölkerungsarme Land im Nordosten ein wenig aus seinem Schattendasein herausgehoben werden, versprachen sich die Christdemokraten in den vormaligen drei Nordbezirken der DDR. Mit 135 von 159 Stimmen wählten die Delegierten Angela Merkel zu ihrer Landesvorsitzenden. Damit stand an der Spitze der Union in Schwerin nun ein höchst ungleiches Trio: Angela Merkel, Ministerpräsident Berndt Seite und Fraktionschef Eckhardt Rehberg. Alle drei unterschieden sich in ihrem Temperament, in Herkunft und politischem Geschick erheblich voneinander, was sowohl im Kontext der Bildung einer neuen Koalition als auch in der mecklenburg-vorpommerschen Regierungskrise der folgenden Legislaturperiode nicht unwichtig werden sollte. Nie ist ganz klar geworden, wie groß das Interesse von Angela Merkel an »ihrem« Landesverband wirklich war. Ganz eindeutig, in Norddeutschland war sie zu Hause. Und innerhalb der CDU in Mecklenburg-Vorpommern war sie die Chefin. Hier wurde ihr eine Spielwiese geboten, sie konnte sich ausprobieren. Mit einem Bein in Bonn und mit dem anderen an der Küste war sie zwar in der Pflicht, nicht aber gänzlich eingebunden, immer gefragt und oft präsent, aber zugleich auch immer entschuldigt. Der Gradmesser ihres politischen Handelns allerdings waren die Wähler, und diese durften am 16. Oktober 1994 wieder ihr Urteil fällen.

Sechstes Kapitel
DIE MODERATORIN

Die Bundesministerin für Frauen und Jugend führte im Superwahljahr 1994 einen aufwändigen Wahlkampf: Sie diskutierte wochenlang an Ständen auf Marktplätzen, von Tribünen herab, in Fußgängerzonen oder Gemeindesälen mit unzähligen Parteimitgliedern und potenziellen Wählern. Die CDU-Landeschefin propagierte die Fortsetzung der Koalitionen in Bonn und in Schwerin. Trotz aller Strapazen ging Angela Merkel im Wahlkampf auf, sie schien es zu genießen, auch in die entlegensten Winkel ihres Bundestagswahlkreises auf Rügen zu reisen, um für sich und ihre Partei zu werben.

Angela Merkel wirkte robust, gab sich im direkten Gespräch mit den Bürgern offen, aufrichtig und optimistisch. Die Vierzigjährige gefiel sich in der Rolle der Politikerin »zum Anfassen«. Sie ging ohne Scheu auf »die Menschen« zu, redete, versuchte zu überzeugen, auch zuzuhören und stellte unermüdlich ihre Kommunikationsfreude unter Beweis. Ihre Auftritte absolvierte sie in der ihr eigenen freundlich-resoluten Art: Sie zeigte Begeisterungsfähigkeit, war bereit, auch kontrovers zu debattieren. Vor allem aber verstellte sie sich nicht, und ihre Sprache hatte einen natürlichen Klang. Missfielen ihr Fragen, so konterte sie durchaus schnippisch.

Angela Merkels Einsatz wurde belohnt. Zunächst einmal errang sie ihr Direktmandat für den Bundestag im vorpommerschen Wahlkreis Rügen – Stralsund – Grimmen auch diesmal wieder mit einem überdurchschnittlich guten Ergebnis von 48,6 Prozent. Die Koalition von Union und FDP ging insgesamt angeschlagen aus den Bundestagswahlen hervor, wurde aber noch einmal knapp bestätigt. CDU und CSU stellten die größte Fraktion, wenngleich mit einem Ergebnis, das deutlich hinter den zuvor errungenen Siegen zurückstand.

Die Union in dem von Angela Merkel geführten Landesverband Mecklenburg-Vorpommern war im Landtagswahlkampf gleichfalls weniger erfolgreich als vier Jahre zuvor, behauptete sich aber als stärkste Partei im Land. Ministerpräsident Berndt Seite war jedoch der bisherige Koalitionspartner abhanden gekommen: Die FDP schaffte den Sprung über die Fünfprozenthürde nicht.

Schwierige Verhandlungen um die Bildung einer Großen Koalition in Schwerin begannen erst, nachdem die SPD Gespräche mit der PDS erfolglos abgebrochen hatte. Die CDU-Landesvorsitzende Merkel beteiligte sich intensiv am Entwurf einer Koalitionsvereinbarung zwischen CDU und SPD, und wurde zur einflussreichen Unterhändlerin. So wie sie im Jahr zuvor unter den zerstrittenen Mitgliedern in ihrem Landesverband versucht hatte, Eintracht zu stiften und divergierende Interessen zu bündeln oder auszugleichen, so konnte sie ihr Verhandlungsgeschick nun bei der Koalitionsbildung in Schwerin beweisen. Dass zur gleichen Zeit die Weichen für ihre weitere Laufbahn in der Bundespolitik gestellt wurden, überspielte sie geschickt – von Nervosität keine Spur.

Angela Merkel war – zur Überraschung vieler Landespolitiker – über Details der Politik im Nordosten und über Personalfragen in der Region gut orientiert: Nach ihrer Wahl zur Landesvorsitzenden im Juni 1993 hatte sie unverzüglich ein Netz von zuverlässigen Ansprechpartnern in ihrem Wahlkreis, aber auch in der Schweriner Staatskanzlei, dem Landesverband und der Landtagsfraktion der CDU in Mecklenburg-Vorpommern geknüpft. Obschon sie in Bonn ihren Verpflichtungen als Ministerin nachgehen musste, hatte sie sich einen Überblick über ihren Landesverband verschafft und »eigene Leute« in der Landespartei installiert. Die – allerdings in raschem Wechsel kommenden und gehenden – Generalsekretäre beispielsweise stammten fast ausnahmslos aus dem Südwesten Deutschlands und traten allein auf Wunsch der Landesvorsitzenden in Mecklenburg-Vorpommern an.

In den Koalitionsverhandlungen vertrat Angela Merkel gegenüber der gegnerischen SPD die Linie ihrer Partei und gab sie häufig selbst vor. Zugleich hatte sie ein feines Gespür dafür, wie viel Konzessionen den Sozialdemokraten zuzugestehen waren, ohne dass dabei christdemokratische Interessen aufgegeben wurden.

Sie war in der günstigen Lage, nicht in persönliche Querelen unter den Landespolitikern verstrickt zu sein, sodass sie in den Verhandlungen beinahe die Position der Außenstehenden einnehmen konnte. Im Gegensatz zu anderen Teilnehmern der Runden konnte Angela Merkel sich auf den politischen Gegner einstellen, ohne ihre eigenen Parteifreunde dabei vor den Kopf zu stoßen. Die Details in der Koalitionsvereinbarung gehen vielfach auf sie zurück.

Auch als die Landesregierung unter Berndt Seite und Harald Ringstorff schließlich nach mühsamen Verhandlungen vereidigt worden war, gab Angela Merkel eine entscheidende Funktion im Hintergrund der Schweriner Politik nicht auf: Sie blieb Mitglied im Koalitionsausschuss von CDU und SPD, dem – nach Ansicht vieler Abgeordneter in Mecklenburg-Vorpommern – maßgeblichen politischen Gremium in jener schwierigen Legislaturperiode.

Unterdessen wurde öffentlich, dass Angela Merkel dem Bundeskanzler wiederum einen Karrieresprung in Bonn zu verdanken haben würde.

Helmut Kohl konzipierte das Personaltableau für sein fünftes Kabinett und wollte Klaus Töpfer nach fast achtjähriger Amtszeit im Umweltministerium ein anderes Ressort anvertrauen. Töpfer murrte hörbar. Die Gründe für den Wechsel seien ihm damals nicht unmittelbar einsichtig erschienen, sagt er.

Schließlich übernahm er – wie von Kohl geplant – das Bundesbauministerium. Um es ihm schmackhaft zu machen, erweiterte Kohl die Kompetenz des Ressorts um eine einmalige und politisch reizvolle Aufgabe: Dem Bauministerium wurde die Verantwortung für den Umzug des Bundes nach Berlin zugesprochen.

Angela Merkel wiederum überraschte der Kanzler damit, dass er sie zur Nachfolgerin Töpfers im Bundesministerium für Umwelt, Naturschutz und Reaktorsicherheit machen wollte. Sie würde damit – das wusste sie sehr genau – in große Fußstapfen treten, nahm aber die Herausforderung begeistert an und erlaubte sich insgeheim den Befund, dass ihr als Naturwissenschaftlerin genau dieses Ressort aus fachlichen Gründen gut liegen würde.

Dass die Opposition diese Personalie hämisch kommentierte und Angela Merkel die Kompetenz in der Umweltpolitik von vornherein absprach, gehorchte schlicht dem Komment des Parteiengefechts. Dass und in welcher Weise auch die Presse spottete, traf die designierte Umweltministerin hingegen. Immer noch wurde sie in der Presse wenig differenziert als verlegen oder politisch leichtgewichtig dargestellt.

Zugleich wurde das eindeutige Wohlwollen des Kanzlers gegenüber der unkonventionellen ostdeutschen Politikerin als Ausdruck seiner Geringschätzung gegenüber dem brisanten Ressort gewertet. Die *Süddeutsche Zeitung* kommentierte den Austausch an der Spitze des Umweltministeriums gleich als »Kurswechsel hin zum Unverbindlicheren«. Die Koalition hätte sich auf einen Paradigmenwechsel in der Umweltpolitik verständigt und würde künftig weniger auf restriktive Maßnahmen und Verordnungen als vielmehr auf die Eigenverantwortlichkeit der Wirtschaft setzen. Die Befürchtung, dass die neue christdemokratische Ministerin keine zeitgemäße Definition des Verhältnisses zwischen Ökologie und Ökonomie finden würde, teilten indes auch die Vertreter von Umweltverbänden.

Klaus Töpfer übergab Schreibtisch und Amt ohne lange Abschiedszeremonie an seine Nachfolgerin, gemeinsam machten sie eine knappe Bestandsaufnahme. Anzeichen dafür, dass Angela Merkel den bisherigen Minister um Rat fragen, seine Erfahrungen nutzen oder in ihm den verständnisvollen Gesprächspartner in Detailfragen suchen würde, gab es nicht. Selbstständig, sagt Töpfer, sei die neue Ministerin vorgegangen, zielstrebig, wider alle Skepsis und Häme. Es störte sie nicht, dass die Bedeutung der Umweltpolitik abzunehmen schien. Auch war sie nicht irritiert, dass Teile der Industrie vernehmlich aufatmeten – in der Annahme, künftig weniger von staatlichen Restriktionen belastet zu werden.

Als sie ihr Amt antrat, hatte Deutschland die EU-Ratspräsidentschaft inne, und sie musste den längst fixierten Terminplan der Klima- und Artenschutzkonferenzen erfüllen. Lange grundsätzliche oder programmatische Überlegungen konnte sie sich nicht erlauben.

Angela Merkel stellte hohe Anforderungen an sich selbst und entwarf dabei auch das Profil, das sie sich bei dieser Gelegenheit geben wollte. Es sollte weit schärfer konturiert sein als das der Frauen- und Jugendministerin. Inzwischen wusste Angela Merkel sehr genau, wie der Bonner Beamtenapparat funktionierte. Vor allem hatte sie eine vage Ahnung davon, wie sie ihn für sich nutzen konnte.

Um sich selbst profilieren zu können, musste sie einen zuverlässigen Mitarbeiterstab hinter sich spüren. Eine einzelne herausragende Persönlichkeit in ihrem unmittelbaren Umfeld indes konnte die machtbewusste Ministerin nicht dulden. Von Clemens Stroetmann schien genau diese Gefahr auszugehen, insofern war es aus Angela Merkels Sicht nur konsequent, vom Dienstrecht Gebrauch zu machen und als eine der ersten Amtshandlungen den Staatssekretär zu entlassen.

Den eigenständig denkenden und handlungserprobten Sozial- und Umweltpolitiker hatte sie gewissermaßen mit dem Töpfer'schen Erbe im November 1994 übernommen. Fast acht Jahre lang hatte das Duo Töpfer und Stroetmann eng zusammengearbeitet. Die Kompetenz des Sozial- und Umweltpolitikers Stroetmann war unbestritten, ebenso seine bisweilen eigenwillige und kantige Art. Das Geheimnis der engen Kooperation zwischen Töpfer und Stroetmann lag darin, dass der Minister nicht ein Quäntchen seiner Souveränität aufgab, wenn er bestimmte Aufgaben seinem Staatssekretär überließ. Obgleich der Staatssekretär für sich in Anspruch nahm, die Leitlinien der Politik des Ministeriums anregen zu dürfen, vorgegeben hat sie der Minister. Und Klaus Töpfer konnte sich darauf verlassen, dass sein Image nicht verblasste, selbst wenn Stroetmann immer wieder auch öffentlich auftrat.

Angela Merkel dagegen fürchtete um ihre Autorität und wusste ein Zeichen zu setzen. Nach knapp vierzehn gemeinsamen Arbeitstagen verabschiedete die neue Ministerin Stroetmann ohne lange Vorankündigung. Unverbindlich freundlich habe sie sich ihm gegenüber gezeigt, sagt sie selbst. Warnende Signale für eine bevorstehende Trennung hatte sie nicht ausgesendet. In den ersten Tagen im Amt, als es ihr darum ging, das Ministerium kennen zu lernen, nahm sie zwar nicht jeden seiner Vorschläge an, aber zu Reibungen oder einem offenen Streit war es zwischen beiden nicht gekommen.

Erst im Januar, nach ihrer Rückkehr aus dem Weihnachtsurlaub, eröffnete sie dem ahnungslosen Staatssekretär in einem Gespräch unter vier Augen ohne Zaudern, dass sie seine Dienste nicht weiter in Anspruch zu nehmen gedenke. Eine Erklärung für ihre Entscheidung war die Ministerin ihm nicht schuldig: Die Entlassung eines politischen Beamten ist im Beamtenrecht verankert. So überraschte ihre Entscheidung Anfang Januar 1995 in erster Linie den Betroffenen selbst. In der darauf folgenden Woche hat Angela Merkel Stroetmann ohne weitere Umstände die Entlassungsurkunde verlesen, ausgehändigt und sich wieder an den von Klaus Töpfer übernommenen Schreibtisch gesetzt, um nach der kurzen Unterbrechung ihr Aktenstudium fortzusetzen.

Bereits vor dem Jahreswechsel, als Stroetmann das nahe Ende seiner Karriere im Umweltministerium noch nicht ahnte, hatte Angela Merkel Gespräche über seine Nachfolge mit Erhard Jauck aus dem Innenministerium geführt, was wiederum im Umweltressort auf Irritation stieß; auch dort hätte sie einen kompetenten Staatssekretär rekrutieren können. Bei Jauck aber hegte sie offenkundig nicht die Befürchtung, er könnte sich eigenmächtig zu einem politischen Gegengewicht entwickeln. Lange genug hatte sie inzwischen die Personalpolitik Helmut Kohls aus nächster Nähe beobachtet. Sie wusste sehr wohl, wie sie sich als Vorgesetzte auch mittels einer ehrenvollen Berufung die Loyalität des jeweiligen Mitarbeiters sichern konnte. Angela Merkel gelang es, mit dieser lang und breit diskutierten Personalentscheidung, die in der Presse hohe Wellen geschlagen hatte, ihr anfängliches Lampenfieber und ihre noch vorhandene Unkenntnis der Materie eine Weile zu überspielen. Sie hatte nunmehr gelernt, mit der bewusst provozierten – oder doch mindestens in Kauf genommenen – öffentlichen Debatte von anderen Themen abzulenken.

Mit diesem Coup hatte sie sich nicht allein einen treuen Staatssekretär an ihre Seite gestellt, sondern sie hatte sich ein Instrument der bundesdeutschen Politik angeeignet. Die Fragen, ob Stroetmann nicht auch ihr loyal gedient hätte, ob das Vorgehen menschlich korrekt war oder ob Jauck einen adäquaten Nachfolger abgeben würde, waren nicht mehr von Belang. Es zählte allein die Tatsache, dass sie bewiesen hatte, wer die Zügel in der Hand hielt. Wer es noch nicht bemerkt haben sollte: Angela Merkel taugte keinesfalls nur zum artigen Mädchen an der Seite Kohls. Sie konnte die Zähne zeigen, selbstständig handeln und autoritär entscheiden.

Clemens Stoetmann indes ist nach einer mehrjährigen Auszeit in die Politik zurückgekehrt. Als Kandidat für das Amt des Oberbürgermeisters will er im Herbst 2001 seine Partei in den Kommunalwahlkampf in Hannover führen. So hat es denn auch ein Wiedersehen mit der inzwischen zur Parteivorsitzenden gewählten Angela Merkel gegeben. Auf einem Landesparteitag der niedersächsischen CDU in Oldenburg standen sich Angela Merkel und der von ihr einst so überraschend verabschiedete Staatssekretär nicht ganz unvoreingenommen wieder gegenüber. Für einen Moment, so Stroetmann, habe er eine Spur von Unsicherheit bei Frau Merkel gespürt. Aber sie erstarrte nur für einen winzigen Moment. Angela Merkel erlaubt sich oft nicht, Emotionen zu zeigen, nimmt sie doch an, ihre Autorität könne Schaden nehmen.

Im Ministerium war unmittelbar nach Stroetmanns Verabschiedung die Entscheidungskraft der neuen Ministerin in der langwierigen Auseinandersetzung um die gefahrvollen Transporte von radioaktivem Abfall gefragt. Castorbehälter mit Atommüll aus dem Kernkraftwerk Philippsburg konnten bereits im November nicht wie geplant die Fahrt ins Zwischenlager Gorleben antreten. Das Verwaltungsgericht in Lüneburg monierte Mängel bei den Sicherheitsvorkehrungen und stoppte den Transport.

Im neuen Jahr eskalierte der Konflikt. Der Grund für den gerichtlichen Einspruch war behoben, nun aber solidarisierte sich die niedersächsische Landesregierung mit den Gegnern der Einlagerung radioaktiver Materialien in den Salzstöcken von Gorleben. Die Umweltministerin des Landes, Monika Griefahn, weigerte sich, die Castorbehälter anzunehmen. Woraufhin die Bundesministerin – wie zuvor schon ihr Vorgänger Töpfer – die Transporte per Weisung verfügte.

Der massive Protest besorgter Bürger, der Widerstand der Initiativen gegen die Nutzung des Atomstroms und militanter Mitglieder der Anti-Atomkraft-Szene manifestierte sich schließlich im Wendland, als die Castorbehälter, von Hundertschaften der Polizei aufwändig bewacht, in der Lagerstätte in Gorleben ankamen. Die Wut und Militanz, mit der die Atomkraftgegner hier auftraten, erschreckten Angela Merkel. Nach ihrer streng am Wortlaut des Gesetzes orientierten Rechtsauffassung wurde von ihrem Ministerium schlicht erfüllt, was gültiges Recht vorsah. Dagegen brauchte niemand auf die Straße zu gehen, glaubte Angela Merkel. Bereits diese erste massive Konfrontation zwischen ihr und dem damaligen niedersächsischen Ministerpräsidenten Gerhard Schröder in der Atompolitik machte deutlich, wie sich Angela Merkel in grundsätzlichen Fragen hinter der Gesetzeslage verschanzt, während Schröder geschickt Stimmungen in der Bevölkerung aufzunehmen weiß und mit ihnen zu jonglieren versucht. In den so genannten Energiekonsensgesprächen saßen sie sich direkt gegenüber, ihre unterschiedlichen Ansätze prallten aufeinander. Gegenüber Herlinde Koelbl schildert Angela Merkel, wie sie in dieser Runde als Frau unter Männern um Akzeptanz kämpfen musste – eine Tatsache, die sie sonst gern negiert. »Wenn man wie ich relativ neu im Amt des Umweltministers ist und dazu noch eine Frau, dann spürt man, dass sie erst mal nicht erwarten, dass ich mich auskenne. Übrigens ist es auch eine Erfahrung, wie schwer gegen eine männliche Stimme und physische Größe anzukommen ist. Ich glaube aber, dass ich mich gut geschlagen habe.«

Die Ministerin hat Atompolitik per Weisung betrieben, lautete einstimmig der Tenor der Kernkraftgegner. Die Physikerin in ihrer positivistischen Fortschrittsgläubigkeit bekannte sich uneingeschränkt zur Nutzung der ihrer Meinung nach vergleichsweise sauberen und beherrschbaren Kernenergie. Das Risiko beim Betreiben von Kraftwerken hielt sie für kalkulierbar, Sicherheitsbedenken teilte sie nicht grundsätzlich. Immer wieder verwies Angela Merkel in Diskussionen darauf, dass die Emissionen der Schornsteine von Kohlekraftwerken viel schrecklichere Schäden hervorriefen als die deutschen Atommeiler. Heiner Geißler zitiert die Physikerin im *Spiegel spezial* mit der Formulierung, im Kohlebergbau habe es mehr Tote gegeben als bei der zivilen Nutzung der Kernenergie.

Dass eine kleine gesellschaftliche Gruppe mit ungesetzlichen Mitteln und mit Gewalt gegen Entscheidungen aufbegehrte, die auf rechtsstaatlichem Wege getroffen worden waren, empörte Angela Merkel. Dass aber auch friedliche Bürger Entscheidungen nicht akzeptieren wollten, die auf formal korrektem Wege gefallen waren, konnte sie beim besten Willen nicht einsehen. Die Neubundesbürgerin war so überzeugt von den Mechanismen im politischen System der Bundesrepublik, dass sie gegenüber solchen Protesten Unverständnis empfand. Ihre in anderen, auch ideologisch besetzten Fragen durchaus vorhandene Diskussionsbereitschaft war hier nicht ausgeprägt. Auch am Kabinettstisch war ihr unmissverständlich deutlich gemacht worden, dass sie gegen die Industrie ohnehin keine Chance hatte. Da mag sie in der vorangegangenen Legislaturperiode als Frauen- und Jugendministerin in Fragen wie dem Gleichstellungsgesetz noch Kompromisse erzielt haben – jetzt aber rangierten ihre Themen auf einem Terrain, das von wirtschaftlichen Interessen dominiert war.

In Angela Merkels Amtszeit im Bundesministerium für Umwelt, Naturschutz und Reaktorsicherheit fiel schließlich auch die Novelle des Atomgesetzes, dessen politische Bedeutung weniger im Inhalt als vielmehr darin zu sehen ist, dass es dem Ministerium gelungen ist, einen Entwurf vorzulegen, dem der SPD-dominierte Bundesrat nicht zustimmen musste. Die Gespräche um einen parteiübergreifenden Konsens zwischen Regierung und Opposition in der Atompolitik waren Mitte der Neunzigerjahre heillos verfahren. Angela Merkels oftmals hoch gelobtes Verhandlungsgeschick versagte gegenüber den Sozialdemokraten in Bonn, und auch ihre Partei sowie der kleine Koalitionspartner FDP bewegten sich in dieser Frage nicht.

Merkel lehnte – den Vorgaben der Union und ihrer persönlichen Überzeugung folgend – den Ausstieg aus der Kernenergie kategorisch ab. Folglich setzte sich die Ministerin auch in den folgenden Jahren für den Ausbau der Zwischenlager für kontaminierte Abfälle aus den Atomkraftwerken ein. Die vergleichsweise schwache Anti-Atom-Bewegung im vorpommerschen Greifswald beispielsweise konnte sich bei ihr kein Gehör verschaffen. In einer Gegend, die einst mit der gefeierten Errichtung des DDR-Kernkraftwerks Lubmin einen einmaligen Entwicklungsschub erlebt hatte und deren ganzer Stolz diese Errungenschaft des technischen Fortschritts war, konnten sich Atomindustrie und Ministerin der Akzeptanz der Bevölkerung für ein überdimensionales oberirdisches Zwischenlager mehrheitlich sicher sein.

Im Frühjahr 1995 musste Angela Merkel auf schwierigem internationalen Terrain bestehen: Der Klimagipfel der Vereinten Nationen in Berlin (die Fortsetzung der Weltklimaschutzkonferenz von Rio de Janeiro 1992) war lange vor Angela Merkels Berufung anberaumt worden. Der neuen deutschen Umweltministerin fiel die Rolle der Gastgeberin und damit die Leitung der vierzehntägigen Veranstaltung zu. Mehr als eintausend Delegierte aus aller Welt stritten über die Konkretisierung der Agenda 21 und die Gefahren der Treibhausgase. Der Naturwissenschaftlerin Merkel hatte sich die inhaltliche Problematik des Klimaschutzes rasch erschlossen. Die politischen Konfliktlinien zwischen den Teilnehmerstaaten der Konferenz waren ihr gleichfalls einsichtig, auf die ihr anvertrauten Präsidiumsaufgaben hatte sie sich vorbereitet. Die Konferenzteilnehmer wurden in Berlin von einer bestens präparierten Ministerin in englischer Sprache begrüßt.

Die Atmosphäre auf der Klimakonferenz gefiel Angela Merkel, auch ihre Rolle als Präsidentin. Wie sie später immer wieder betont, habe sie es sehr genossen, in der Auseinandersetzung mit den Vertretern der übrigen Staaten über den eigenen begrenzten Tellerrand hinausschauen zu dürfen.

Eine weltweit akzeptierte Begrenzung der ausgestoßenen Mengen von Kohlendioxid ließ sich zunächst nicht einvernehmlich und verbindlich festlegen. Angela Merkel hatte von vornherein nur relativ bescheidene Hoffnungen auf konkrete Ergebnisse der Tagung gehegt, als die Konferenz nach wenigen Tagen jedoch gänzlich zu scheitern drohte, erwachte der Ehrgeiz der Gastgeberin. Die Bundesumweltministerin versuchte mit diplomatischem Geschick und hohem persönlichen Einsatz zwischen den unversöhnlich scheinenden Industrie- und Ölförderstaaten sowie den Entwicklungsländern zu vermitteln. Die Fixierung einer schrittweise sinkenden Höchstgrenze der Kohlendioxidemissionen war ein Wunschziel – schon die Einigung auf eine stagnierende Menge von ausgestoßenem Kohlendioxid musste als Erfolg gelten. Tatsächlich verabschiedeten die von Angela Merkel mit großem Einfühlungsvermögen und Engagement geleiteten Delegierten nach zähen Verhandlungen mit dem so genannten Berliner Mandat einen Minimalkonsens.

Gänzlich zufrieden konnte die Ministerin mit dieser groben Festlegung auf eine langfristige Verhandlungsoption nicht sein, gleichzeitig spürte sie, dass weitergehende Beschlüsse in Berlin nicht zu erreichen gewesen wären. Die Politik der kleinen Schritte entsprach ihrer persönlichen Ungeduld nicht, dennoch ließ sie sich immer wieder auf erste kleine, möglicherweise später ausbaufähige Lösungen ein. In diesem Fall hatte sie immerhin das Scheitern der Weltklimaschutzkonferenz verhindert, und auch Kritiker mussten ihr anschließend zugestehen, allein ihr persönliches Engagement habe die Teilnehmerstaaten auf überzeugende Weise zu jenem Berliner Mandat geführt.

Während Klaus Töpfer bei der Amtsübergabe noch davon ausging, die Maßgaben der Umwelt-, Naturschutz- und Atompolitik würden in seinem Sinne kontinuierlich weitergeführt, so zeigte sich doch rasch der unterschiedliche Ansatz zwischen Töpfers und Merkels Verständnis von Politik: Ihrem saarländischen Amtsvorgänger ging es um die Bestimmung umweltpolitischer Leitlinien, die in eine ökologische und Soziale Marktwirtschaft und in ein christdemokratisches Gesamtkonzept eingepasst werden sollten. Praktische Fragen beschäftigten Töpfer weniger. Die Physikerin Angela Merkel dagegen operierte nicht mit dem Anspruch, ein gesamtgesellschaftliches Modell zu verwirklichen. Zwar benutzte auch sie immer wieder den Begriff »ökologisch« im Zusammenhang mit der Marktwirtschaft, doch ein klar skizziertes Bild von dieser ökologischen Marktwirtschaft vermochte sie nicht zu vermitteln.

Sie entschied je nach Thema und Diskussionsstand und schien dabei einem berechnenden oder technischen Verständnis von Politik zu folgen. So setzt sich auch das von der Bundesumweltministerin 1997 veröffentlichte Buch *Der Preis des Überlebens* zwar jenseits der Tagesaktualität mit den Fragen einer modernen, dem Prinzip der Nachhaltigkeit verpflichteten Umweltpolitik auseinander, entwirft aber ebenfalls kein geschlossenes Bild von einer umweltpolitischen Vision. Angela Merkels politische Ideen orientieren sich eng an den Zwängen der Realität – entsprechend den Erfahrungen, die sie selbst zum Beispiel in der Energiepolitik machen musste. Das entsprach ihrer generellen Linie als Umweltministerin: Sie verfolgte Ziele, die ihr im Detail erreichbar erschienen, entwickelte aber keine langfristigen Perspektiven und versuchte sich erst recht nicht als Missionarin, die unpopuläre Einschnitte propagierte. Wo sie es versuchte – etwa beim Benzinpreis –, nahm sie ihre Idee immer dann wieder zurück, wenn sie auf breiten Widerstand stieß.

Die Suche nach dem Konsens war Angela Merkels Prinzip. So bemühte sie sich stets, eine Balance zwischen unterschiedlichen Interessen zu suchen, und sagt im Gespräch mit der Fotografin Herlinde Koelbl, dass dabei immer wieder die Gefahr bestand, zwischen alle Fronten zu geraten. Merkels Position im Kabinett war noch nicht so gefestigt, dass sie immer Rückendeckung spüren konnte.

Mit den Themen ihres Ressorts erntete Angela Merkel auch in der Union keinesfalls immer Beifall. Ihr Bemühen um eine Besteuerung des Flugbenzins – von ihr unglücklicherweise unmittelbar vor der Landtagswahl in Hessen angeregt – blockte der Kanzler gegen vorliegende Beschlüsse höchstpersönlich ab. Die Debatten in der Bundestagsfraktion, die sie bereits in der vorangegangenen Legislaturperiode als schwierig empfunden hatte, weil die unterschiedlichen Positionen auch – wie sich zum Beispiel bei der Abtreibungsdiskussion gezeigt hatte – ihre eigene Partei spalten konnten, wurden mit der Zeit nicht einfacher.

Eigene Themen zu entwickeln war gerade in der Umweltpolitik außerordentlich problematisch. Oftmals zeichnete sich von vornherein ab, wie unpopulär notwendige Eingriffe sein würden. Stets war Angela Merkel bemüht, Konflikte nicht eskalieren zu lassen und so dauerte es nicht lange, bis sie sich dem Vorwurf der »Harmoniesucht« ausgesetzt sah. Ausgerechnet der oft von ihr konsultierte Naturschutzbund bescheinigte der Ministerin ein schwaches Rückgrat gegenüber den mächtigen Lobbyisten aus der Industrie.

Helmut Kohl jedoch bescheinigte der von ihm protegierten Nachwuchspolitikerin wachsende Sicherheit. Sie ließ sich am Kabinettstisch nicht mehr alles gefallen und konnte durchaus Widerworte finden, wenn es ihr nötig schien. Doch Angela Merkel war klug genug, Kohl nicht zu provozieren. So lächelte sie nachsichtig, wenn der Kanzler die ostdeutschen Minister mit den Worten begrüßte, ob sie wieder aus den morastigen Wiesen emporgekrochen seien.

In seinem *Tagebuch* erklärt Kohl, dass sich die neue Umweltministerin »schnell als lernfähige, entscheidungsstarke und auf internationalem Parkett sehr erfolgreiche Persönlichkeit« erwiesen habe. »Über Jahre hinweg unterstützte ich sie in ihrer neuen politischen Verantwortung tatkräftig, sodass sogar Kabinettskollegen hinter vorgehaltener Hand und hinter meinem Rücken maulten, Frau Merkel könne sich bei mir alles erlauben, weil ich an ihr einen Narren gefressen hätte.«

Das schützte Angela Merkel nicht davor, dass sich immer wieder Auseinandersetzungen auf Ebenen abspielten, die ihren Erfahrungshorizont sprengten. Die Industrie trat ihr bei Vorhaben wie der Verpackungsverordnung oder dem Emissionsschutz massiv entgegen. Bei dem stark auf die Eigenverantwortung der Wirtschaft setzenden Kreislaufwirtschaftsgesetz folgte sie den Vorgaben Töpfers. Bei der umstrittenen Ökosteuer – wie die zusätzliche Abgabe zum Zwecke der Konsolidierung der Rentenversicherung fälschlicherweise genannt wird – musste die Ministerin sich schließlich auf ihre eigene Intuition verlassen, setzte sich aber letztendlich mit ihren Plänen weder in der Wirtschaft noch im Kabinett oder in der Union durch. FDP und CSU lehnten die zusätzliche Steuer kategorisch ab und polemisierten gegen die Verbindung von Steuer und Ökologie.

Den Höhepunkt erreichte die Auseinandersetzung freilich erst vor den Bundestagswahlen 1998: Die CDU hatte unter Wolfgang Schäubles Federführung ein so genanntes Zukunftsprogramm entworfen. Ein eher untergeordneter Punkt in diesem Programm betraf die ökologischen Elemente der Steuerpolitik. Nach Darstellung Schäubles hätten gezielte Hinweise die in den folgenden Tagen erbittert und zum Schaden der Union geführte öffentliche Debatte vom Zaun gebrochen. Ihm sei berichtet worden, »Mitarbeiter aus dem Kanzleramt hätten zwei der Journalisten, die dann auf der Pressekonferenz fragten, einen Tag vorher mit einem Textentwurf versorgt und darauf aufmerksam gemacht, dass die Sache mit den ökologischen Elementen auf entschiedenen Widerstand in der CSU stoßen würde«. So war es denn auch. Das Thema konnte nicht mehr auf eine sachliche Ebene zurückgeholt werden und die Umweltministerin kam nicht dazu, eine präzise Erläuterung zu geben.

Die Institutionen der Europäischen Union waren Angela Merkel zunächst fremd. Die Macht der Wettbewerbskommission bekam sie zum Beispiel in der Abfallpolitik schnell zu spüren. Sie hütete sich fortan sorgsam davor, auf nationaler Ebene Entscheidungen zu treffen, die in der EU für Unmut sorgen würden – andersherum entschuldigt sie auch ihre zögerliche Haltung in Fragen wie der Kernenergienutzung oder der Einführung der Ökosteuer damit, dass Deutschland sich mit Rücksicht auf Europa nicht zu weit vorwagen wolle.

Mit einem für Merkel ungewöhnlichen Ausbruch von Emotionalität erlebten Kabinettskollegen die Umweltministerin in der Auseinandersetzung um den Sommersmog und die Gefahren durch das Ozon. Der Druck der Öffentlichkeit war in dieser Frage sehr stark, wenngleich es eine üblicherweise eher unauffällige gesellschaftliche Gruppe war, die hier lautstark politisches Handeln forderte: Eltern fürchteten um die Gesundheit ihrer Kinder. Die Diskussion um das von vielen als Scheinthema betrachtete Problem wurde nicht besonders sachlich geführt, aber es war deutlich, dass die Ministerin reagieren musste – und sei es nur mit einem symbolischen Akt. Die Sommersmogdebatte habe sie nicht wirklich berührt, über dieses Thema ließ sie trotz aller Verbindlichkeit überhaupt kein Gespräch zu, sagt ein Verbandsvertreter und berichtet, dass sie bei den umweltpolitischen Aspekten des Autofahrens und den ökologischen Fragen des Straßenbaus wenig Verständnis für die Positionen der Umweltschützer gezeigt habe. Die ostdeutsche Ministerin hatte sich in das Thema verbissen, sich verheddert, ohne eine nachhaltig wirksame Lösung des sommerlichen Smogproblems im Auge zu haben, erinnert sich ein Umweltpolitiker.

Als die übrigen Regierungsmitglieder sich weigerten, Angela Merkels ohnehin milden Vorschlägen zur Smogbekämpfung zu folgen, und ihr vorwarfen, sie habe ihre Hausaufgaben nicht gemacht, flossen Tränen. Pure Berechnung war es nicht. Angela Merkel weinte aus Wut. Sie hatte nach Ansicht eines Beobachters von damals das Gefühl, dass sie die Kohlen aus dem Feuer holen sollte und ihre Kabinettskollegen ungerechtfertigterweise ihre Bemühungen blockierten. Wütend ließ sie eine vorab verabredete Bundespressekonferenz platzen, ihr Sprecher erklärte schließlich, dass sich eben manchmal im Laufe eines Tages die Dinge anders entwickelten als geplant.

Die später beschlossene, leicht modifizierte Verordnung wurde immer wieder als populistisch kritisiert, denn weder brachte sie mit ihren unzähligen Ausnahmeregelungen akute Verbesserungen, noch verfolgte das Umweltministerium damit ein langfristiges strategisches Ziel zur dauerhaften Verringerung der schädlichen Verbrennungsrückstände.

Die Umweltverbände waren aus Töpfers Zeiten daran gewöhnt, gehört zu werden, und versuchten, auch bei der Nachfolgerin Einfluss zu erlangen. Den Verbänden ist Angela Merkel hart, aber freundlich begegnet. Einvernehmlich erinnern sich Umwelt- oder Naturschützer von BUND oder NABU daran, dass Angela Merkel nach sachkundiger Vorbereitung in die Gespräche ging. In ihrer Anfangszeit ist sie ruppig mit den Interessenvertretern der Verbände umgesprungen. Das Klima jedoch sei immer besser geworden, je intensiver Frau Merkel sich mit dem jeweiligen Gegenstand der Auseinandersetzung vertraut gemacht hätte. Doch habe ihr die Umweltpolitik trotz ihrer bemerkenswerten Sachkenntnis nie am Herzen gelegen. Umgekehrt konstatierte die Ministerin gegenüber Herlinde Koelbl bei ihren Gesprächspartnern eine Wandlung: Die Umweltverbände seien zunehmend pragmatischer geworden, sagt Angela Merkel.

In einem Streitgespräch des *Spiegel* 1997 zwischen der Ministerin und Thilo Bode, dem »Boss von Greenpeace«, wie sie selbst sich ausdrückt, drehte sich eine Passage, in der es eigentlich um die Legitimierung von Macht ging, plötzlich um die ironische Frage, ob beide nicht den Job tauschen wollten. Diese Frage griff schließlich auch die *Frankfurter Rundschau* auf. Angela Merkel erklärte dort, dass für einen Tausch vier Wochen »das höchste der Gefühle« seien: »Ich eigne mich nicht zum Supercampaigner«, sagt sie und fügt eine politische Einsicht an: »Man darf den Aktionismus auch nicht über den Inhalt stellen, weil man sonst Enttäuschung provoziert.«

Diejenigen, die Angela Merkel in jenen Jahren begegneten, berichten, die Ministerin sei nie mit großem Gefolge aufgetreten, hatte nicht verlernt, sich natürlich zu geben. Geduldig schüttelte sie Hände, unterhielt sich leutselig und kam wie immer ohne Allüren daher. Die Politikerin hat ihre Fähigkeit, eine Maske zu tragen, perfektioniert. Sie schafft es, nicht kalt und distanziert zu wirken, obwohl sie vor der Öffentlichkeit sehr sorgfältig verbirgt, was sie wirklich denkt. Manche Sachen könne »man nur mit ganz, ganz wenigen besprechen«, erklärt Angela Merkel in der Talkshow *Beckmann.* »Da ist viel verloren gegangen seit der Wende«, sagt sie noch, und das verwundert. Angela Merkel weiß nur zu gut, wie eng zu DDR-Zeiten der Kreis derer war, denen man vertrauen konnte. Bezogen auf ihre politische Arbeit spricht sie von Vorsicht und macht anschließend eine ungewöhnlich offene Bemerkung über die eigene Verschlossenheit, die »hoffentlich noch nicht zu stark« ausgeprägt sei.

Angela Merkel nutzt ihre Verschwiegenheit wie kaum ein anderer Politiker. Sie zieht nur ganz wenige ins Vertrauen, bei denen sie sich darauf verlassen kann, dass sie die Vorhaben der Ministerin nicht durchsickern lassen, etwa, um sich selbst zu profilieren. Das ist das Grundprinzip im »geschlossenen System Merkel«. Die Vertrauten sind ähnlich jung wie Angela Merkel selbst, und es verbindet sie wenig mit den traditionellen Milieus der Union.

Angela Merkel weiß, wie sie mithilfe der Presse politisch agieren kann, indem sie Meldungen lanciert oder absichtlich »unter der Decke hält«. Sie hat inzwischen gelernt, dass die von ihr nur ungern absolvierten Medienauftritte für ihr Image wichtig sind. Am Beispiel Kohl zeigte sich, wie schwierig es war, gegen die Presse Politik zu machen. Wer wie Kohl Journalisten seine geballte Verachtung entgegenschleuderte, konnte nicht damit rechnen, fair behandelt zu werden.

Im Laufe der Legislaturperiode wurde die Umweltministerin immer wieder auch zu lokalen Einsätzen in ihren Landesverband gerufen – oft genug als Troubleshooterin. Anfang 1996 erregte der Vorsitzende der CDU-Fraktion im mecklenburg-vorpommerschen Landtag bundesweit Aufsehen. Eckhardt Rehberg hatte unter dem Titel »Identitätsgewinn im Aufbau Ost« ein Strategiepapier entworfen, in dem er hart mit der Partei ins Gericht ging und gegenüber seinen westdeutschen Parteifreunden den Vorwurf erhob, sie seien profilierungssüchtig. Die Entwicklung der Union hin zu einer modernen, auch Jüngere ansprechenden Partei krankte seiner Meinung nach an der Unbeweglichkeit der altbundesrepublikanischen Gesellschaft. Er warf der Union Defizite in der innerparteilichen Kommunikation vor und beklagte die fehlende Reflexion über gesellschaftlich relevante Werte.

Die aufmüpfigen und kritischen Bemerkungen des streitbaren Fraktionsvorsitzenden – als einstiges Mitglied der Ost-CDU nicht gerade ein ausgewiesener Modernisierer – drückten mit einer manchmal unbeholfen artikulierten Wucht Rehbergs tiefe Unzufriedenheit mit der Parteiführung aus, und damit sprach er vielen im Osten aus der Seele.

In ähnlichem Tenor meldete sich wenig später auch der Sprecher der ostdeutschen CDU-Abgeordneten im Bundestag, Paul Krüger, mit vierzehn Thesen zu Wort. Er forderte eine stärkere Eigenständigkeit für die ostdeutschen Landesverbände der CDU. Es war deutlich, dass sich viele Unionsmitglieder in den fünf neuen Ländern vernachlässigt und übergangen fühlten. Ihr Selbstbewusstsein war verletzt. Rehbergs und Krügers Papiere waren Hilferufe der ostdeutschen Christdemokraten: Sie lebten in ständiger direkter Auseinandersetzung mit der PDS, die vorgeben konnte, die wahre Fürsprecherin des Ostens zu sein. Für die PDS war es ein Leichtes, mit der Enttäuschung über nicht eingelöste Wahlversprechen Helmut Kohls Politik zu machen. Die aus dem Adenauer-Haus gelieferten Rezepte – wie die von Angela Merkel nicht gutgeheißene, aber auch nicht verhinderte Rote-Socken-Kampagne zur Diffamierung der PDS – halfen den Landespolitikern östlich der Elbe nicht. Im Gegenteil: Sie fühlten sich nun erst recht missverstanden.

Angela Merkel war über Rehbergs Vorstoß zunächst erschrocken. Sie erlebte in Bonn den kategorischen Widerstand gegen kritische Einwände aus den östlichen Landesverbänden und versuchte abzuwiegeln. Nicht zuletzt die *Frankfurter Allgemeine Zeitung* hatte mit ihrer ausführlichen Berichterstattung dazu beigetragen, dass Rehbergs Thesen bundesweit verbreitet wurden. Zur Reaktion gezwungen, erklärte die Landesvorsitzende der Union im Nordosten schließlich etwas süßsauer, dass sie immer froh sei, wenn innerhalb der Union diskutiert würde. Es war ihr aber anzusehen, dass ihr speziell diese Diskussion nicht behagte. Zum »Umdenken« – wie es Rehberg forderte – sah Angela Merkel aus ihrer Bonner Sicht keine Notwendigkeit. Die stellvertretende Parteivorsitzende hatte Einblick in ostdeutsche Landesverbände, konnte den Unmut teilweise nachvollziehen, aber sie hatte kein Interesse an grundsätzlichen parteiinternen Ost-West-Kontroversen. Sie wusste besser als jeder andere, wie groß das gegenseitige Unverständnis in der Gesellschaft und innerhalb der Union auch sechs Jahre nach der Einheit noch war, forcierte aber die notwendige Diskussion um die umstrittenen Papiere aus Gründen der Parteiräson nicht. Die Gedanken des mecklenburg-vorpommerschen Fraktionschefs wurden auf ein konsensfähiges Maß reduziert. Die Spitze der Landespartei legte ihren Delegierten auf einem Parteitag schließlich eine abgeschwächte Variante zur Abstimmung vor. Damit war die offene Debatte abgebogen. Wolfgang Schäuble persönlich verfasste in der *FAZ* eine versöhnliche Antwort auf die Kritik aus Schwerin. Selbstverständlich müsse über zentrale Werte diskutiert werden – in Ost- und in Westdeutschland. Als der Vorsitzende der CDU/CSU-Fraktion im Bundestag im April schließlich zu einer Veranstaltung über die Perspektiven der Union im 21. Jahrhundert in Mecklenburg-Vorpommerns Landeshauptstadt erschien, waren die Wogen längst wieder geglättet.

Mecklenburg-Vorpommern zog im Verlauf des Jahres 1996 noch einmal die Aufmerksamkeit von Öffentlichkeit und Medien auf sich: Nach dem Untergang der Vulkan-Werften hatten sich die zerstrittenen Koalitionspartner in Schwerin in eine Sackgasse manövriert. Der sozialdemokratische Wirtschaftsminister Harald Ringstorff warf der christdemokratischen Finanzministerin Bärbel Kleedehn vor, sie verhandele eigenmächtig und zum Nachteil ihres

Landes mit dem Bund über die finanziellen Lasten aus der Werftenkrise. Ringstorff hatte von Anfang an nur widerwillig in die Große Koalition eingewilligt. Ihm war die Rolle des kleineren Regierungspartners nur mit Mühe erträglich. Nun witterte er die Chance, das ungeliebte Bündnis sprengen und die Verantwortung dafür der CDU-Finanzministerin zuweisen zu können.

Immer wieder hatten persönliche Animositäten zwischen Regierungschef Seite und seinem Stellvertreter Ringstorff die Arbeit am Kabinettstisch in Schwerin erschwert. Jetzt war die Situation festgefahren wie nie zuvor. Ringstorff hatte der CDU ein Ultimatum gesetzt und den Rücktritt der Ministerin gefordert. Die CDU ihrerseits gab nicht nach. Der Koalitionsausschuss musste vermittelnd eingreifen, und Angela Merkel bemühte sich in diesem Gremium intensiv darum, die eisige Stimmung aufzutauen. Doch auch sie wusste, dass Ringstorff an der Großen Koalition nicht hing und das Bündnis mit der Option auf eine von der PDS tolerierte Minderheitsregierung jederzeit gern kündigen würde.

SPD-Parteichef Oskar Lafontaine hatte spitzbübisch erklärt, dass Ringstorff das politische Personal und dessen Koalitionsbereitschaft in seinem Bundesland selbst am allerbesten kenne, und ihm freie Hand gelassen. Dass die Bundespartei damals mehrheitlich ablehnend auf Kooperationen mit der PDS reagierte, war dem Landesvorsitzenden der Sozialdemokraten allerdings durchaus gegenwärtig, und darauf setzte Angela Merkel in den Verhandlungen. Die PDS-Führung ihrerseits musste sich eingestehen, dass ihre Mitgliederschaft auf eventuelle Regierungsvorhaben überhaupt nicht vorbereitet war. Langwieriges Zerren begann, nächtelang konferierten die Parteigremien und der Koalitionsausschuss im Schweriner Schloss über Rettung oder Ende der Großen Koalition. Die aus Bonn angereiste Angela Merkel warnte die Genossen, dass die SPD bei vorzeitigen Neuwahlen auf den dritten Platz hinter die PDS zurückfallen würde, und damit polemisierte sie keineswegs nur. Merkel bewies zugleich politische Einfühlsamkeit und zeigte Mut zum Risiko. Ihre Fähigkeit, so lange mit den Interessen aller Beteiligten zu jonglieren, bis sie sich wieder in einem ausbalancierten Verhältnis fanden, kam ihr einmal mehr zugute. Im Vertrauen darauf, dass die Union im Falle des Scheiterns der Koalition ein besseres Bild als die Sozialdemokraten abgeben würde, trat sie überraschend vor der SPD-Landtagsfraktion auf. Sie machte den sozialdemokratischen Abgeordneten selbstbewusst klar, dass die CDU nötigenfalls bereit sei, in die Opposition zu gehen. Sie meinte es ernst. Und diese Botschaft zeigte Wirkung.

Angela Merkel verlangte nicht nur einseitig von der SPD die Aufgabe der Rücktrittsforderung an die Adresse der Finanzministerin. Zugleich signalisierte sie, dass auch ihre Partei bereit sei, ein Opfer zu bringen. Am Ende trat Finanzministerin Kleedehn zwar nicht zurück, wechselte aber das Ressort. Der SPD-Landesvorsitzende Harald Ringstorff schied aus der Regierung aus und konnte eine Rolle übernehmen, in der er deutlich mehr Möglichkeiten zur Profilierung hatte als zuvor in der Regierung: Er wurde Vorsitzender der Landtagsfraktion. Angela Merkels Management hatte sich bewährt – die Große Koalition überstand die Krise.

Angela Merkel wurde als Stellvertretende Parteivorsitzende und Landeschefin von Mecklenburg-Vorpommern, vor allem aber als Ostdeutsche – insbesondere in Wahlkampfzeiten – immer wieder auch als Mittlerin zwischen Ost und West gesehen, selbst wenn sie oftmals den westdeutschen Positionen näher schien als denen ihrer »Landeskinder«. So knirschte sie hörbar mit den Zähnen, als Wahlkampfstrategen im Adenauer-Haus die Auseinandersetzung mit der PDS wieder einmal verkürzen wollten und auf die simple Formel der »roten Socken« zurückgriffen. Von ostdeutschen Kreisverbänden der CDU wurde diese Form der Bonner Wahlkampfhilfe verweigert: Die Plakate wurden in vielen Wahlkreisen einfach nicht aufgehängt.

Eine weitere Kampagne spielte mit Assoziationen an die Zwangsvereinigung von SPD und KPD. Den Handschlag zwischen Otto Grotewohl und Wilhelm Pieck 1946 hatte einst die SED auf ihrem Parteiemblem verewigt. Diese Versinnbildlichung der nicht freiwillig geschlossenen Vereinigung der beiden Arbeiterparteien – im Volksmund lästerlich als »abgehackte Hände« bezeichnet – wollten christdemokratische Werbestrategen im Wahlkampf 1998 nutzen, um auf die drohende Gefahr einer Koalition zwischen SPD und PDS hinzuweisen. Diese Idee hatte es vor Jahren schon einmal gegeben, nun wurde sie von einem der von Angela Merkel in ihrem Landesverband eingesetzten Mitarbeiter wieder aufgewärmt. Sie ließ sich nicht beirren, entschied autonom für sich und versuchte, nicht viel Aufhebens davon zu machen, dass sie sich in diesem Fall mit der Linie des Generalsekretärs ihrer Partei nicht anfreunden konnte. Die Landesvorsitzende selbst zog es vor, mit einem völlig anderen, eher maritimen Slogan in den Wahlkampf 1998 zu ziehen: »Volle Kraft voraus!«

Ein halbes Jahr vor dem Ende ihrer Amtszeit im Bundesumweltministerium wurde die CDU-Politikerin von einer Nachricht überrascht, die an den für sie aufregenden Anfang ihrer Amtszeit erinnerte: Die Castorbehälter strahlen – die zulässigen Grenzwerte der Radioaktivität werden deutlich überschritten. Nach und nach kamen immer mehr skandalöse Informationen ans Licht und mit jedem neuen Detail schien die Ministerin ihre gerade mühsam errungene Sicherheit wieder zu verlieren.

Seit mehr als zehn Jahren wurden gebrauchte Brennelemente aus den deutschen Atomkraftwerken per Bahn quer durch Europa in die Wiederaufbereitungsanlagen in Frankreich und Großbritannien transportiert. Nun bestätigte sich, was Angela Merkel zuvor immer für undenkbar erklärt hatte: Die von der Industrie für den Transport entwickelten Castorbehälter überschritten die zulässigen Strahlungswerte erheblich. Die Ministerin fiel aus allen Wolken und sah sich massiven Vorwürfen der Öffentlichkeit und der Opposition ausgesetzt. SPD und Bündnis 90/Die Grünen forderten persönliche Konsequenzen.

Die Atomindustrie hatte von der Überschreitung der Grenzwerte gewusst, die Ministerin jedoch nicht informiert. Ausgerechnet diejenigen, denen Angela Merkel als Umweltministerin mit Überzeugung Konzessionen gemacht hatte, ließen sie mit dem heikelsten aller energiepolitischen Themen – der Sicherheit der Bürger vor

Radioaktivität – komplett auflaufen. Angela Merkel fühlte sich hintergangen. Wütend wurde sie, als ihr auf dem Höhepunkt der Krise von Vertretern der Atomwirtschaft auch noch vorgehalten wurde, das Ministerium hätte den Skandal »hochgekocht«. Sie hätte dafür sorgen müssen, dass die Verstöße vor der Öffentlichkeit geheim gehalten worden wären. Unter der Hand hätte man doch alles glatt bügeln können. Das empfand die Ministerin als Provokation, die sie bei allem Bemühen um Konsens nicht auf sich sitzen lassen konnte.

Angela Merkel musste ihr Amt nicht aufgeben. Sie hatte die Kunst des »Aussitzens« erlernt und für sich weiterentwickelt: Obgleich Ungeduld sie immer schon getrieben hatte und ihre Ruhelosigkeit auch bei öffentlichen Auftritten nicht mehr zu übersehen war, sie versuchte die eskalierte Situation schrittweise wieder in den Griff zu bekommen – und dabei die eigene Haut zu retten. Sie hing an ihrem politischen Amt und war nicht bereit, dieses wegen der Verfehlungen der Atomindustrie aufs Spiel zu setzen. Zunächst untersagte sie weitere Transporte in die Aufbereitungsanlage von La Hague und verhandelte eisern mit der Industrie. Angela Merkel blieb standhaft gegenüber der massiven öffentlichen Kritik. »Im Grunde waren es auch nur vier Tage, die richtig dramatisch waren, wo man sich vorkam, als hätte man tagelang den Kopf unter Wasser gehabt«, schildert sie Herlinde Koelbl ihre selten so strapazierte Nervenstärke. »Im Rückblick erscheint es wie eine endlose Zeit, aber ich war damals auch sehr konzentriert, wie jemand, der auf einem Seil läuft, und habe immer nur an den nächsten Schritt gedacht.«

Siebtes Kapitel
DIE PRAGMATIKERIN

»Der Wind bläst uns ins Gesicht« – Angela Merkel muss den Bürgern, die sie und Günther Krause, ihren Förderer von einst, 1998 im Straßenwahlkampf in Rostock hart kritisieren, Recht geben. Tapfer verteidigt die Wahlkämpferin die Union: Sie sei die einzige politische Kraft, die ost- und westdeutsche Interessen gleichermaßen verfolge. Angela Merkel geißelt die Beliebigkeit der Argumentationen des Spitzenkandidaten der SPD. »Der Herr Schröder« hatte die Bundesumweltministerin in seiner Funktion als Ministerpräsident von Niedersachsen oft genug geärgert, ihre Wut ist echt. Für den Defätismus, der innerhalb der CDU allenthalben spürbar ist, oder gar für eine Verweigerungshaltung angesichts der schlechten Umfrageergebnisse haben weder Krause noch Merkel selbst Verständnis. Rote-Socken-Plakate oder Rote-Hände-Kampagnen, von Strategen aus dem Konrad-Adenauer-Haus begrüßt, sind nicht erwünscht.

»Ohne Verkehr kein Leben«, steht in riesigen Lettern auf dem Bus, mit dem der skandalgeschüttelte erste gesamtdeutsche Bundesverkehrsminister in seiner Heimatstadt um ein Bundestagsdirektmandat wirbt. Das Logo der CDU ist bei Krauses Wahlkampfauftritten kaum zu erkennen. Angela Merkels umstrittener Parteifreund weiß sehr wohl, dass die von ihm angestrebte Rückkehr zur Bundespolitik in der Bonner Parteispitze auf wenig Begeisterung stieß. Also kämpft er für sich allein. Und Angela Merkel scheut sich nicht, Krause offen zu unterstützen. Die Landesvorsitzende der CDU in Mecklenburg-Vorpommern ist um Gelassenheit bemüht, wenn es um das *enfant terrible* der ostdeutschen Christdemokraten geht. Beim gemeinsamen Auftritt in der Rostocker Fußgängerzone scheint es allerdings, als gehörten die beiden Wahlkämpfer verschiedenen Parteien an: Krause präsentiert allein sich selbst als

Garant für den überfälligen Wirtschaftsaufschwung in der Region, während Angela Merkel versucht, Optimismus zu verbreiten.

Die Landesvorsitzende überzeugt wieder im Getümmel des Straßenwahlkampfs, wie meistens wenn sie mit ihren Wählerinnen und Wählern zusammenkommt. Mühelos überzeugt Angela Merkel die zögerliche Erstwählerin, auf jeden Fall von ihrem Wahlrecht Gebrauch zu machen. Dem verdrossenen Pensionärsehepaar rechnet sie vor, wie viel besser die finanzielle Situation der Rentner nach der Wiedervereinigung geworden sei. Dass die europäische Einigung als Chance begriffen werden müsse, erklärt sie ebenso geduldig, wie sie gebetsmühlenartig die Erfolge der Bundesregierung und die Arbeit des christdemokratischen Ministerpräsidenten preist. Ihre Botschaften sind einfach, sie bringt sie mit Elan unters Volk. Mit Blick auf künftige Machtverhältnisse in Mecklenburg-Vorpommern malt die CDU-Politikerin den Teufel an die Wand, prophezeit, im Fall einer Niederlage der Christdemokraten werde es eine Kooperation zwischen SPD und PDS geben.

Angela Merkel geht offensiv auf die Passanten zu, spricht sie von sich aus an, hört zu und streitet, wenn es nötig ist. Das Publikum auf der Straße bietet ihr ein ideales Forum, weil es anonym bleibt. Die Dialoge sind kurz und von Angela Merkel oft eindrucksvoll und offen gestaltet. Doch die angesprochenen Bürger bleiben naturgemäß nur flüchtige Zuhörer, die ihr nicht zu nahe kommen können. Einklagbare Aussagen muss sie ihnen gegenüber nicht machen – und genau das kommt ihr gelegen.

Angela Merkel kandidierte wieder in ihrem Wahlkreis in Rügen – Stralsund – Grimmen um ein Bundestagsmandat. Sie bemühte sich, im Wahlkampf gute Miene zu bösem Spiel zu machen. Ihr Motto – »Volle Kraft voraus!« – konnte nicht darüber hinwegtäuschen, dass die Chancen für die Union, nach sechzehn Jahren Regierung Kohl ein weiteres Mal die Bundestagswahlen zu gewinnen, außerordentlich gering waren. Auch für die CDU in Mecklenburg-Vorpommern sahen die Prognosen keinesfalls günstig aus, obgleich sich Ministerpräsident Berndt Seite übertriebene »40 Prozent plus x« als Wahlziel setzte und sein Bundesland gern als das künftige »Bayern des Nordens« beschrieb. Angela Merkel brauchte solche gewaltigen Bilder nicht.

Berndt Seites sozialdemokratischer Kontrahent Harald Ringstorff hatte sich nach dem Ausscheiden aus der Regierung als Fraktionsvorsitzender der SPD profilieren können und strebte eine Zusammenarbeit mit der PDS an. Ihm kam der für die SPD bundesweit spürbare Aufwind entgegen. Bislang hatte die CDU im Nordosten davon profitieren können, dass Bundes- und Landesparlament am gleichen Tag gewählt wurden. Im Wahljahr 1998 aber drohte sich der Kanzlerbonus ins Gegenteil zu verwandeln.

Die augenfällige Diskrepanz zwischen den nach amerikanischem Vorbild perfekt inszenierten Auftritten von Gerhard Schröder und denen der vergleichsweise altbacken daherkommenden Union war nicht zu überwinden. Wolfgang Schäuble, der Thronfolger, wirkte in seinem Elan gebremst: Der Regent hielt ihm das Zepter vor die Nase, die Übergabe der Amtsgeschäfte jedoch zögerte er hinaus. Die weit verbreitete »Kohl-muss-weg-Stimmung« erleichterte es Gerhard Schröder und der SPD erheblich, sich als modern und »regierungsfähig« zu profilieren. Dass die von Schröder ins Feld geführte Truppe mehrheitlich kaum jünger war als die Vasallen des ermüdeten Kohl, trat in den Hintergrund: Schröder konnte sich und seine Mannschaft als zeitgemäße und seriöse, wirtschaftspolitisch kompetente Alternative zum überlebten System Kohl präsentieren, ohne dass die Kandidatur des rebellischen Juso von einst Furcht vor leichtfertigen Neuerungen verbreitet hätte. Schröder versprach raffiniert, »nicht alles anders, aber vieles besser« machen zu wollen. Selbst der schwelende Antagonismus zwischen Oskar Lafontaine und dem Kanzlerkandidaten trat im Wahlkampf in den Hintergrund, obgleich niemand ernsthaft davon ausgehen konnte, dass die persönlichen oder inhaltlichen Differenzen der beiden wirklich beigelegt waren.

»Wir dürfen unser schönes Land, unsere Republik nicht in die Hände dieser Leute geraten lassen« – alles Warnen und Flehen Helmut

Kohls half nichts, im Gegenteil, der Kanzler lieferte nur weitere Beweise dafür, dass seine Überzeugungskraft verbraucht war. Und jeder wusste es. Angela Merkel war klug genug, dies nicht zu äußern, ja nicht einmal anzudeuten. Im Bundestagswahlkampf versuchte sie, die Union als Partei der Einheit zu präsentieren – ein nicht besonders originelles Ziel, aber eines, das sich mit den zunehmend realitätsfernen Vorstellungen des allmählich zur tragischen Figur mutierenden Parteivorsitzenden vereinbaren ließ.

Noch stand Angela Merkel in scheinbar unerschütterlicher Loyalität zu ihrem mächtigen Förderer. Er hatte ihr in den vergangenen zwei Legislaturperioden die Chance gegeben, von der aus Proporzgründen inthronisierten Unbekannten ostdeutscher Herkunft zur selbstständigen Politikerin zu werden. Der Kanzler hatte ihr nicht zuletzt deshalb Raum gelassen, weil er davon überzeugt war, dass ihre Selbstständigkeit sich nicht gegen ihn richten würde. Solange ihr die treue Gefolgschaft zu Kohl nützlicher war, zügelte Angela Merkel ihre Eigenständigkeit. Zudem war das Ansehen der Bundesumweltministerin im Spätsommer des Jahres 1998 noch angeschlagen von den Querelen um die radioaktiv strahlenden Atommülltransporte.

Angela Merkel sah voraus, dass voreilige Renitenz gegenüber dem Parteichef ihrem eigenen Fortkommen nur schaden würde. Sie wusste inzwischen mit Kohls Empfindlichkeiten umzugehen und wollte kein Risiko eingehen. Selbst wenn ihr weiteres Schicksal innerhalb der Union noch ungewiss war, es gab für sie keine Alternative mehr zu einem Leben in der Politik. Die Rückkehr in ihren »bürgerlichen Beruf«, in den nach der Wende gänzlich umstrukturierten Wissenschaftsbetrieb, erschien und war für die Physikerin nach fast zehn Jahren fern der Forschung unmöglich.

»Gern würde ich schon als Lehrerin arbeiten«, sinnierte Angela Merkel 1998. Die in diesem Wunsch anklingende Bescheidenheit, mit der sie in der Öffentlichkeit gern kokettierte, entsprach nicht ihrer wirklichen Neigung. Längst hatte sie Gefallen gefunden an ihrer öffentlichen Rolle. Wollte sie wirklich das Forum, das ihr schon allein der Deutsche Bundestag bot, tauschen gegen ein Klassenzimmer?

Anders als beispielsweise Lothar de Maizière genoss Angela Merkel ihre gesellschaftliche Position und setzte sich dem Licht der Öffentlichkeit aus, obgleich ihre Person in diesem Licht nicht immer günstig erschien. De Maizières Motivation für sein aufreibendes Engagement lag in der Sache begründet: Sein Ziel war die Einheit, die mit dem 3. Oktober 1990 gekommen war. Weiteren Aufgaben und Kämpfen wollte sich der letzte Ministerpräsident der DDR nicht mehr aussetzen. Angela Merkel hatte sich mittlerweile vom westdeutschen Politikbetrieb über zwei Legislaturperioden mitreißen lassen, Feuer gefangen und festgestellt, dass sie sich hier entfalten konnte. Zwar lebte sie im Rampenlicht keinerlei weibliche Eitelkeiten aus, aber ihre herausgehobene Position erfüllte sie doch mit zuvor nicht gekannter Zufriedenheit. Das Leben als Prominente strengt sie an, aber es hat sie zugleich auch gepackt: »Manchmal gehe ich nach Hause, weil ich nicht will, dass wieder alle gucken«, sagt sie Herlinde Koelbl. Und weiter: »Guckt gar keiner, ist es aber natürlich auch nicht so schön. Das ist mir aufgefallen, als ich in Norddeutschland war. Ich saß in einer Gaststätte und dachte, kennt dich hier wirklich keiner? Nach einer Stunde sagte die Serviererin dann seelenruhig zu mir: Ich finde es schön, dass Sie auch mal hier waren. – Ich habe also 50 Minuten darüber nachgegrübelt, ob sie mich nun kennt oder nicht oder ob ich was falsch gemacht habe.«

Angela Merkel hatte die Macht für sich entdeckt – und war selbstredend bestrebt, sich diese Macht zu erhalten. Seit ihrer Zeit an der Akademie der Wissenschaften war sie mit einer Form des Fatalismus vertraut, einer Gabe stillzuhalten, nicht zu rebellieren, solange ein Aufbegehren ohnehin aussichtslos schien. Das kam ihr in dieser Situation zupass, sie harrte geduldig aus und entwickelte die Kraft, sehenden Auges in die aller Voraussicht nach nicht abzuwendende Wahlniederlage zu laufen. Eine Erneuerung würde es erst nach dieser Niederlage der Union geben, also konnte es vor der Wahl höchstens darum gehen, den Schaden für Partei und Person so gering wie möglich zu halten.

Angela Merkel hatte sich in der CDU inzwischen als feste Größe etabliert. Wohl dominierten in der Außendarstellung westdeutsche Berufspolitiker aus dem Kabinett, den Ländern und dem Parteivorstand, aber sie hatte sich unter ihnen kaum merklich ihren Platz erobert. Die erste Reihe der »alten Union« würde am Wahltag Schaden nehmen oder sich im Diadochenkampf um die Nachfolge Schäubles, der seinerseits Kohl würde beerben dürfen, aufreiben. Dann erst würde Bewegung in das Personaltableau der Union kommen und auch ihr neue Chancen bieten.

Von den westdeutschen Protagonisten der CDU unterschied sich Angela Merkel vor allem in einem wesentlichen Merkmal: Sie ließ sich keiner eindeutigen inhaltlichen Position zuordnen und verkörperte weder den sozialliberalen noch den rechtskonservativen Flügel der Union. Politischer Idealismus war ihr weiterhin fremd, sie war weder »jung und wild« – Attribute, die Christian Wulff oder Peter Müller nachgesagt wurden –, noch zählte sie zu den exponierten Vertretern der Belange Ostdeutschlands. (Neben den verschiedenen Ostbeauftragten der Regierung füllten in der Bundestagsfraktion Paul Krüger oder in Sachsen Arnold Vaatz diese Rolle aus.) Angela Merkel hatte sich nie ausdrücklich als Anwältin der Menschen in den neuen Ländern dargestellt oder für sich die Ziele der einstigen Bürgerbewegung der DDR in Anspruch genommen. Ihr Aufstieg hätte nie ein vergleichbares Tempo entwickelt. Die überwiegend nicht im Mindesten oppositionellen Wähler in Ostdeutschland folgten den Vorkämpfern der Demokratie nach der Wende nicht gerade begeistert, führten ihnen diese doch vor Augen, dass es zum angepassten Verhalten in der DDR auch eine Alternative gegeben hat. Die Bürgerrechtler Günter Nooke und Ehrhart Neubert oder auch Vera Lengsfeld, die zwei Jahre vor der Bundestagswahl in einer spektakulären Aktion in die Union eingetreten waren, jedenfalls galten unter anderem wegen ihrer langen Orientierungssuche in der Parteienlandschaft zunächst als Exoten innerhalb der Union – und hatten mit der Art, in der die Stellvertretende Bundesvorsitzende die Weichen für ihre politische Karriere gestellt hatte, nichts gemein.

Was Wähler wie Unionsmitglieder von Norbert Blüm oder Heiner Geißler zu erwarten hatten, darüber waren sie einigermaßen im Bilde, deren politische Aussagen waren klar umrissen. Jeder wusste, mit welcher Stimme Volker Rühe oder Peter Hintze sprachen, wo die alten Fronten zwischen Helmut Kohl und Kurt Biedenkopf oder Rita Süßmuth verliefen. Angela Merkels politisches Profil war nicht annähernd so scharf geschnitten. Sie hatte sich keinem Flügel der Union angeschlossen und pflegte keine ausdrückliche Nähe zu einzelnen, inhaltlich festgelegten Parteikollegen. Charakteristisch für sie war fast nur die mittlerweile zu einem Vater-Tochter-Verhältnis stilisierte, schützende Bindung an Kohl. Wohl hatte sie sich einst mit der konservativen Position der Ablehnung von Schwangerschaftsabbrüchen schwer getan, auch schien sie mit ihrem Vorstoß für eine Ökosteuer eher in die »linke Ecke« der Union zu passen – aber dies waren ihr keine politischen Herzensangelegenheiten. Von einer »Parteilinken« wäre nicht zuletzt ein sozialpolitisches Engagement zu erwarten gewesen, doch Angela Merkel ließ eher den Hang zur Liberalisierung der Sozialen Marktwirtschaft erkennen. Ihr auf Harmonie bedachtes Verhalten in den Kontroversen zwischen Industrie, Landwirtschaft und Umweltverbänden in ihrer Zeit als Umweltministerin wiesen sie als Moderatorin, nicht aber als »Überzeugungstäterin« aus. Gleich, bei welchem Thema – Angela Merkel hatte innerhalb der Partei keine Auseinandersetzungen vom Zaun gebrochen, weder Gefechte ausgetragen noch grundsätzliche Positionen der Union definiert. Sie hatte schlicht bewiesen, dass sie sich in verschiedenen Feldern der Politik rasch zu orientieren wusste. Für ihren Pragmatismus zollte ihr nicht zuletzt der Vorsitzende der Bundestagsfraktion von CDU und CSU, Wolfgang Schäuble, wachsenden Respekt. Wofür die Politikerin Angela Merkel jedoch wirklich stand, ist bis zum Zeitpunkt der Wahlen 1998 unklar geblieben. Und das war nicht zuletzt auch Strategie, die sie bis zum endgültigen Abtreten des Patriarchen schützte.

Die Union verlor die Bundestagswahlen vom 27. September 1998. Sie musste sich mit 35,2 Prozent der Stimmen, ihrem schlechtesten

Ergebnis seit 1949, geschlagen geben. Die SPD erreichte 40,9 Prozent und ihr künftiger Koalitionspartner Bündnis 90/Die Grünen 6,7 Prozent. Der Weg für Gerhard Schröder und Joschka Fischer war frei, sie schmiedeten die erste rot-grüne Regierung auf Bundesebene und lösten nach sechzehn Jahren triumphierend die bürgerlich-liberale Koalition ab.

»Leider kam das für mich nicht überraschend«, schreibt Kohl in seinem so genannten *Tagebuch*. Noch in der Wahlnacht kündigte der geschlagene Kanzler im Bonner Konrad-Adenauer-Haus an, dass er nach 25 Jahren an der Spitze der Union den Parteivorsitz niederlegen werde. Kohl wiederholte nun den Wunsch, Wolfgang Schäuble möge seine Nachfolge antreten. Dieser Empfehlung des Abdankenden hätte es nicht bedurft, aber der selbst ernannte »Enkel Adenauers« hielt es auch im Moment seines Rückzugs noch für selbstverständlich, dass er derjenige war, der über die Geschicke »seiner« Partei entschied.

Im Gegensatz zu Helmut Kohl, der zu seiner Verbitterung seinen Ludwigshafener Wahlkreis an »die Sozis« verlor, zog Angela Merkel wieder über ein Direktmandat in den Bundestag ein. Wohl musste auch sie deutliche Stimmeneinbußen hinnehmen, konnte sich aber erneut in ihrem vorpommerschen Wahlkreis behaupten, und das, obwohl die CDU im Osten größere Verluste erlitt als im Westen, wo die Wählerbindungen stärker ausgeprägt waren.

Die Union hatte neben den Bundestagswahlen auch die Landtagswahlen in Angela Merkels Landesverband Mecklenburg-Vorpommern verloren. Zwar führte Wahlsieger Harald Ringstorff zunächst Koalitionsgespräche mit CDU und PDS, aber sehr bald war klar, dass der Landeschef der Sozialdemokraten alles daransetzte, mit dem kleineren, wenngleich umstrittenen Partner in die Legislaturperiode zu starten. Der Unmut über seinen Hang zur Kooperation mit den Postkommunisten würde in der Bundespartei rasch verstummen, wenn er nur lautlos genug die Amtsgeschäfte der rot-roten Regierung von SPD und PDS führen würde, war Ringstorffs feste Überzeugung.

Angela Merkel kannte die Rolle des Wahlverlierers bis dahin nicht. Über Jahre hatten sich die Christdemokraten am Wirken der führenden Köpfe in »ihrer« Regierung orientieren können. Daraus war in der Union ein Selbstverständnis erwachsen, das mit dem Wahlergebnis vom 27. September 1998 schwer erschüttert wurde. Angela Merkel hatte Politik nie anders kennen gelernt als in der Ausprägung der gouvernementalen Autorität, war daran gewöhnt, zu gestalten und politische Macht auszuüben. Als sich abzeichnete, dass es weder in Bonn noch in ihrem Landesverband Koalitionen der beiden großen Parteien geben würde, war sie trotz aller Enttäuschung entschlossen, mit ihrer Partei stolz und erhobenen Hauptes in die Opposition zu gehen. »Wir biedern uns nicht an und verkaufen auch nicht unsere Seele«, erklärte die Landesvorsitzende von Mecklenburg-Vorpommern nach dem ersten, wenig erfolgreichen Gespräch mit der SPD in Schwerin. Auch beim Einzug der neuen Opposition in den Bundestag appellierte sie an die »Selbstachtung« der Fraktion. Doch ihre geschlagenen Parteifreunde brachten nicht alle die Coolness auf, mit der sich die abgewählte Ministerin der neuen Situation stellte. Auf Landes- wie auf Bundesebene musste sie erfahren, wie tief die Enttäuschung über die Wahlniederlage bei vielen Parteimitgliedern saß, ja vielfach einer persönlichen Verletzung glich. Angela Merkel selbst war eher verärgert denn verletzt. »Der Wahlzettel ist ein Denkzettel«, konstatierte sie grimmig. »Irgendwie ist sie auseinander gegangen, die Beziehung zwischen uns und den Menschen.«

Eine Strategie aber, wie das zerrissene Band zwischen der Union und ihren Wählern wieder zu flicken sein würde, hatte sie zunächst ebenso wenig wie die Vordenker ihrer Partei. Angela Merkel riet der Union im Nordosten, sie solle stärker als bisher den »vorpolitischen Raum besetzen«, um zu der vergleichsweise leicht mobilisierbaren Anhängerschaft der PDS in den Kommunen ein Gegengewicht zu schaffen. Doch dazu mussten sich die Christdemokraten, die sich – wie auch Angela Merkel gemerkt hatte – noch in einem »Schockzustand« befanden, zunächst personell neu sortieren. Das galt nach dem Rückzug des Übervaters erst recht für die CDU auf Bundesebene. Und darin nun erkannte Angela Merkel ihre Chance.

Wolfgang Schäuble war in seinen Ämtern als Oppositionsführer im Bundestag und als künftiger Parteichef zunächst nahezu unumstritten. Wohl hatte ihn Rainer Barzel vor der schwierigen Phase der Neuorientierung nach Kohl gewarnt, und auch Kurt Biedenkopf plädierte für eine Trennung von Partei- und Fraktionsvorsitz. Doch Schäuble galt angesichts der Lage der geschlagenen CDU als Garant für Stabilität in der Partei, als erfahren und klug. Mit ihm bedeuteten Neuanfang und Modernisierung kein unkalkulierbares Wagnis, sondern eröffneten der CDU eine Hoffnung. Der damals sechsundfünfzigjährige Schäuble stand für Verjüngung und Kontinuität gleichermaßen. Schließlich war die Partei ihm in besonderer Weise zu Dank verpflichtet: Als treuer Diener Kohls hatte er sich das Erbe des Herrschers über die Partei mit unendlicher Geduld und Loyalität verdient. Und er hatte in Ausübung seiner Ämter die körperliche Unversehrtheit verloren. Für die schmähliche Wahlniederlage jedenfalls konnte Schäuble nicht haftbar gemacht werden.

Anders Generalsekretär Peter Hintze: er hatte nach Kohls Rückzug sein Amt nicht niedergelegt, sah er doch keine Notwendigkeit, dem Beispiel des Führungsduos der CSU zu folgen. Parteichef Theo Waigel und Generalsekretär Bernd Protzner hatten beide auf ihre Ämter verzichtet und die Verantwortung für die Wahlniederlage übernommen. Hintze dagegen erklärte öffentlich, dass er für vier Jahre, also bis 2000 gewählt sei. Schäuble musste Zeichen setzen, wenn er glaubhaft den Neubeginn einleiten wollte. Hintze wich schließlich gegen seinen Willen.

Am 22. Oktober 1998, dem Tag, an dem die neue Bundesregierung den Koalitionsvertrag unterzeichnete, schlug Wolfgang Schäuble seine Wunschkandidatin für das Amt des Generalsekretärs vor: Angela Merkel. »Ich bin noch immer überzeugt, dass diese Personalauswahl zu den besten Entscheidungen meiner Amtszeit zählt. Ich habe sie jedenfalls zu keinem Zeitpunkt bereut«, schreibt Schäuble in seinen Memoiren. Als er die Entscheidung getroffen hatte, konnte er nicht ahnen, wie klug es war, jemanden vorgeschlagen zu haben, der nicht dem alten, also dem westdeutschen System Kohl entstammte. Wohl verdankte Angela Merkel ihre Minister- und Parteiämter in erster Linie der Gunst des Kanzlers, doch sie galt auch acht Jahre nach der Wende noch immer als Neuling. Schäuble war von Angela Merkels auch nach Jahren im Bonner Politikbetrieb unverdorbener Sprache überzeugt. »Erfrischend normal« sei sie trotz ihres ausgeprägten politischen Ehrgeizes und ihrer Professionalität geblieben. Kohl hatte sie gewissermaßen »hochgeschmissen« – und sie habe das nicht nur ausgehalten, sondern sich engagiert gezeigt und dem erheblichen Druck der Medien tatsächlich standgehalten. »Da war sie uneitel genug«, bemerkt er anerkennend. Als Angela Merkels »Schonzeit« im Ministerium für Frauen und Jugend vorüber war, und sie das Umweltressort übernahm, habe er gemerkt, wie stark ihr politischer Impetus war, sagt Schäuble. Instinktiv wusste er, dass Merkels ausgeprägtes Machtbewusstsein der Partei nützlich sein würde. »Als ich sie fragte, ob sie Generalsekretärin werden wollte, wusste ich, worauf ich mich einlasse«, stellt er später fest. Der designierte Parteivorsitzende kannte Angela Merkel gut genug, um zu wissen, dass er im Kern an ihrer Zusage nicht würde zweifeln müssen. Übermäßig erstaunt war die Kandidatin von seinem Vorschlag tatsächlich nicht. Sie traute sich dieses Amt auch zu. Es reizte sie, die exponierte Stellung in der Partei zu übernehmen und damit einen festen Platz in der Bundespolitik zu besetzen. Weder sah sie in ihrer Nominierung einen Sieg der Sache der Frauen, noch der ostdeutschen Christdemokraten. Zur Verwunderung vieler Beobachter stand Angela Merkel bei genauerer Betrachtung nur für sich selbst.

»Nach einem Vierteljahrhundert gebe ich das Amt des Bundesvorsitzenden der CDU Deutschlands an meine Partei zurück« – so schildert Helmut Kohl das Geschehen auf dem CDU-Bundesparteitag am 7. November 1998 in Bonn. Der abgewählte Kanzler begann sich in seiner neuen Position als Ehrenvorsitzender zu sonnen – nicht ahnend, wie rasch er diese wieder verlieren würde. Die Delegierten wählten Wolfgang Schäuble mit mehr als 93 Prozent der Stimmen zu ihrem neuen Vorsitzenden. Ein ebenso klares Votum gaben sie mit 92 Prozent für Angela Merkel ab. Zum ersten Mal in ihrer Geschichte hatte die CDU eine Frau als Generalsekretärin. In der Liste ihrer Vorgänger finden sich Namen wie Biedenkopf oder Geißler – für Angela Merkel allerdings kein Grund, vor Respekt zu erstarren. Sie betrachtet ihre Vorgänger nicht als Vorbilder – schon gar nicht, wenn diese in antagonistischem Verhältnis zum Parteichef standen. Betont häufig war fortan von Angela Merkels »eigenem Stil« die Rede, ihrer unprätentiösen Art und unverbrauchten Natürlichkeit. Vor allem aber zeichnete sie sich durch ihre Kommunikationsfreude aus, die in einem scheinbaren Widerspruch zu ihrer Fähigkeit stand, einsame Entscheidungen zu treffen.

»Risiko statt Sicherheit« – Angela Merkel drehte als Generalsekretärin einen Wahlkampfslogan ihrer Partei schlicht um. Sie wollte sich eine Provokation erlauben: Mit ihr sollte Bewegung in die Partei kommen. Welche Sicherheiten sie zu erschüttern gedachte und worin ihr Mut zum Risiko bestand, erklärte sie nicht. Es ging um den Effekt, weniger um die Aussage.

Freilich traf die von Schäuble mit Vorschusslorbeeren bedachte Generalsekretärin nicht nur auf kameradschaftliches Wohlwollen. Sie störte die zum Männerbündischen neigenden Kreise der westdeutschen Politiker. Die Spannung innerhalb der Partei manifestierte sich in einem Aufbrechen der alten Fronten zwischen Nord und Süd, Ost und West und zwischen den Konfessionen. Rasch waren besorgte Stimmen zu vernehmen, die etwas diffus befürchteten, die Union werde mit Angela Merkel als Generalsekretärin »östlicher« oder »protestantischer«. Diese ominösen Prophezeiungen hatte Volker Rühe einst in Bezug auf die gesamte, bald nicht mehr vom Rhein aus regierte »Berliner Republik« abgegeben. Dass sich nun sowohl der

Parteivorsitzende wie auch die Generalsekretärin zum evangelischen Glauben bekannten, war für die lange an Proporz gewöhnten traditionalistischen Christdemokraten allerdings ein Novum.

Einen übertrieben zur Schau gestellten Protestantismus aber konnte der neuen Generalsekretärin niemand nachsagen. In der Kirche suche sie »eher das Emotionale«, erklärt sie Herlinde Koelbl. »Ich liebe es zum Beispiel sehr, in Gottesdiensten zu singen.« Nur aus Gründen der Parteiräson allerdings nahm die Pastorentochter zum Beispiel am Pfingstsonntag 1999 am Gottesdienst im Berliner Dom teil: Am Tag der Wahl von Johannes Rau zum Bundespräsidenten geziemte sich für die Unionsspitze der Kirchgang.

Angela Merkel schöpft ihre Kraft nicht aus dem Glauben, dazu ist die Physikerin viel zu rational veranlagt. Kirche und Religion sind ihr seit der Kindheit als kulturelle Werte vertraut und Teil ihrer Sozialisation. Kirchenräume, die Klänge geistlicher Musik oder die Liturgie der Gottesdienste wecken in ihr ein Heimatgefühl ähnlich dem, das sich bei ihr in den norddeutschen Landschaften ihrer Jugend einstellt: »Spaziergänge in der Uckermark haben mich oft zu guten Entscheidungen geführt«, sagt sie.

Angela Merkel hat kein Bedürfnis nach Spiritualität oder Mystik, wohl aber ein intellektuelles theologisches Verständnis. Ihre Bekenntnisse zum »C« im Namen der Partei allerdings bleiben oberflächlich, sie untermauert sie nicht. Analog zu den Bekenntnissen in den Programmen ihrer Partei beruft sie sich auf das »christliche Menschenbild«. Die Wurzeln des Begriffs, wie ihn noch das Ahlener Programm der Union kannte, sind im historischen Kontext der Bundesrepublik gewachsen und modifiziert worden. Die Ansätze der christlichen Sozialethik aber waren in den Neunzigerjahren innerhalb der christlich-konservativen Partei geschmeidigen Bekenntnissen zum Neoliberalismus gewichen. Welche politischen Konsequenzen sich aus ihrem persönlichen Menschenbild für die Ziele ihrer Politik ergeben, definiert Angela Merkel nicht explizit. Sie meidet auch hier die Festlegung auf möglicherweise strittige Punkte. In jeder Hinsicht gefahrlos ist dagegen das Bibelzitat aus dem ersten Brief der Thessalonicher, das Angela Merkel insbesondere seit der Spendenaffäre gern auf den Lippen führt: »Prüfet alles. Bewahret das Gute. Das Böse aber meidet.«

Am 30. Dezember 1998 flackert eine kleine Neuigkeit aus dem ansonsten konsequent versteckten Privatleben der CDU-Generalsekretärin über die Bildschirme der Nachrichtenagenturen: Angela Merkel und der Chemiker Joachim Sauer haben geheiratet. Die beiden kannten einander seit siebzehn Jahren, lebten fast eben solange zusammen und waren jeweils schon einmal verheiratet gewesen. Sauer tritt in der Öffentlichkeit fast nie als Partner von Angela Merkel in Erscheinung. Die Fotografen der Boulevardpresse erwischen das Paar höchstens einmal auf den Wagnerfestspielen in Bayreuth. Nur eine kleine Hochzeitsanzeige in der *Frankfurter Allgemeinen Zeitung* kündete von dem Ereignis, das Angela Merkel ausdrücklich als Privatsache verbuchte. Sie bemühte sich, den Eindruck zu vermeiden, dass sie diese Ehe aus Rücksicht auf die konservative Klientel der CDU geschlossen hatte, der eine unverheiratete Generalsekretärin nicht zuzumuten gewesen wäre. Immer wieder unterstellte die Presse, ein katholischer Würdenträger habe die Politikerin aufgefordert, ihren Lebensgefährten doch endlich zu ehelichen.

Kollegen und Parteifreunde irritierte, von der Neuigkeit aus der *FAZ* und nicht einmal über eine Karte zu erfahren. Es gibt Gepflogenheiten, die Angela Merkel geflissentlich ignoriert. Und so stieß die besondere Neugier der Öffentlichkeit gegenüber Personen des öffentlichen Lebens solange auf ihr Unverständnis – bis sie erkannte, dass sie ihre Popularität nicht zuletzt auch über wohldosierte Auskünfte zu ihrer Person steigern könnte. Glückwünsche zur Hochzeit jedenfalls nahm sie ein wenig verschämt, beinahe widerwillig entgegen.

Angela Merkel musste sich nun in ihrer Funktion als Generalsekretärin gegenüber Partei und Öffentlichkeit in doppelter Hinsicht bewähren: Nach innen sollte sie moderieren und die CDU von ihrer Lethargie befreien. Sie musste um Akzeptanz kämpfen, ganz ohne Widerspruch war ihre Nominierung nicht erfolgt, aus Gründen der

Parteiräson aber hatte niemand gewagt, offen gegen Schäubles Vorschlag eventuelle Einwände zu diskutieren. Die Union nach Kohl sollte sich schließlich als starke, homogene Kraft präsentieren, da hätte die Ablehnung einer Idee des neuen Vorsitzenden nicht recht ins Bild gepasst. Nach außen hingegen wurde von der konzilianten Generalsekretärin nun ein aggressiver Ton gegenüber dem politischen Gegner verlangt. Um den Erwartungen gerecht zu werden, versuchte Angela Merkel sich von jenem Image zu lösen, das sich in der Öffentlichkeit von ihr eingeschliffen hatte und hinter dem sie sich über Jahre bequem hatte verstecken können, ohne allzu viel von sich selbst preisgeben zu müssen. Das »Mädchen von Helmut Kohl« wollte sich emanzipiert zeigen, ohne aber Wolfgang Schäuble in die Quere zu kommen.

Der Oppositionsführer wollte die Linie der Partei allmählich neu entwerfen und mit Inhalten füllen. Die auf dem Erfurter Parteitag im April 1999 beschlossenen Leitsätze resultierten aus dem Ringen um eine modernere Selbstdarstellung der Partei, die sich unter dem Motto »Mitten im Leben« frisch zu positionieren suchte. Schäuble und Merkel konfrontierten die Delegierten auf dem Parteitag in Thüringen mit Ideen, die sich aus dem alten Zukunftsprogramm und dem Grundsatzprogramm von 1994 speisten. Die vorab festgelegten Themenschwerpunkte künftiger Unionspolitik, die Familien- und Bildungspolitik sowie die Reformen von Verwaltung und Sozialstaat, sollten in unterschiedlichen Kommissionen weiter präzisiert werden. Die einstige Bundesministerin für Frauen und Jugend zeichnete für das neue familienpolitische Konzept der CDU verantwortlich. Während Generalsekretärin und Parteichef nüchtern und sachlich versuchten, ihre Gefolgschaft zu neuen Ufern zu führen, stahl ihnen der Altkanzler und Ehrenvorsitzende am Abend des Parteitags die Show: Der öffentlichkeitswirksamen Inszenierung seines wie gewohnt pompösen Auftritts hatten sie wenig entgegenzusetzen.

Neben der programmatischen Neuorientierung mussten auch die Kraftfelder innerhalb der Union wieder neu austariert werden: Die Rollenverteilung des vormaligen Dreigestirns aus dominantem

Parteichef, Fraktionsvorsitzendem und Generalsekretär musste auf ein Führungsduo übergehen. Schäuble und Merkel hatten nicht viel Zeit, um sich aufeinander einzuspielen. Im Adenauer-Haus hatte die Nachfolgerin von Hintze personelle Veränderungen durchgesetzt und einen kleinen Kreis von Vertrauten – wie ihre Büroleiterin Beate Baumann oder Geschäftsführer Willi Hausmann – installiert. Obwohl sie die Ablösung des engeren Stabes von Kohl betrieben hatte, blieb der Hauptabteilungsleiter für Personal, Finanzen und Verwaltung, Hans Terlinden, weiter im Amt, was sich später noch als Fehler erweisen sollte.

Angela Merkel konnte sich darauf verlassen, dass Wolfgang Schäuble ihr Freiräume zur Profilierung gewährte. Der einstige Chef des Kanzleramts wiederum war sich der unbedingten Loyalität seiner Generalsekretärin gewiss. Problematischer war für ihn als Parteivorsitzenden hingegen die Auseinandersetzung mit den CDU-Landesfürsten. Roland Koch beispielsweise bereitete sich auf den Landtagswahlkampf in Hessen vor. Seine Wahlkampfstrategie lautete: Stimmenfang um jeden Preis. Auch die Generalsekretärin ließ eine gewisse Form der politischen Skrupellosigkeit erkennen: »Hauptsache, wir machen Schlagzeilen«, erklärte sie hinter verschlossenen Türen über ihren Kampf gegen die Resignation in den eigenen Reihen.

Roland Koch vertrat die Meinung, mit landespolitischen Themen allein würde er im Wahlkampf nicht reüssieren können, und so wählte er sich ein außerordentlich heikles bundespolitisches Sujet dazu: die von der rot-grünen Bundesregierung angekündigte Änderung des Staatsbürgerschaftsrechts. Der bayerische Ministerpräsident Edmund Stoiber hatte – wider alle von der Union gehegten Vorbehalte gegenüber Plebisziten – die Idee eines Volksentscheids über die doppelte Staatsbürgerschaft geboren. Schäuble riet ihm, die Aktion in eine Unterschriftensammlung umzuwidmen. Keine Frage: Mit volkstümlicher Ausländerpolitik würde die Union die Stimmung im Lande nutzen und das laut Angela Merkel »zerrissene Band« zur Bevölkerung wieder zusammenknüpfen können. SPD und Bündnisgrüne hätten das Nachsehen. Schäuble wusste, dass sich die Partei dem massiven Vorwurf des Populismus aussetzen würde, wenn sie an Ressentiments gegenüber Fremden appellierte, und modifizierte daher Stoibers Idee: Der Jurist glaubte, der Aktion den Anstrich von *political correctness* geben zu können, wenn den Unterschriftenlisten – gewissermaßen im Kleingedruckten – ein Bekenntnis zu Toleranz und Integration von Ausländern beigefügt wäre. Eine medienwirksam präsentierte Unterschriftensammlung der Union gegen die Pläne der rot-grünen Bundesregierung schien ihm in jedem Fall Erfolg versprechend. Der Wahlkämpfer Roland Koch war sofort begeistert. Weniger ausgeprägt war der Enthusiasmus der Generalsekretärin, die aus Veröffentlichungen von dem Vorhaben erfahren musste und keine Freude an der Idee einer Unterschriftenaktion entwickelte. Die Aspekte des deutschen Staatsbürgerschaftsrechts waren nicht ihr Spezialgebiet. »Die multikulturelle Gesellschaft ist ein Irrtum«, befand sie. Sie forderte von den in Deutschland lebenden Ausländern die Bereitschaft zur Integration, wobei ihre Vorstellung von Integration mit dem Begriff der Assimilation treffender beschrieben wäre. Differenziert betrachtete sie die historisch begründete Problematik zunächst nicht, auf Pressekonferenzen geriet sie bei Nachfragen nach juristischen Details ins Schwimmen. Trotz ihrer anfänglichen Zurückhaltung aber unterstützte sie loyal Schäubles Pläne, die sich dank Stoiber und Koch innerhalb kurzer Zeit verselbstständigt hatten. Die Generalsekretärin verteidigte die populistische Aktion nicht nur nach außen gegen die massive Kritik in der Presse. Sie ebnete Schäubles Vorschlag auch innerhalb der Union den Weg und versuchte, Bedenken aus den eigenen Reihen zu zerstreuen. Sie hatte gemerkt, dass das heikle Vorhaben ohnehin nicht mehr zurückzunehmen war, und wollte Schäubles Gunst nicht aufs Spiel setzen. Fein wie ein Haarriss allerdings öffnete sich ein Spalt zwischen beiden: Schäuble hatte Merkel nicht vorab konsultiert.

Roland Koch machte mit der ersten Unterschriftenaktion der CDU dann tatsächlich Schlagzeilen. Allenthalben flimmerten Reportagen über den Bildschirm, in denen hessische Bürger vorgeführt wurden, die mit gezücktem Stift die Listen suchten, auf denen sie »gegen die Ausländer« unterschreiben durften. Dass Koch trotz Schäubles Hinweis auf das Integrationskonzept der Union über Ressentiments gegen Fremde für sich warb, ließ die neue Unionsspitze kalt. Das unappetitliche Konzept der Oppositionspartei ging schließlich auf: Zur Verwunderung vieler gewann Roland Koch die Landtagswahlen und jagte der SPD damit die Mehrheit im Bundesrat ab. Die CDU hatte Wähler und Mitglieder mobilisiert und sich selbst damit bewiesen, dass sie wieder Stimmungen in der Bevölkerung traf, Ängste der Bürger verstand und Emotionen anzuheizen und zu instrumentalisieren wusste. Dass eine derartige Aktion dem Bemühen um die Rückgewinnung des von Schröders SPD besetzten Terrains in der Mitte des politischen Spektrums zuwiderlief, bremste die Strategen offenkundig nicht.

Angela Merkel zeigt sich im Nachhinein weniger darüber betrübt, dass sie die Aktion gegen die eigene Überzeugung mittragen musste, als vielmehr darüber, dass sie trotz ihres politischen Instinkts nicht sofort erkannt hatte, wie durchschlagend der Erfolg einer solchen Kampagne gegen die doppelte Staatsbürgerschaft sein würde. Die Quintessenz der Unterschriftenaktion der Christdemokraten konnte nur lauten: Der Zweck heiligt die Mittel.

Während die Regierung von Schröder und Fischer in ihrem ersten Jahr ein klägliches Bild abgab, schwamm die Union zu ihrer eigenen Überraschung auf einer Welle des Erfolgs. In schneller Folge machte sie bei den Bürgerschaftswahlen in Bremen, den Wahlen zum Europäischen Parlament, bei den Landtagswahlen im Saarland, in Brandenburg, in Thüringen und Sachsen sowie in Berlin bei der Wahl zum Abgeordnetenhaus Furore. Nachdem die umstrittene Unterschriftenaktion gegen die doppelte Staatsbürgerschaft im Mai beendet worden war, zeigte sich, dass die CDU wieder Wahlen zu gewinnen vermochte – auch ohne Appelle an Vorbehalte gegenüber Ausländern. Übermut hatte die Parteiführung erfasst: Die Plakate für die Europawahl zeigten Parteichef und Generalsekretärin in so ironischer Pose, dass es einige Christdemokraten irritierte.

Auf Schäubles Betreiben war das Foto des Führungsduos mit der Zeile »Nicht immer einer Meinung, aber immer auf demselben Weg« geschmückt – eine Provokation für den nach Geschlossenheit und Autorität verlangenden Teil der Union, der sich nicht daran gewöhnen wollte, dass nun ein flotterer Ton anklingen sollte.

Die siegreich bestandenen Wahlen in den Ländern bescherten der Generalsekretärin ein Interview nach dem nächsten. Ihre Medienauftritte absolvierte sie mit wachsender Souveränität, gelegentlich frech oder patzig, aber auch mit Witz. In den so genannten Elefantenrunden des öffentlich-rechtlichen Fernsehens, den Diskussionen der Generalsekretäre und Bundesgeschäftsführer an den Wahlabenden, gingen ihr im Laufe des für die CDU so erfolgreichen Jahres schier die Worte aus. Sie konnte kaum mehr Neues äußern über die ständigen Einbrüche der SPD in der Wählergunst und die »Pleiten des Herrn Bundeskanzler«, der die Menschen nicht verstehe und »an ihnen vorbeiregiert«.

Die Union hatte allmählich ein neues Selbstbewusstsein gewonnen, das sich auch schon vor der Spendenaffäre mit dem sich entwickelnden Selbstverständnis der Generalsekretärin Merkel verband. Noch verlief der Aufstieg von Partei und Person parallel. Noch spielte auch der Ehrenvorsitzende der Union eine gewichtige Rolle für die Identität der CDU-Mitglieder. Seine schmähliche Wahlniederlage schien fast vergessen, als die lange Kette der historischen Jahrestage um den Mauerfall vorbereitet wurde. Selbstverständlich sollten auf den Feiern die Verdienste des Kanzlers der Einheit gebührend gewürdigt werden.

Achtes Kapitel
DIE »JEANNE D'ARC«

Abrupt wendete sich das Schicksal der Union: Es war der 4. November 1999. Die Staatsanwaltschaft Augsburg hatte einen Haftbefehl gegen den früheren CDU-Schatzmeister, Walther Leisler Kiep erwirkt. Kiep wurde der Steuerhinterziehung verdächtigt, und da die Strafverfolgungsbehörden Fluchtgefahr unterstellten, ließen sie ihn per Haftbefehl suchen. Damit endete die kurze, optimistische Phase der Regeneration der CDU jäh. Immer mehr Details über gesetzeswidrige Geldgeschäfte kamen ans Licht. Die Nachrichten über die Machenschaften einiger weniger Vertrauter des Kanzlers offenbarten Verwerfungen im System Kohl, Operationen jenseits der zur Offenheit verpflichtenden demokratischen Parteiengesetze. Es sollte sich zeigen, dass auch nach Kohls Abgang von der politischen Bühne dieses System ohne seine Mithilfe nicht transparent gemacht werden konnte.

Die Volkspartei stürzte in einen von Teilen ihrer früheren Führung selbst gegrabenen Abgrund. Schuld lag nicht nur bei jenen, die im vollen Bewusstsein illegal Geld transferiert hatten. Vor allem hatten die parteiinternen Kontrollmechanismen angesichts der kriminellen Energie Einzelner kläglich versagt. Wo Geld aus geheimen Schatullen angekommen war, da wurde die Frage nach den Quellen nicht gestellt.

Das gesetzeswidrige Finanzgebaren der Partei in der Ära Kohl holte die CDU in rasantem Tempo ein. Und ausgerechnet die Politikerin, die nie ein besonders inniges Verhältnis zur Geschichte ihrer Partei hatte, wurde nun mit der unrühmlichen Vergangenheit konfrontiert. Zunächst mussten die allmählich durchsickernden Details ihr genauso dubios erscheinen wie der Öffentlichkeit. Die Reputation Leisler Kieps kannte sie nur vom Hörensagen. Sie war nicht – wie so viele – jahrzehntelang vom aristokratischen Habitus des Versicherungsmaklers getäuscht worden, war nicht hereingefallen auf die vermeintliche Integrität des geschmeidigen Gentleman. Auch hatte sie den Skandal um Friedrich Karl Flick in den Achtzigerjahren nicht miterlebt und keinerlei Erfahrung im Umgang mit dem Vorwurf der ungesetzlichen Verquickung von Wirtschaft und Politik. Wieder einmal war Angela Merkel persönlich nicht betroffen von den Ereignissen – eine ideale Voraussetzung für die Rolle der Krisenmanagerin.

Die Eingangsszenerie der Spendenaffäre schien einem schlechten Krimi entnommen: Kiep und CDU-Finanzberater Horst Weyrauch hätten bei einem konspirativen Treffen auf einem Schweizer Parkplatz einen Koffer mit einer Spende in Höhe von einer Million Mark in bar entgegengenommen – ausgerechnet von dem der Steuerhinterziehung verdächtigten Waffenhandelslobbyisten Karlheinz Schreiber.

Für Angela Merkel begann eine Phase der Enthüllungen des Geflechts von Anderkonten und schwarzen Kassen, in der sie gänzlich machtlos zu sein schien: Die Staatsanwaltschaft informierte die Union nur knapp, insbesondere die *Süddeutsche Zeitung*, aber auch die Nachrichtenmagazine veröffentlichten fortlaufend Details und immer neue Vorwürfe. Über Exklusivinterviews streute der Waffenhändler Karlheinz Schreiber von Kanada aus Gerüchte, und der einstige Generalbevollmächtigte der CDU, Uwe Lüthje, gab seinerseits Erläuterungen, beispielsweise über den Verbleib der Million von Schreiber. Derweil versicherte Helmut Kohl erst einmal, er habe von der Spende nichts gewusst. Später kamen Weyrauchs Aussagen hinzu, zur Erhellung trug all dies zunächst nicht bei, wohl aber kam eine Lawine ins Rollen, unter der die CDU zu ersticken drohte.

Die CDU-Spitze erweckte den Eindruck, als ob die Presse stets mehr wüsste als sie selbst. Mühsam überspielte die Generalsekretärin bei Medienauftritten ihre Hilflosigkeit, bestenfalls konnte sie auf die teils dubiosen Aussagen der Belastungszeugen reagieren, darüber hinaus aber das Geschehen nicht steuern.

Angela Merkel wurde klar, dass sie ins wahre Zentrum der Macht nie Einblick gehabt hatte und der Illusion aufgesessen war, in dem von ihr akzeptierten politischen System und in ihrer Partei ginge alles mit rechten Dingen zu. All dies freilich gereichte ihr später zur Ehre, erwies sich in der ersten Zeit der Spendenaffäre aber als Handikap. Sie hatte zu Beginn ihrer Tätigkeit als Generalsekretärin im Adenauer-Haus Stellen neu besetzt, nun brauchte sie die Informationen der einstigen Insider. Schäuble und Merkel blieb nichts anderes übrig, als ständig zu beteuern, dass sie einer rückhaltlosen Aufklärung aller Verdächtigungen nicht im Weg stünden. »Ohne Ansehen der betroffenen Person« sollten die Untersuchungen unterstützt werden, bekundeten Unionspolitiker und deuteten ihre wachsende Distanz zu Kohl an. Heiner Geißler bestätigte die Existenz von schwarzen Kassen, und sofort wurde dem angeblichen notorischen Nestbeschmutzer unterstellt, er wollte alte Rechnungen begleichen. Die einstigen Nutznießer der Transaktionen schwiegen auch dann noch, als der Altkanzler den Empfang von Zuwendungen und den gesetzeswidrigen Umgang mit dem Geld anonymer Spender zugegeben hatte. Der hessische Ministerpräsident Roland Koch deklarierte Geldzuflüsse nachträglich falsch, von der später ans Tageslicht gekommenen Perfidie der angeblichen »jüdischen Nachlässe« ahnte noch niemand. »Mitten im Beben« befand sich die Partei nun – der Schaden für die Union war unübersehbar und wurde von Tag zu Tag größer.

Für Angela Merkel hatte sich ein Graben aufgetan zwischen ihr und denjenigen Mitgliedern der Parteispitze, die weit länger als sie im politischen Geschäft waren und enger als sie mit Kohls Kanzleramtsgeschäften vertraut waren. Ihr ohnehin ausgeprägtes Misstrauen wuchs. Wer wusste hier wie viel von unzulässigen Transaktionen? Diese Frage musste sie bei aller Vorsicht auch gegenüber Schäuble in Betracht ziehen. Noch brauchte sie den Nachfolger Kohls, der sich seinerseits auf ihre Loyalität verließ. Die in Sprache und Politikstil so unterschiedlichen Protagonisten der CDU hatten sich in der vergangenen Zeit in vielerlei Hinsicht ergänzt und befanden sich in einer gegenseitigen Abhängigkeit: Angela Merkel stand für das Neue der Partei, ohne dass sie dies präzise definieren musste, solange sie auf Schäuble, seinen Ruf und seinen Erfahrungsschatz verweisen konnte. Der Parteivorsitzende beruhigte den traditionellen Flügel der Union, der die politische Handschrift des einstigen Bundesinnenministers schätzte, und so hatte sich die Doppelspitze der Union als vorteilhaft erwiesen. Der westdeutsche Jurist und die ostdeutsche Physikerin bildeten ein unkonventionelles Gespann, das sich in der kurzen Erholungsphase der Union bewährt hatte. Aber wie eng war Angela Merkel wirklich an Wolfgang Schäuble gebunden?

Der Parteivorsitzende hatte im November, an jenem Tag, als der Haftbefehl gegen Kiep aufgehoben worden war und die CDU ihren Vertrag mit dem Wirtschaftsprüfer Horst Weyrauch kündigte, einen Schwächeanfall erlitten. Wohl erholte er sich rasch, aber es deutete sich an, dass Angela Merkel – oder ein anderer Politiker aus der Unionsspitze – eines Tages stärkere Nerven beweisen könnte als der Vorsitzende.

Weiter unbeantwortet blieb die Frage, wie viel Schäuble, der einstige Vertraute Kohls, vom illegalen Finanzsystem der Union vielleicht doch wusste? Angela Merkel selbst war freigestellt vom Vorwurf der Mitwisserschaft – obwohl der Verdacht aufkam, dass auch in ihren Landesverband Wahlkampfhilfen aus den konspirativen Kassen Kohls geflossen waren. Dennoch: Angela Merkel war »sauber«. Sie wusste ganz genau, dass in diesem Image ihr entscheidender Vorteil gegenüber allen anderen Unionsgrößen bestand. War sie jahrelang als Frau, als Ostdeutsche oder als Seiteneinsteigerin nicht gänzlich in die Bonner Politikerkaste integriert worden, so wurden ihre Herkunft und Vita nun geradezu zum Gütesiegel. Damit hatte sie Wolfgang Schäuble gegenüber einen wertvollen Trumpf in der Hand, den sie instinktsicher nicht sofort ausspielte.

Die Generalsekretärin erkannte angesichts der von Kohl zu verantwortenden Krise ihrer Partei noch etwas anderes: Wollte die CDU eine wirkliche Katharsis, wollte sie sich glaubhaft von dem ihr anhaftenden Makel reinigen, so musste sie sich von der Fixierung auf den nunmehr diskreditierten Patriarchen, der ihre Identität über Jahre geprägt hatte, verabschieden. Und wer könnte diese enge Bindung eindrucksvoller lösen, als jemand, der vom Altkanzler stets begünstigt worden war? Als »das Mädchen von Kohl« verdankte sie ihm ihren Aufstieg. Aus ihrer Dankbarkeit hatte sie nie ein Hehl gemacht. Distanzierte sie sich nun von ihrem Ziehvater, so würde dies eine ganz andere Wirkung entfalten, als wenn die bekannten Kohl-Kritiker sich wieder einmal gegen ihren einstigen Vorsitzenden stellten. Wenn aber selbst sein politisches »Ziehkind« angesichts der Enthüllungen und angesichts seines beharrlichen Schweigens über die Namen der Spender nicht mehr anders konnte, wenn selbst sie Kohl isolieren würde, so wäre dies ein besonders schmerzlicher und nachdrücklicher Schritt. Für Angela Merkel war dieser Schritt nicht undenkbar, sie könnte ihn wagen, zur Rettung der Union – wie auch zu ihrem eigenen Wohl.

Kohl begann sich gegenüber den parteiinternen Aufklärern zum Störfaktor Nummer eins zu entwickeln. Nicht nur, dass sein Schuldbewusstsein nicht eben ausgeprägt war, und er beharrlich über die Spender schwieg, weil er sein Ehrenwort nicht brechen könne, seine Seilschaften funktionierten zudem nach wie vor. Schäuble und Merkel hatten das Nachsehen. So versorgte beispielsweise der Kohl-treue Hauptabteilungsleiter Terlinden aus dem Adenauer-Haus zuallererst den Ehrenvorsitzenden der Partei mit Protokollen der staatsanwaltlichen Vernehmung von Horst Weyrauch, bevor dann – beinahe zufällig – auch der amtierende Vorsitzende und die Generalsekretärin die Spur dieser Papiere aufnehmen konnten, und sie in die Hände bekamen. Zwar war dies Terlindens letzte Verfehlung im Amt, er wurde postwendend vom Dienst suspendiert. Schäuble und Merkel jedoch waren nicht nur erbost, angesichts dieser unhaltbaren Vorgänge vergrößerte sich auch ihre Distanz zu Kohl. Der Altkanzler tat ein Übriges, um die Kluft zu vertiefen. Ohne Skrupel provozierte er seinen Nachfolger: Er trat im ZDF auf, um über nicht deklarierte Spenden zu reden – über Vorgänge, die er den zuständigen Parteigremien nicht offenbart hatte. Zugleich rühmte sich Kohl in dem Interview wie gewohnt seiner eigenen staatsmännischen Verdienste, schimpfte in bekannter Manier über die Presse, aber benutzte sie zugleich für seine Zwecke.

Angela Merkel zeigte in der Öffentlichkeit nun gern ihr Pokerface, einen Gesichtsausdruck von süßlich lächelnder Undurchdringlichkeit, der zwar im Widerspruch zu der auch ihr deutlich anzumerkenden Anspannung stand, aber keinerlei Einblick in ihr Inneres zuließ. Routiniert und in rascher Folge absolvierte sie Auftritte in der Öffentlichkeit – ohne sich aus der Ruhe bringen zu lassen. Je dramatischer die Situation wurde, umso engagierter zeigte sich die Generalsekretärin – Krisenmanagement war ihre Stärke.

Längst reifte in Angela Merkel und in Schäuble der Gedanke, dass ein Zerwürfnis mit dem politischen »Übervater«, an den sie in unterschiedlicher Weise sehr eng gebunden waren, nicht mehr verhindert werden konnte. Angela Merkel war in ihrem Handeln freier als der Kohl-Nachfolger, der nicht nur länger in die Geschichte der CDU involviert, sondern auch emotionaler an die Partei gebunden war. Schäuble entstammte dem Kohl'schen Apparat, er hatte Demütigungen ertragen und sich gegenüber der parteiinternen Konkurrenz durchgesetzt. Und jetzt, da die Geschicke der Partei endlich in seine Hände übergegangen waren, musste er entdecken, wie Kohl der Partei unübersehbaren Schaden zugefügt hatte, und zudem erleben, dass der Altkanzler dem Wunsch nach Aufklärung der Vorgänge nicht nachkam. Wolfgang Schäuble konnte in dieser Situation nicht über seinen Schatten springen: Er wollte weder gegen die guten Sitten verstoßen noch dem Vorwurf der persönlichen Rache an seinem einstigen Chef ausgesetzt werden. Er plante, Kohl per Präsidiumsbeschluss aufzufordern, die Namen der durch das angeblich bindende Ehrenwort gedeckten Spender zu nennen.

»Ich habe Freude am Hakenschlagen«, bekundet Angela Merkel. Sie reagierte weit weniger beherrscht als Schäuble und wagte, die üblichen Pfade der Parteidisziplin zu verlassen. Ihr gab der desaströse Zustand ihrer Partei Kraft, sie sah sich persönlich herausgefordert. Sie griff zur Feder und verfasste schließlich den Artikel, der das Ende der Ära Kohl besiegeln sollte und der zugleich den Beginn ihrer eigenen nächsten Etappe an die Spitze der Union markiert. »Die von Helmut Kohl eingeräumten Vorgänge haben der Partei Schaden zugefügt«, schrieb sie in dem viel zitierten Beitrag, den die *FAZ* am 22. Dezember 1999 druckte. Die Generalsekretärin der Union führte aus, dass die Partei laufen lernen müsse, »sich zutrauen, in Zukunft auch ohne ihr altes Schlachtross, wie Helmut Kohl sich oft selbst gerne genannt hat, den Kampf mit dem politischen Gegner aufzunehmen. Sie muss sich wie jemand in der Pubertät von zu Hause lösen, eigene Wege gehen und wird trotzdem immer zu dem stehen, der sie ganz nachhaltig geprägt hat – vielleicht später sogar wieder mehr als heute.«

»Homöopathische Dosierungen« habe sie in ihrem Artikel verwendet, bescheinigte ihr *FAZ*-Korrespondent Karl Feldmeyer, als er das Manuskript durchgelesen hatte. Doch die Wirkung des homöopathischen Eingriffs der Generalsekretärin war enorm. Sie hatte die folgenreiche Entscheidung, mit dem Patriarchen der Partei zu brechen, für sich allein getroffen. Nur ihrem Mann und einer Mitarbeiterin hatte sie Einblick in den Entwurf ihrer Abrechnung gewährt, den Bruch mit Kohl wollte sie ganz allein wagen. Angela Merkel war persönlich so unabhängig wie niemand sonst innerhalb der Parteihierarchie, und allein diese Tatsache legitimierte ihr Vorgehen. Welche Bedeutung es für den Parteichef haben würde, war ihr einen Moment lang gleichgültig.

Auf unkonventionelle, außerordentlich wirkungsvolle Weise hatte sie sich und ihre Partei nun auf eine neue Umlaufbahn katapultiert: »Die Zeit Kohls ist unwiederbringlich vorüber«, hieß es in der Schlagzeile der *FAZ*. Entsprechend groß war bei den Mitgliedern der Parteigremien nach der morgendlichen Zeitungslektüre die Verblüffung. Merkel erntete Schelte für den eigenmächtigen Vorstoß, aber auch Anerkennung für ihren Befreiungsschlag.

Ihren Alleingang verteidigte die Generalsekretärin tapfer gegen die Stimmen derjenigen, die einen schonenderen Umgang mit dem Ehrenvorsitzenden vorgezogen hätten. Sie sei in einer »wirklichen Notsituation« gewesen. Doch hatte sie ihre Verzweiflung umgewidmet in produktive Energie, einen Versuch gewagt und sich nicht unterkriegen lassen. Sie strebte ein hohes Ziel an: Die Glaubwürdigkeit der Partei, die Helmut Kohl verspielt hatte, sollte sich künftig mit ihrem Namen verbinden.

Von Wolfgang Schäuble musste sie sich zunächst sagen lassen, dass eine vergleichbare Eigenmächtigkeit der Generalsekretärin gegenüber »ihrem« Parteivorsitzenden »allenfalls einmal in zehn Jahren vorkommen dürfe«. Die Zeiten waren jedoch so durcheinander, dass die alten parteiinternen Handlungsmuster außer Kraft gesetzt waren. Die Autorin der spektakulären Emanzipationsschrift rechtfertigte ihr Vorgehen damit, dass sie den Vorsitzenden gar nicht hätte informieren *können*. In diesem Fall nämlich hätte Schäuble die Veröffentlichung verhindern müssen – und dann wäre sie in die prekäre Situation geraten, seinem Verbot zuwiderhandeln zu müssen. Von ihrer Überzeugung, dass sie zur Rettung der Partei das Band zu Kohl lösen müsste, hätte auch Schäuble sie nicht abbringen können. Der Parteichef musste stattdessen in dieser Situation bemerken, dass Angela Merkels Risikofreude und Einsatzbereitschaft stärker waren als ihre Loyalität zu ihm. Angela Merkel erhob nach diesem an sich überfälligen, aber von niemandem sonst gewagten politischen Coup insgeheim den Anspruch, auch künftig als autonom handelnde Person akzeptiert zu werden. Sie hatte Autorität und Eigenständigkeit gewonnen und bewiesen, dass sie »ohne Netz und doppelten Boden« zu springen bereit war.

Während die Generalsekretärin sich freigeschwommen hatte, musste der Parteivorsitzende Wolfgang Schäuble, wie er selbst sagt, einen »verhängnisvollen Fehler« eingestehen: Der CDU-Fraktionschef hatte zwar Anfang Dezember im Bundestag erklärt, Karlheinz Schreiber 1994 getroffen zu haben. Über eine Spende in Höhe von 100 000 Mark hatte er jedoch nichts verlauten lassen. Um den Umgang mit dieser Spende drehte sich fortan die »Krise in der Krise«, die dem Kohl-Nachfolger schließlich zum Verhängnis wurde. Die Parteigremien waren darüber informiert, dass die seinerzeit in bar überbrachte Summe von der damaligen Schatzmeisterin Brigitte Baumeister nicht korrekt verbucht worden war. Die Öffentlichkeit aber erfuhr erst nach und nach Details, die zwischen Schreiber, Schäuble und Baumeister strittig blieben. Im Januar verschlechterte sich Schäubles Position. Man spekulierte über seinen Rücktritt. Angela Merkel stritt derlei Gerüchte ab. Als er selbst das Amt des Vorsitzenden niederlegen wollte, um Schaden von der Partei abzuwenden, war sie nicht die Einzige, die ihn davon überzeugte, dass er im Amt bleiben müsse. Doch dem Strudel der Ereignisse konnte Schäuble schließlich nicht standhalten. Die ungeheuerlichen Machenschaften der CDU in Hessen, die widersprüchlichen Aussagen über die Spende von Schreiber, Kohls Unfehlbarkeitsanspruch sowie dessen beharrliche Weigerung, die Spender zu offenbaren, staatsanwaltliche Ermittlungen, die desolate Finanzlage der Partei – in rasantem Tempo sank der Stern der CDU, personelle Konsequenzen wurden gefordert.

Die Generalsekretärin hatte den Befreiungsschlag gegen Kohl gewagt, aber damit noch lange nicht gewonnen. Sie sah sich der Kritik auch von Unionsgranden ausgesetzt, deren Begehrlichkeiten Kohl früher gezügelt hatte und die sich angesichts der instabilen Lage neu zu positionieren suchten. Angela Merkel musste ihren Platz definieren, bevor andere ihr zuvorkommen konnten. Zudem war der Altkanzler nicht gewillt, sich einfach den Ehrenvorsitz entziehen zu lassen und endgültig von der politischen Bühne abzutreten. Sein Selbstbewusstsein war ungebrochen. Seiner Meinung nach war er frei von Schuld, Ruhm und Ehre gebührten seinen historischen Verdiensten. Angela Merkel musste mit diesem Widerspruch leben – nicht zuletzt deshalb, weil die Partei weiterhin einen nicht unerheblichen Teil ihrer Identität aus dem einstigen Wirken Helmut Kohls schöpfte. Obgleich sie sich von ihm emanzipiert hatte, musste sich Angela Merkel schließlich dem Altkanzler wieder annähern. Sie traf sich, wie *Focus*-Autor Wolfgang Stock beschreibt, wenige Tage, bevor Schäuble den Verzicht auf seine Ämter erklärte, im Geheimen mit Helmut Kohl. Das Gespräch allerdings sei nicht im Geringsten mit Schäubles Rückzug in Verbindung zu bringen, wie das Büro Merkel versichert. Später kann sich die Generalsekretärin auch öffentlichen Auftritten mit Kohl nicht entziehen – zum Beispiel zeigen sie sich gemeinsam auf den Feierlichkeiten zum zehnten Jahrestag der Vereinigung der west- und ostdeutschen CDU. Kohl ist stigmatisiert, aber er lässt sich nicht aus dem politischen Leben verdrängen – wie Angela Merkel erkennen muss.

Bei öffentlichen Auftritten zum Jahresbeginn sieht die Generalsekretärin müde aus, aber sie geht nicht in die Knie. Je mehr Publikum, desto engagierter ihr Auftritt. Konzentriert dreht und wendet sie nur einen einzigen Gedanken: die Beteuerung, dass die Union sich der Aufklärung der verwerflichen Finanztransaktionen nicht widersetzen würde. Trotz der denkbar unerfreulichen Lage der Partei zeigt sie sich in Gesprächen nicht mutlos, lacht und überspielt freundlich und zugleich stoisch ihre Anspannung. Bei ihren Besuchen in den Landesverbänden oder bei Wahlkampfauftritten in Schleswig-Holstein ruft sie die verunsicherten, enttäuschten oder auch wütenden Mitglieder der Partei zu Geschlossenheit auf. Zugleich sondiert sie die Stimmung, denn längst sieht sie den Zeitenwechsel nahen, den sie für sich würde nutzen können. Angela Merkel bereitet sich insgeheim auf eine neue Rolle vor, einsam und mit langem Atem.

»In mir ist die Überzeugung gereift, dass ohne einen sichtbaren, also auch personellen, Neuanfang die CDU sich nicht aus der Umklammerung dieser Krise befreien kann.« Am 16. Februar 2000 zieht sich Wolfgang Schäuble mit diesen Worten aus seinen Ämtern als Fraktionsvorsitzender und als Bundesvorsitzender der CDU zurück. Die Krise fordert von der Partei ein Opfer, Schäuble muss die Verantwortung übernehmen.

»Da war ich einfach traurig. Vielleicht gibt es unvermeidbare Situationen, die im Ergebnis so enden. Da braucht man erst einmal

Osterurlaub, um das zu verarbeiten«, sagt Angela Merkel in der Talkshow von Bettina Böttinger.

Dennoch: der Verdacht vom »Sturz« des Vorsitzenden tauchte auf, und die Generalsekretärin war penibel darauf bedacht, keinerlei Anzeichen dafür zu zeigen, dass sie als »Vatermörderin« nun auch den Thronfolger auf dem Gewissen haben könnte. Ihr Image musste unbedingt »sauber« bleiben, nur so würde sie eine Chance haben, sich als einzig redliche Alternative zu präsentieren, wenn sich noch weitere Kandidaten für den Vorsitz hervorwagen sollten. Die Position an der Spitze der CDU sollte unbedingt ihre werden.

Ohne Hausmacht, ohne Verwurzelung in der Partei, ohne Stallgeruch – Angela Merkel strebte ein ehrgeiziges Ziel an. Die üblichen CDU-internen Regularien der Nominierung eines Vorsitzenden und die Anforderungen an einen Kandidaten waren angesichts der Krise außer Kraft gesetzt. Das war ihre Chance. Zunächst sollte die Kandidatenfrage bis zum 20. März offen gehalten werden. Die übrigen Anwärter auf den Parteivorsitz brachten sich in Position und schmiedeten untereinander Bündnisse. Doch die im Hinterzimmer getroffenen Absprachen innerhalb der Herrenriegen der Union waren inzwischen diskreditiert, heimliche Verbrüderungen mussten ans Tageslicht kommen und wurden von der Partei in dieser Situation nicht geduldet.

Die Generalsekretärin hatte rascher als ihre möglichen Konkurrenten gemerkt, dass nur sie einen bis dahin stets missachteten, bislang nie direkt befragten Verbündeten finden könnte: die Basis. Diese Unterstützung würde in der Krise eindrucksvoller wirken als die Reputation eines Landesfürsten oder eines Präsidiumsmitglieds.

Einen Vorgeschmack darauf, wie euphorisch die Partei auf ihre mögliche Kandidatur reagieren würde, hatte Angela Merkel bereits vor Schäubles Rücktritt bekommen. Der CDU-Landesverband Hamburg hatte Mitglieder und Generalsekretärin zu einer Diskussion über die Perspektiven der Union angesichts der Krise eingeladen. Mehr als achthundert Christdemokraten hatten sich in einem unpersönlichen Saal des Kongresszentrums eingefunden. Nach wenigen Sätzen war klar: Der Funke sprang über, Angela Merkel sprach den Anwesenden aus der Seele: »Die Vorwürfe gegen Manfred Kanther sind ein schwerer Schock.« Sie beschönigte nicht, sie empfand die Lage so wie ihr Auditorium und sie zeigte offen ihre Distanz zu jenem diskreditierten Führungszirkel, der die Enttäuschung, Verbitterung und Misserfolge zu verantworten hatte.

Dankbar nahm der Saal ihre nächste Botschaft auf: Angela Merkel sah Licht am Ende des Tunnels. Sie konnte glaubhaft von Aufarbeitung und Neubeginn sprechen, und zur Überraschung der Versammelten begann sie, mit ihren Zuhörern einen Dialog zu führen. Plötzlich unterbrach sie ihre Rede und fragte vom Podium herab in die Runde, wer denn über einen Internetzugang verfüge, sie wolle die parteiinterne Kommunikation modernisieren. In der gelähmten CDU bewegte sich etwas, und ihre eigene Lebendigkeit war der Motor, der diese Bewegung in Gang brachte. Die hanseatischen Christdemokraten waren hingerissen, wann hatte ein Generalsekretär sie jemals um ihre Meinung gebeten?

Zwar wirkte Angela Merkel bemüht, wenn sie in ihrer Rede Details der Parteigeschichte berührte – sprach sie von Ludwig Erhards Verdiensten, so klang es angelesen –, aber ihre klare Sprache motivierte die Zuhörer. Als Parteimitglieder sie schließlich offensiv aufforderten, den Vorsitz zu übernehmen, zog sie sich sofort auf eine unangreifbare Position zurück: »Wolfgang Schäuble und ich sind ein gutes Team.« Und ihr Pokerface zeigte keine Regung.

»In die Partei hineinhorchen«, lautete nach Schäubles Amtsverzicht die neue Zauberformel. Angela Merkel hatte längst damit angefangen, aber sie führte den Prozess unter den Augen der Öffentlichkeit fort. Schäuble erwies ihr dabei noch einen letzten wichtigen Dienst: Er begleitete sie auf die schon vor seinem Rückzug angekündigten Regionalkonferenzen. Der in Ehren zurückgetretene Nachfolger von Helmut Kohl führte die Generalsekretärin in die Partei ein, die ihm noch immer viel vertrauter sein musste als ihr.

»Wir als Partei haben ja nichts verbrochen!« Verfehlungen hatten andere begangen, schwere sogar, aber »wir wagen den Neuanfang« – diese Botschaft strahlte Angela Merkel gegenüber den Christdemokraten der Basis glaubwürdig aus und damit traf sie genau den richtigen Ton. »Wir müssen zu dem stehen, was passiert ist, aber wir müssen nicht in Sack und Asche gehen!«, rief sie den verunsicherten Mitgliedern zu. Sie machte den Betrogenen wieder Mut. Sie beschwor die paralysierten Parteifreunde, endlich auch wieder die Auseinandersetzung mit dem politischen Gegner zu suchen, der doch nichts anderes im Sinn hätte, als die Union insgesamt in den Schmutz zu ziehen. »Wir lassen uns die Deutungshoheit über unsere Geschichte nicht aus der Hand nehmen«, rief sie.

Das Parteivolk meldete sich auf den Regionalkonferenzen in nie gekannter Offenheit zu Wort und inszenierte so eine parteiinterne Erhebung. Angela Merkel erntete Beifall und innigen Zuspruch: »Frau Merkel, wenn Sie lächeln, sind sie zuckersüß«, gestand ein Christdemokrat in Neumünster ohne zu erröten, während der Hoffnungsträgerin in Berlin eine schwarz-rot-goldene Torte verehrt wurde und ein hessischer Lokalpolitiker sie geradezu ultimativ aufforderte, für den Parteivorsitz zu kandidieren, »sonst stürzen wir in die nächste Krise«.

Gleich, ob in Wolfenbüttel, in Recklinghausen, Treffurt oder wo immer sie auftrat, die Sympathiebekundungen waren ehrlich und mündeten in eine einzige Forderung: »Angela muss ran!« Doch so flehentlich die CDU-Mitglieder auch baten, Angela Merkel lächelte huldvoll und schwieg eisern. Bis zum vereinbarten Termin werde sie sich nicht äußern, »und dann werden wir sehen«.

Die Regionalkonferenzen wurden zu einem Siegeszug für die Generalsekretärin. Die CDU-Mitglieder forderten ihren Einsatz, und Angela Merkel signalisierte, wie viel sie zu investieren bereit war. Sie genoss die Auftritte vor dem nach Trost verlangenden Parteivolk, das ihr zu Füßen lag. Auf diese Weise musste sie sich nicht etwa selbst in Positur rücken, sondern wurde auf den Schild gehoben, ohne die offene Konfrontation mit den Konkurrenten austragen zu müssen. Sie blühte auf, während die CDU-Mitglieder zeigten, wem sie wirklich vertrauten: In Recklinghausen beispielsweise begrüßten die Versammelten erst einmal respektvoll Wolfgang Schäuble, dann wie selbstverständlich ihren Spitzenkandidaten für die kommende Wahl, Jürgen Rüttgers, und schließlich die neue Lichtgestalt der Partei. »Man muss taub sein, um nicht zu hören, was die Basis will«, bemerkte Schäuble.

Im thüringischen Treffurt stellte einer der Anwesenden der Generalsekretärin eine Frage, die den Rahmen sprengte. Er begehrte von Angela Merkel zu wissen, warum ihr Vater einst aus dem Westen in die DDR gegangen war. Die Antwort auf diese Frage verlangte noch mehr Konzentration als die üblichen Repliken. Da wollte jemand etwas mehr von ihr wissen, als sie preisgeben mochte – eine Grenzsituation. Da fragte jemand nach ihrer persönlichen Lebensgeschichte, nicht nach der Politikerin. In Treffurt konnte sie die Neugier des Fragestellers befriedigen, indem sie von der Überzeugung ihres Vaters berichtete und von der schweren Entscheidung der Mutter, die ihrem Mann schließlich gefolgt ist: »aus Liebe«.

Außer dem nie gekannten Beifall der Parteimitglieder begegnete Angela Merkel nun noch einem anderen Phänomen – dem grundlegenden Wandel ihres Bildes in der öffentlichen Darstellung. Dominierten früher auf Porträts der Ministerin zumeist herabgezogene Mundwinkel, so sprangen den Betrachter nun auf einmal die Lachfältchen um ihre Augen an. Darauf angesprochen, sagt sie nur: »Ich hab doch früher auch gelacht.«

Die Presse beschreibt die umjubelte Hoffnungsträgerin der CDU jetzt auf einmal in ganz anderen Tönen: Nur selten hatte sich das Bild eines Politikers so radikal gewandelt. In ihren Regierungsämtern war Merkel oft kaum ernst genommen worden, schien allein Spott oder Kritik an ihrer Erscheinung zu provozieren, zumal sie sich resistent gegen modische Entwicklungen zeigte. Plötzlich aber wandelt sich das wegen der Prinz-Eisenherz-Frisur verspottete

»Mädchen« auf den Porträts zur unbestechlichen Heilsbringerin der CDU, zu einer Jeanne d'Arc mit messianischen Fähigkeiten.

Angela Merkel gab immer wieder vor, gegen Anfechtungen in Bezug auf ihr Äußeres immun zu sein. Aber auch ihr selbst fiel auf, wenn sie zu diversen Anlässen tagelang im selben Blazer im Fernsehen zu sehen war. Sie verbesserte ihre Haltung und bemühte sich, bei Fernseh- oder Hörfunkinterviews flüssig zu antworten. Schließlich ist sie nicht so uneitel, wie sie zu sein vorgibt.

Der neue, positive Blick auf ihre Person lässt sie nicht kalt. Wohl aber weiß Angela Merkel, wie abrupt sich die Tendenz der Berichterstattung auch wieder ins Gegenteil kehren kann.

Keine andere Person des politischen Lebens in Deutschland wird in dieser Zeit so hartnäckig und kritisch beobachtet wie Angela Merkel – und bei niemandem sonst bleiben die Erkenntnisse aus diesen Beobachtungen ähnlich vage. Ihr betont unauffälliges, wenig feminines und bescheidenes Auftreten irritiert: Sie scheut sich nicht, mit ihren Sicherheitsbeamten schnell bei McDonald's einzukehren, eine schmucklose schwarze Digitalarmbanduhr zu tragen oder über ihre Vorliebe für Kartoffelsuppen zu plaudern. In ihrer Bodenständigkeit wirkt sie natürlich und offen – bleibt aber undurchschaubar. Das sei das »Merkelige« an ihr, bemerkt die *Süddeutsche Zeitung*.

Die Pastorentochter aus der Uckermark hat, getragen von ihrem Ehrgeiz, die oberste Etage des Konrad-Adenauer-Hauses erklommen. Ihren Aufstieg verdankt sie einer Reihe von Zufällen, der Gunst von Förderern, ihrem politischen Talent und ihrem außergewöhnlichen Mut, Chancen beherzt wahrzunehmen. Angela Merkel ist viel zu unruhig, um sich bequem zurückzulehnen, stets ist sie getrieben, auf Neues aus. Die Angst, in ihrem Elan möglicherweise an die eigenen Grenzen zu stoßen oder zu scheitern, hat sie längst überwunden. Lange genug hatte sie ihren Ehrgeiz nicht ausleben dürfen: In der DDR war sie wie viele andere in der Diktatur auch auf eine private oder »innere Karriere« beschränkt.

Im *Spiegel* sagt sie 1994: »Ich war Teil des Staates DDR und lebte zugleich in permanenter Auflehnung dagegen.« Die einstige Mitarbeiterin der Akademie der Wissenschaften zählte zweifellos nicht zur DDR-Opposition. Aber aufgelehnt hat sie sich schließlich doch – nicht gegen den Sog des Mitmachens, sondern gegen die »geistige Verödung«, vor der ihre Mutter sie einst bewahren wollte. Die Karrieremuster der DDR versprachen der Pastorentochter keine grandiosen Aussichten, aber sie verbrachte auch nicht fünfunddreißig Lebensjahre darbend in ständiger Unterdrückung: »Mein Leben war nicht so grau wie das des Staates DDR«, erklärt sie der *Frankfurter Rundschau*.

Keine Frage: als die Mauer fiel, wusste sie, dass ihr Leben künftig noch bunter werden würde. Dass die Öffnung des Eisernen Vorhangs ihr den Weg in die Politik frei machen würde, war keinesfalls absehbar. Doch hat sich Angela Merkel entschlossen und ohne sich zu schonen immer weiter auf dem sich zufällig öffnenden fremden Terrain vorgewagt, sich etabliert, um doch bei einer nächsten sich bietenden Gelegenheit wieder frei zu sein für einen weiteren Schritt nach oben.

Schon ihre Familiengeschichte war nicht in glatten Bahnen verlaufen, daher können Brüche und Widersprüche Angela Merkel nicht schrecken. Bedenkenlos macht sie in bestimmten Situationen Schnitte, die sie selbst weniger verletzen als andere. Wenn es darum geht, eine vermeintliche oder reale Bedrohung abzuwehren oder das eigene Fortkommen zu sichern, dann entwickelt sie Skrupellosigkeit – eine Eigenschaft, die in einem eigentümlichen Widerspruch zu ihrer konzilianten Art steht.

Die Sechsundvierzigjährige hat gelernt, im Ernstfall nur sich selbst zu vertrauen, die Macht hat auch sie einsam gemacht. Sie ist sich ihrer Sache inzwischen oft maßlos sicher, glaubt – auch aus Misstrauen –, auf Ratschläge verzichten zu können und weiß doch zugleich, dass sie als Politikerin stärker noch als andere vom öffentlichen Urteil abhängig ist.

Auch wenn Angela Merkel gern mit Bezug auf Václav Havel erklärt, dass Politik immer mit *dienen* zu tun habe – sie war längst nicht mehr nur Dienerin, sondern wusste, was führen heißt. Das Mandat für die Führungsrolle hatten ihr die CDU-Mitglieder selbst erteilt, kein Konkurrent konnte oder wollte in dieser für die Union desolaten Situation den Kampf mit ihr aufnehmen. Die Köpfe derer, die über Jahre das Bild der CDU bestimmt hatten, waren eingezogen. Die Dame mit dem sagenhaften Image der Unschuldigen hatte den Vortritt – wenn sie alles darauf einrichtete, so sollte sie doch die Kohlen aus dem Feuer holen, schienen sich die Karrieristen in der Partei zu sagen. Und so blieb die ostdeutsche Physikerin auch die einzige Kandidatin für das Amt des Parteivorsitzenden.

»Man kann eine einschneidende Krise nicht mit einem Stichtag beenden«, rief Angela Merkel den Delegierten auf dem Essener Parteitag am 10. April 2000 zu. Doch ihr und jedem anderen war klar, dass die CDU in Essen nicht nur einen Personalwechsel, sondern vor allem unmissverständlich einen Stimmungswechsel inszenieren wollte. Angela Merkel sollte die Partei aus dem Jammertal geleiten und den Schlussstrich unter das unrühmlichste Kapitel der Parteigeschichte ziehen.

»Die CDU ist die richtige Partei zur Bewältigung von Krisen« – mit diesen Worten hatte sie sich im Jahr 1991 vor der Wahl zur Stellvertretenden Bundesvorsitzenden den Parteitagsdelegierten vorgestellt. Jetzt musste sie selbst den Beweis für die Glaubwürdigkeit dieser Aussage antreten.

»Zur Sache« lautete das Parteitagsmotto – das aus dem gleich lautenden Filmtitel stammende »Schätzchen« schwang insgeheim mit. Die Wahl der Vorsitzenden war trotz des zuvor erhobenen einmalig klaren Stimmungsbilds an der Basis mehr als nur ein formaler Akt. Der Staffelwechsel war schmerzlich: Wolfgang Schäubles Resignation war in seiner Abschiedsrede nicht zu überhören. Der Applaus bezeugte zwar den Respekt seiner Partei, auch war es rührend, dass ihm der Kohl-Vorgänger Rainer Barzel vor aller Augen dankte, aber es war zu spüren, dass sich die Union ungeduldig der neuen, jungen Führung zuwandte.

Angela Merkel war zu Beginn des Parteitags fahrig und aufgeregt, aber auch das entsprach genau der Stimmung in ihrer Partei. Die Selbstverständlichkeit dann, mit der sie ihre Position am Rednerpult einnahm, zerstreute jeglichen Zweifel: Sie war die Persönlichkeit, die führen wollte. Die hohe Erwartung ihres Publikums entsprach ihrer eigenen – der sie offenkundig hier gerecht wurde: Angela Merkel war im Reinen mit sich.

»Unsere Partei ist intakt«, bescheinigte die Kandidatin den dankbaren Delegierten in der Gruga-Halle. »Die Stunde unserer Gegner ist vorbei«, rief sie der Partei zu, nicht ohne »die dramatischen Monate, die hinter uns liegen«, zu streifen und auch nicht ohne Sir George Weidenfeld zu zitieren: »Kohls Werk, ihr Werk, lieber Helmut Kohl, bleibt historisch überragend.« Der Gestaltung der Zukunft widmete sie viel Raum, natürlich, denn es musste ihr um den Beweis gehen, dass hier der »Neubeginn« gewagt, dass die Union »sich der Zukunft stellen« würde. Entscheidend aber war, dass sich Angela Merkel den *Delegierten* gestellt hatte. Diese nahmen ihre Botschaft dankbar an, der mit Bravour und kämpferisch vorgebrachte Bericht der Generalsekretärin erntete einen ungewöhnlich langen Applaus.

Die Kandidatin Angela Merkel wird schließlich mit 897 von 935 gültigen Stimmen zur Bundesvorsitzenden der CDU gewählt. Achtunddreißig Delegierte stimmen gegen sie, sieben enthalten sich. Damit erreicht die umjubelte Spitzenfrau eine Zustimmung von 96 Prozent.

Angela Merkel hatte es geschafft, Ergebenheit zu erzeugen. Sie wird schon wissen, was sie tut, schien der Parteitag zu bekunden und akzeptierte selbst ihre nicht unbedingt spektakulären Personalvorschläge – zum Beispiel den des weithin unbekannten Bundestagsabgeordneten Ruprecht Polenz für das Amt des Generalsekretärs. Wenn sie sogar Ulrich Cartellieri aus dem Vorstand der Deutschen Bank für die Schatzmeisterei der hoch verschuldeten Bundespartei begeistern konnte, so würde schon alles in die richtige Richtung laufen. Selbst die CSU demonstrierte, dass sie die Furcht vor einem »Linksruck« der Schwesterpartei überwunden hatte, und Edmund Stoiber versicherte Angela Merkel seine Solidarität.

Die Union vollzog im Bemühen, sich von »Angie« aus dem Spendensumpf ziehen zu lassen, gleichsam im Taumel einen ungewohnt rabiaten Austausch der Generationen. Nur ganz kurz flackerte das Bedauern darüber auf, dass die Verjüngung der Parteispitze achtlos inhaltliche sowie personelle Lücken riss: Die Herzlichkeit, mit der Norbert Blüm verabschiedet wurde, blieb die Ausnahme. Er selbst freilich verbat sich Rührseligkeiten: »Es ist Schichtwechsel angesagt.«

Der sächsische Ministerpräsident Kurt Biedenkopf hatte einst davor gewarnt, in der Krisensituation die Weichen für einen radikalen Personalwechsel zu stellen, bevor überhaupt klar sein konnte, welche Aufgaben auf die neue Führungscrew zukommen würden. Die Partei aber hatte sich in einem einmaligen basisdemokratischen Prozess hastig auf die Retterin verständigt und ihr im Jubel auf dem Essener Parteitag die Verantwortung übertragen.

Die Geschichte der CDU weist eine Parallele auf: 1965 schickte die Partei Ludwig Erhard als Spitzenkandidat in den Wahlkampf – gegen den ausdrücklichen Willen Konrad Adenauers und einzig und allein deshalb, weil sie den populären Zigarre rauchenden »Vater des Wirtschaftswunders« dringend als zugkräftige »Wahllokomotive« einsetzen wollte. Die Frage nach seiner Befähigung zum Kanzler stellte niemand. Erhard erkämpfte der CDU zwar die Mehrheit, aber schon in den ersten Monaten seiner einjährigen Amtszeit zeigte sich, wie kurzsichtig die Nominierung gewesen war. Erhard scheiterte, und seine Partei ließ ihn fallen.

»Wer eine Krise bewältigen kann, ist damit nicht automatisch fit, eine Partei zu führen«, sagt Angela Merkel selbst. Sie war also darauf eingerichtet, dass sich die Euphorie über ihren Sprung an die Spitze der CDU wieder legen würde. Seit ihrem Debüt auf der Bonner Bühne im Jahr 1990 war sie daran gewöhnt, dass ihre Fähigkeiten unterschätzt wurden. Angesichts der hohen Erwartungen an die Parteichefin bestand nun die Gefahr, dass sie *über*schätzt worden war. Dieser Befürchtung musste sie entgegentreten, sofort, denn für eine Bewährungs- oder Orientierungsphase blieb keine Zeit. Die Parteichefin sah sich bald schon in der Position, stets reagieren zu müssen, nicht aber das Heft selbst in der Hand zu haben. Altkanzler Kohl und der amtierende Bundeskanzler Schröder gaben vor, welchem Thema sich die gehetzt wirkende Unionschefin zuzuwenden hatte. In der Konfrontation mit beiden aber entwickelte Angela Merkel noch nicht das Profil der Nachfolgerin oder der Gegenspielerin, sondern blieb im Schatten – fast ohne Konturen.

Erste Zweifel an Merkels Führungsqualität belasteten schon die Frühphase ihrer Zeit als Bundesvorsitzende: In der Steuerreform unterliefen die von der Union mitregierten Bundesländer eigenmächtig die Linie der Parteispitze. Die Länderminister und Senatoren stimmten entgegen der Linie von Merz und Merkel dem Reformpaket der rot-grünen Regierung im Bundesrat zu. Bundesfinanzminister Hans Eichel hatte darauf gesetzt, dass das parteipolitische Interesse der Länderminister nicht schwerer wiegen würde als die Verpflichtung, zum Wohl der eigenen Länder zu handeln, und sein Kalkül war aufgegangen. Die CDU-Parteispitze musste das Nachsehen haben, und es konnte sich kaum deutlicher zeigen, dass es der neuen Führung noch an Geschick und Autorität mangelte. »Das war bitter«, gestand Angela Merkel, die, um Professionalität ringend, dieser ersten Lehrstunde im Kräftemessen ein »reinigendes Gewitter« folgen ließ. »Das darf ihr nicht oft passieren«, bemerkte Klaus Töpfer.

Angela Merkel musste die Balance im neuen CDU-Führungstrio definieren: Friedrich Merz als junger Fraktionsvorsitzender im Bundestag, Ruprecht Polenz als Generalsekretär und sie selbst brauchten eigene Positionen und Spielfelder. Der Aktionsradius von Merz war vergleichsweise eindeutig. Der Generalsekretär aber durfte der ungewöhnlichen neuen Vorsitzenden nicht in die Quere kommen, da sie ihr politisches Profil schärfen und das Image der Retterin ablegen musste. An ihrer Seite brauchte sie einen loyalen Gefolgsmann, keinen Konkurrenten. Daher war Angela Merkels Wahl auf Polenz gefallen. Dessen ruhige Art und seine Verlässlichkeit ließen keine großen Auseinandersetzungen befürchten. Doch Polenz' fehlende Aggressivität erwies sich als Manko für die Oppositionspartei: Die Vorsitzende musste erkennen, dass der von ihr empfohlene, nachdenkliche Generalsekretär eigentlich keiner war, dass sie sich in ihren Auswahlkriterien getäuscht hatte – und Polenz blamiert war. Angela Merkel biss die Zähne zusammen und verabschiedete nach nur sechs Monaten überraschend ihren Generalsekretär, nicht ohne zugleich Laurenz Meyer als Nachfolger vorzuschlagen. Es war ihr gelungen, die Entscheidung geheim zu halten, ihr kleiner Führungsstab im Konrad-Adenauer-Haus und das eingeweihte Präsidium bewiesen ihr Treue und verhinderten zudem den nächsten Verfahrensfehler der einsam entscheidenden Vorsitzenden. Angela Merkel wollte Meyer ursprünglich erst nach Zustimmung des Bundesvorstands präsentieren, was hartnäckige Spekulationen der Presse zur Folge gehabt hätte, die wiederum ihr und dem Kandidaten nur Schaden zugefügt hätten.

Bei der Verabschiedung von Polenz am 23. Oktober 2000 glaubte Angela Merkel, auf jegliche Begründung für ihren Entschluss verzichten zu können, obwohl mehr als deutlich war, dass sie ihren Irrtum korrigierte. Ruprecht Polenz selbst sah sich angesichts des beharrlichen Schweigens seiner Chefin zu einer entschuldigend klingenden Einlassung über seinen Charakter genötigt: »Ich bin eigentlich vom ganzen Typ her eher jemand, der Brücken baut, als dass er sich sozusagen ständig als Speerspitze profiliert, so wie dies zu Recht von einem Generalsekretär erwartet wird. « Nachfolger Meyer wiederum bewies zum Ärger der Vorsitzenden gleich bei seinem ersten Auftritt in Berlin, wie hemmungslos er den Säbel schwingen würde. Der erste Hieb des designierten Generals traf unglücklicherweise die Parteivorsitzende, die sich einen »zweiten Missgriff« nicht erlauben könnte, wie Laurenz Meyer forsch erklärte. Angela Merkel gefror bei dieser Äußerung förmlich und korrigierte indigniert das Wörtchen »Missgriff«. Zweifel an der Auswahl Meyers kamen spätestens im Januar des folgenden Jahres auf, als sich der Generalsekretär an einer Kampagne gegen die Rentenreform der rot-grünen Bundesregierung versucht. Ohne korrekte parteiinterne Abstimmung präsentiert Meyer ein Plakat, das Fotos von Gerhard Schröder im Stil einer Verbrecherkartei zeigt: der »Rentenbetrüger«. Nicht allein die Geschmacklosigkeit entrüstet Freund und Feind der Union, sondern auch die Uneinsichtigkeit des Generalsekretärs, der seine missratene Aktion verteidigt. Nicht wie gedacht der sozialdemokratischen Arbeitsminister Walter Riester hat die öffentliche Meinung gegen sich, sondern die Union. Die Parteichefin muss wieder einen Fehler eingestehen. Umständlich bedauert sie, dass die fingierten Fahndungsfotos als Kriminalisierung des Bundeskanzlers hätten verstanden werden können. Eine Entschuldigung kommt ihr nicht über die Lippen. Sie sieht angespannt und gestresst aus, kein Wunder: Wieder einmal trifft sie der Vorwurf der Führungsschwäche. In den eigenen Reihen erhebt sich laut die Frage, wie eine so vorhersehbare politische Panne in der Öffentlichkeitsarbeit des Konrad-Adenauer-Hauses überhaupt passieren kann. Hatte sie nicht selbst einmal im *Stern* über den sozialdemokratischen Kanzler gesagt: »Schröder hat eine große Schwäche. Er denkt nicht zu Ende.« Hier war es der Generalsekretär, der nicht zu Ende gedacht hat.

Zuvor schon waren in der Debatte um den von Fraktionschef Friedrich Merz aufgebrachten Begriff der deutschen »Leitkultur« und um seinen Vorstoß zur Asyl- und Ausländerpolitik die Wellen hochgeschlagen. Peter Müller als Vorsitzender der Einwanderungskommission der CDU äußerte Bedenken dagegen, aus dem Thema Zuwanderung Munition für den Wahlkampf zu schöpfen, Beifall spendete indes die CSU. Parteichefin Merkel befand arglos, Zuwanderung sei kein Tabuthema. »Wir lassen uns von der SPD die Themen nicht diktieren«, wies sie jegliche Kritik zurück.

Der Vorsitzende der Bundestagsfraktion hatte das Wort »Leitkultur« eher beiläufig fallen gelassen, doch es sollte nicht lange dauern, bis um Bedeutung und Zulässigkeit des Begriffs, der bis dato weder in der tagespolitischen Auseinandersetzung noch in der Politikwissenschaft eine zentrale Rolle gespielt hatte, eine heftige Kontroverse entbrannte. Schließlich versicherte die CDU-Spitze dem Vorsitzenden des Zentralrats der Juden, Paul Spiegel, auf den umstrittenen Begriff künftig zu verzichten. Die Unionsführung hatte die Chuzpe, dennoch weiter von der deutschen »Leitkultur« zu sprechen, und Spiegel seinerseits fragte dann ausgerechnet auf einer Kundgebung gegen Rassismus und Fremdenfeindlichkeit, ob es zur deutschen Leitkultur gehöre, »Fremde zu jagen und Synagogen anzuzünden«.

Die Parteichefin duldete die Debatte nicht nur, sie filterte schließlich einen eigenen Schwerpunkt heraus, mit dem sie sich und ihre Partei gegen die SPD in Stellung zu bringen gedachte: »Schröder und die SPD sind nicht in der Lage, eine Debatte über das Verhältnis von Nation und Vaterland zu führen«, erklärte sie den Delegierten des kleinen Parteitags im November in Stuttgart und fuhr fort: »Hier zeigt sich eine geistige Wüste.« Ihre eigene ausgeprägte Heimatliebe und ihr uneingeschränktes Bekenntnis zur Bundesrepublik Deutschland paaren sich nun mit ihrer dringenden Suche nach Schlagworten für den kommenden Wahlkampf.

Fremd und altbacken mutet dann auch die Deutschtümelei der Unionsspitze an. Die Parteivorsitzende aber ist sich sicher, dass sie mit dem Begriff *Vaterland* auf Stimmenfang gehen kann.

Im Folgenden ein Auszug aus einem Interview mit dem Berliner *Tagesspiegel*:

»Ich habe erst jetzt gelernt, dass der Begriff (Vaterland) für manche im Westen altmodisch sein könnte.«

Frage des *Tagesspiegel*: »Nur altmodisch?«

Gegenfrage Merkel: »Was denn sonst noch?«

Antwort *Tagesspiegel*: »Historisch aufgeladen, zum Beispiel.«

Darauf wiederum Angela Merkel: »Die Generation, die wie ich in der DDR aufgewachsen ist, hat zum Beispiel gelernt, dass das Wort Vaterland im Russischen einen ausgesprochen guten Klang hat. Nehmen Sie nur den Begriff des Großen Vaterländischen Krieges, wie der Zweite Weltkrieg genannt wurde. Schon von daher wäre ich nicht auf die Idee gekommen, dass Vaterland etwas Schlechtes sein könnte.«

Das Motto für die Vorwahlkampfzeit der Ära nach Kohl heißt »Vorsprung für Deutschland – Neues Regieren 2002«. Noch in den Erfurter Leitsätzen von 1999 wurden die Deutsche Einheit und die staatliche Identität der Deutschen in einen historisch definierten Kontext gestellt. Deutschland und Europa erschienen als »zwei Seiten einer Medaille«, wie Helmut Kohl einst formuliert hatte. Aber Angela Merkel löst sich und ihre Partei von derlei Vorgaben leicht, denn sie fühlt sich nicht an christdemokratische Traditionslinien gebunden. So vertraut sie auch nicht mehr allein erfahrenen und in der Union verwurzelten Ratgebern aus den Reihen der Partei, sondern beansprucht immer öfter externe Hilfe. Wähler sind in ihrem klaren Kalkül wichtiger als die eigene Klientel.

So wie sie sich jetzt präsentiert, steht Angela Merkel ihrer Partei vor, aber sie steht nicht in ihr. So kann sie sich gedanklich offen auf die Suche nach »warmen und kalten Botschaften« machen, also nach Themen, mit denen sie nach Möglichkeit exklusiv Punkte im politischen Tagesgeschäft machen kann. Dabei jongliert sie durchaus auch Bälle, die ihr auf die Füße fallen. So versuchte sie die Proteste gegen die Ökosteuer zu nähren, obschon sie selbst als Umweltministerin für eine Energiesteuer plädiert hatte. Scheu vor Beliebigkeit ist ihr nicht eigen.

Die Seiteneinsteigerin ist grundsätzlich unabhängiger als andere, weil sie sich stets der totalen Integration in ein enges Lebensumfeld widersetzt hatte oder die Erfahrung machen musste, dass sie in den Gemeinschaften, die sie in verschiedenen Lebensabschnitten umgaben, nicht aufgehen durfte. Seit ihrer Kindheit auf dem Waldhof in Templin ist Angela Merkel daran gewöhnt, immer ein wenig fremd zu bleiben, Distanz zu wahren oder wahren zu müssen. Sie ließ sich mitziehen, passte sich gegebenenfalls der Umwelt auch mit einem Teil Opportunismus an, aber immer erhielt sie sich sorgsam einen Rest von Eigenständigkeit.

So schützte sich die Pastorentochter und so »überwinterte« die Physikerin mit ihren Überzeugungen im staatlichen Elfenbeinturm der Akademie der Wissenschaften. Auch innerhalb der Union hatte sie eine privilegierte Stellung im Abseits der Kohl'schen Führungsriege eingenommen. Dass sie sich in der westdeutschen Politik hat behaupten können, hängt gewiss zum Teil auch damit zusammen, dass sie an ihre permanente Sonderstellung gewöhnt war. Anders als andere Frauen in der Politik war sie so vor dem ohnehin aussichtslosen Bemühen gefeit, sich gemein machen zu wollen mit männlichen Konkurrenten.

Die Mitglieder ihrer Partei hatten sie auf dem Höhepunkt der Spendenkrise als »Trümmerfrau« *(Der Spiegel)* für sich entdeckt und dadurch Merkels Unabhängigkeit honoriert.

In einer Zeit, da die Partei nach Neuem verlangte, erfüllte Angela Merkels vergleichsweise locker definierte, offene politische Haltung haargenau die Anforderungen an eine zupackende, optimistische Aufräumerin. Aber nach ihren ersten einhundert Tagen im Amt schon hatte sich gezeigt, dass es eine Diskrepanz gab zwischen Unionsmitgliedern und erneuerter Führungsmannschaft. Die Mitglieder hatten anders als die Parteispitze keinen Generationswechsel vollzogen, sie waren, stärker als Angela Merkel glaubte, an Kontinuität gewöhnt.

»Die Partei hat eine Seele«, hatte Angela Merkel in ihrem *FAZ*-Artikel geschrieben. Doch war sie in diese Seele vorgedrungen? In dem Moment, da sie sich als Retterin der Union, als die sauberste und einzig glaubhafte Alternative zu den wohl bekannten Protagonisten präsentierte, stand ihr »die Seele der Partei« offen. Die Wärme aber, mit der sie damals vor allem das emotionale Vakuum ihrer Parteimitglieder angesichts der Spendenkrise füllen konnte, ist abgekühlt. Jetzt begehren Partei und Wählerschaft zu wissen, wohin Angela Merkel eigentlich aufgebrochen ist und wer sich hinter der freundlich-undurchschaubaren CDU-Bundesvorsitzenden verbirgt. »Angela Merkel braucht kein Programm«, stellt ein Berater aus der Werbebranche fest. Eine leichtfertige Äußerung. Denn aus ihrer exponierten Stellung und dem Vertrauensvorschuss, den ihr die Partei gewährt hatte, war doch die Verpflichtung erwachsen, mehr als nur eine reine Weste zu präsentieren. Das Bedürfnis nach Substanz, das Basis und Öffentlichkeit, Stamm- und Wechselwähler haben, wird von Angela Merkel unterschätzt. Rainer Barzel kommt in der *Süddeutschen Zeitung* gar zu dem vernichtenden Urteil, dass die Partei, deren Vorsitzender er von 1971 bis 1973 war, »die geistige Orientierung verloren habe«.

»Den Zeitgeist prägen, nicht ihm hinterherlaufen«, lautet ein Credo der Unionspolitikerin. Aber was bedeutet dieser Satz? Schneidet sie alte Zöpfe ab, wendet sie sich zum Neoliberalismus oder versucht sie, sozialpolitische Standards für eine der Globalisierung ausgesetzte Gesellschaft zu definieren? Sie beklagt sich über die Mechanismen der Mediengesellschaft, die sie zwinge, ihre Botschaften zu verkürzen. Inhaltliche Aussagen würden von der Presse nur noch als Schlagworte, nicht aber in größeren gedanklichen Zusammenhängen transportiert. Doch auch ihre breiter angelegten Entwürfe, zum Beispiel zur »Wir-Gesellschaft« in einer »Neuen Sozialen Marktwirtschaft«, weisen nicht klar in eine neue Richtung. Sie deuten aber auf einen neoliberalen Kurs hin, beispielsweise wenn der Wettbewerb auch in den sozialen Sicherungssystemen gefordert wird. »Wer Solidarität anderer in Anspruch nimmt, muss aber umgekehrt den ihm möglichen Beitrag für die Gemeinschaft erbringen«, erklärt die Parteichefin vage und verbreitet zur Verbitterung der Sozialpolitiker in den eigenen Reihen eine weitere Botschaft: »Sozial ist, was Wettbewerb schafft.«

Angela Merkels Interesse musste sein, die Partei nach Kohl zu verändern. Oft genug hat sie selbst den Mut zu Veränderungen in ihrem Leben bewiesen. Mit ihrer Neugier und dem Sinn der Naturwissenschaftlerin für Fortschritt fing sie ganz praktisch zunächst bei der nun entstaubten unionsinternen Kommunikation an. Die Präsentation der Partei in den neuen Medien ist professioneller geworden, jetzt wird gechattet. Aber die Person der Angela Merkel selbst konterkariert das Ziel der Modernisierung: In der hoch technisierten gläsernen Parteizentrale in Berlin wirkt sie unmodern. Um ein stimmigeres Bild zu konstruieren, versucht sie es mit bewussten Veränderungen ihres Äußeren, doch dabei riskiert sie, ihre Authentizität zu verlieren. Angela Merkels Sprache hat viele Floskeln angenommen, und ihre Natürlichkeit von einst weicht stereotypen Posen. Die Parteichefin lässt sich unter Porträts von Konrad Adenauer ablichten, aber den Geschmack des alten »Kanzlerwahlvereins« scheint sie damit nicht ganz zu treffen. Wird die Basis nach Identifikationsfiguren befragt, steht ihr Name nicht an erster Stelle. Vor die Alternative gestellt, ob Edmund Stoiber oder Angela Merkel die CDU in den Bundestagswahlkampf im Jahr 2002 führen sollte, befürworten laut Emnid 35 Prozent der befragten CDU/CSU-Anhänger eine Kandidatur von Angela Merkel, 56 Prozent wünschen sich Stoiber.

»Merkel bleibt Merkel – mit allen Risiken und Nebenwirkungen!« Sie hat auf dem Parteitag der CSU die Lacher auf ihrer Seite, als sie ihre individuelle Variante des bayerischen »mir san mir« in den Saal hineinruft. Der Auftritt der CDU-Chefin vor den Delegierten der Schwesterpartei ist ungewöhnlich laut und derb. Hier muss Angela Merkel schließlich das passende Äquivalent zum Landesvater Stoiber liefern. Plump attackiert sie die Bundesregierung, denn der Feind steht links, und es scheint ihr Spaß zu machen, auf weitere Differenzierungen dieser Botschaft verzichten zu können. Sie bringt den Saal zum Toben, die Öffentlichkeit lernt ein neues Image kennen.

Seit ihrem Auftreten auf der politischen Bühne hat Angela Merkel viele Rollen gespielt und diese scheinbar mühelos gewechselt: die westdeutsche Ostdeutsche, das »Mädchen«, die Politikerin »zum Anfassen«, die Retterin. Manche Figuren verkörpert sie glaubwürdig, in anderen wirkt sie gekünstelt, weniger authentisch, als man es zu Beginn ihrer politischen Laufbahn von ihr gewöhnt war. Obwohl sie noch nicht bewiesen hat, dass sie der jüngsten Herausforderung, die sie mit der Wahl zur CDU-Vorsitzenden angenommen hat, gewachsen ist, nimmt sie schon Anlauf zum nächsten Sprung. Angela Merkel ist in einen Sog geraten, Druck von außen und ihr persönlicher Ehrgeiz treiben sie an.

Ihre Stärke war immer ihre Überzeugungskraft. Aber wovon will die Unionsvorsitzende knapp ein Jahr nach ihrem Amtsantritt überzeugen? Die Antwort versteckt Angela Merkel hinter der wohlbekannten Maske. Mit der Populistin, die sich auf dem CSU-Parteitag im Oktober präsentiert, ist nur ein weiteres Bild der Angela Merkel hinzugekommen. Ist es nicht flüchtig wie alle anderen, die sie im Laufe der Zeit von sich gezeichnet hat?

Nachwort zur Neuausgabe 2005
DIE KANDIDATIN

Der Bertolt-Brecht-Platz vor dem Berliner Ensemble ist an diesem Sommernachmittag locker abgesperrt und von Kamerateams und Neugierigen gesäumt. Ein orangeroter Teppich vor dem Portal und eine übergroße Fahne mit CDU-Emblem an der Frontseite des Theaters weisen plaudernden Christdemokraten den Weg: Vor sechzig Jahren wurde ihre Partei gegründet, und wie an vielen Orten im Nachkriegsdeutschland fand eine Gründungsversammlung auch hier statt, im Theater am Schiffbauerdamm – Grund genug für die Christlich Demokratische Union, am 16. Juni 2005 auf diese Bühne zum Festakt zu bitten.

Seit kaum mehr als zwei Wochen ist Angela Merkel strahlende Kanzlerkandidatin. Zum ersten Mal in der Geschichte der Bundesrepublik Deutschland schickt sich eine Frau an, Kanzler zu werden – und das auch noch in vergleichsweise jungen Jahren. Dass sie aus dem Osten ist, zählt schon gar nicht mehr.

Die Parteiöffentlichkeit erlebt die inzwischen Fünfzigjährige hier erstmals in ihrer neuen Rolle, sie ist die Attraktion, sie prägt die Atmosphäre. Wer in der Erwartung gekommen ist, anlässlich des Gründungsjubiläums ein unionsinternes Klassentreffen zu erleben, sieht sich getäuscht: Die Hauptpersonen von einst lassen sich nicht zur Statisten machen und sind zu einem Gutteil gar nicht anwesend – so fehlen unter anderem Heiner Geißler, Rainer Barzel und Rita Süssmuth. Die CDU zeigt bei diesem Auftritt, wie radikal ihr neues Personal im Sommer 2005 auf die strahlende Protagonistin fixiert ist.

In gewohnt raschem Schritt und tadellosem schwarzen Hosenanzug nähert sich Angela Merkel der Phalanx der Kameraleute. Huldvoll lächelnd und geduldig posiert sie fürs Foto, grüßt aufgeräumt nach rechts und links, und schließlich strebt sie bestimmt dem Eingang des Theaters zu.

Aus dem Tross von Sicherheitsbeamten und Mitarbeitern taucht die Hauptdarstellerin erst im Zuschauerraum wieder auf. Den Applaus des Parteipublikums genießend wählt sie, wie sie es seit Langem gewohnt ist, ihren Platz selbstverständlich vorn in der ersten Reihe – links neben Altkanzler Helmut Kohl. Ein kurzes Gerangel unter den Ministerpräsidenten Roland Koch und Georg Milbradt in ihrem Rücken quittiert sie mit einem scharfen Blick über die Schulter.

Mit kühn erhobenem Kopf verfolgt Angela Merkel die geschichtsmächtige Laudatio ihres politischen Ziehvaters. Helmut Kohl, von dem sie die Union einst rüde weggerissen und mit dem sie doch zur Versöhnung gefunden hat, räumt eigene Fehler ein. Die Verdienste von Wolfgang Schäuble erwähnt er nicht mit einem Wort. Dann aber hebt der mittlerweile etwas kurzatmige und selbst sehr bewegte Nestor der Partei an, die Ostdeutsche zur Symbolfigur für die CDU schlechthin zu erheben: »Ihr Weg beweist in ganz persönlicher Weise, dass die CDU die Partei der Einheit ist.« Angela Merkel ist ihrem Ziel wieder ein Stück näher gekommen.

Angela Merkels offenkundige Freude darüber, dass sie im Fall von Neuwahlen unangefochten Gerhard Schröder endlich herausfordern darf, das auf ihr Gesicht zurückgekehrte Strahlen und erst recht ihre neue Demut – »Ich will Deutschland dienen!« – können gleichwohl nicht über ihre sphinxhafte Verschlossenheit und eine politische Unbestimmbarkeit hinwegtäuschen. Das Bild, das die Kandidatin an diesem Tag im Jahr 2005, an dem die CDU ihren 60. Gründungstag begeht, von sich zeichnet, ist zwar längst kein flüchtiges mehr. Aber immer noch changiert es – und gerade darin liegt ein Geheimnis ihres Erfolgs.

Im Berliner Ensemble erhält sie an diesem Tag in weihevoller Atmosphäre nicht nur den politischen Segen des emotionalen Helmut Kohl, sondern auch viel Beifall für ihre Rede. Aber Angela Merkel bleibt weiterhin politisch unscharf und rational. Ruhig wie selten steht sie auf der großen Bühne des Theaters, beide Hände am Rednerpult, aufrecht und siegesgewiss. Stellvertretend für die sechshunderttausend Parteimitglieder erfährt das sechshundertköpfige Auditorium: »Wer sich selbst etwas zutraut, der gewinnt das Vertrauen der Menschen.« An das, was wie ihr eigenes Motto klingt, reiht sich Floskel um Floskel.

Um programmatische Klarstellungen für ein wahlkampftaugliches Regierungsprogramm ringen derweil die Generalsekretäre der beiden Unionsparteien, Volker Kauder und Markus Söder, sowie der Chef der Bayerischen Staatskanzlei Erwin Huber und Fraktionsgeschäftsführer Norbert Röttgen. Weich ist der Text der Vorsitzenden, die anwesenden Journalisten merken bei einem zündenden Stichwort kurz auf: »Ja, es ist wahr, Deutschland braucht eine große Koalition ...«, sagt die Kandidatin schmunzelnd: »und zwar eine große Koalition aller Bürger, die mit uns gemeinsam das Land voranbringen wollen. Wenn CDU und CSU und alle Bürger fest zusammenhalten, dann können wir es schaffen.«

Angela Merkel selbst hat viel geschafft: Sie hat sich im Verlauf der vergangenen fünf Jahre in ihrer Partei unentbehrlich gemacht. Wieder und wieder hat die Vorsitzende ihren unbedingten Machtwillen, aber auch bemerkenswerte Kühnheit und strategisches Geschick bewiesen. »Ich bin zäh«, bemerkt sie Anfang Januar 2002 in der Sendung *Beckmann* – zu einer Zeit, da der Öffentlichkeit noch nicht klar ist, ob mit ihr in jenem Jahr erstmals eine Frau für das Amt des Bundeskanzlers kandidieren oder ob sich die Union gemeinschaftlich für CSU-Mann Edmund Stoiber stark machen wird, um Gerhard Schröder herauszufordern und die rotgrüne Bundesregierung nach nur einer Legislaturperiode abzulösen.

Der Wind bläst der Vorsitzenden Angela Merkel immer wieder ins Gesicht. Obgleich sie ihre Partei aus der Spendenaffäre herausmanövrieren kann, sieht sie sich dennoch offen dem Vorwurf der Führungsschwäche und heftigen Attacken von Parteifreunden ausgesetzt. »Ausgemerkelt« habe es sich, befindet der *Stern* bereits im Sommer 2001 gnadenlos. Angela Merkels Chancen auf eine Kanzlerkandidatur im folgenden Jahr stehen in diesen Monaten schlecht: Der Parteitag der CDU in Dresden spendet dem buchstäblich überhitzten, durchgeschwitzten Gastredner Edmund Stoiber überdeutlich viel Beifall, das Verhältnis der Delegierten zu ihrer eigenen Vorsitzenden scheint hingegen abgekühlt. Ihre Position als Parteichefin und später als Oppositionsführerin ist keinesfalls immer so sicher, wie sie es sich wünscht. Ihr enger Beraterkreis im nunmehr nach Berlin umgezogenen Konrad-Adenauer-Haus gleicht zeitweise einem Kriseninterventionszentrum. Da fehlt es lange an Zeit und Energie, die Regierung von SPD und Bündnis 90/ Die Grünen zu provozieren und der sozialdemokratischen Reformpolitik eine unverwechselbare christdemokratische Alternative entgegenzusetzen. Zudem ist es nicht leicht, die Partei an den Klippen der Spendenaffäre vorbeizulotsen. Selbst der ihr seit langem vertraute Willi Hausmann gerät kurzfristig in den Verdacht, dunkle Geschäfte zu decken: Er sieht sich dem Vorwurf ausgesetzt, im Jahr 2001 eine Erklärung zu einer umstrittenen Überweisung in Höhe von einer Million Mark durch Walther Leisler Kiep zu verheimlichen oder zumindest zu verzögern. Diese Geschichte verhagelt Angela Merkel ihren ersten offiziellen USA-Besuch, den sie eigentlich unternimmt, um sich allmählich auch außenpolitisch zu profilieren. Der Besuch beim Bündnispartner scheint sich dafür anzubieten – ihr Bemühen bleibt jedoch im noch immer nicht trockengelegten Spendensumpf stecken.

Die Doppelspitze in der CDU – Friedrich Merz in der Bundestagsfraktion und Angela Merkel als Kopf der Partei – erntet Kritik und schlechte Umfragewerte: Das Zusammenspiel mit der Bundestagsfraktion fällt der noch unerfahrenen Parteichefin ohne Hausmacht nicht leicht, obgleich sie immerhin gemeinsam ein Programm zur Neuen Sozialen Marktwirtschaft vorlegen und mit der CSU einen Kompromiss zur Einwanderungspolitik finden. Auch bricht nicht nur in moralisch begründeten, komplexen Einzelfragen wie der Präimplantationsdiagnostik immer wieder ein Dissens mit der Schwesterpartei auf.

Zudem versucht die CSU, in der Frage der Kanzlerkandidatur ihren Vorsitzenden Edmund Stoiber an der unkonventionellen CDU-Chefin vorbeizuschieben. Jeder Mucks eines führenden Unionspolitikers nährt seit dem Herbst 2001 die Spekulationen um die endlos wiederholte sogenannte K-Frage: Wer fordert Gerhard Schröder im September 2002 heraus? Die Union gibt ein nicht eben geschlossenes Bild ab – ruhig und überlegen ist allein das Lächeln der Vorsitzenden der größeren der beiden Schwesterparteien, insbesondere in den Momenten, da sie diskret andeutet, dass sie gern antreten würde. Ihr diesbezügliches Interesse wiederum löst heftige Reaktionen in ihrer eigenen Partei aus. Roland Koch, so wird in seinen eigenen Worten kolportiert, wird zum »brutalstmöglichen« Steigbügelhalter für den Bayerischen Ministerpräsidenten: aus dem Weihnachtsurlaub ruft er seine Parteivorsitzende an, um sich in wenig feierlichen Worten für Edmund Stoibers Kandidatur stark zu machen.

Angela Merkel lässt weiterhin die gewachsene Familienanbindung an die Partei vermissen. Der Stallgeruch, den langgediente Christdemokraten wie Christian Wulff aus Niedersachsen, Roland Koch aus Hessen oder Peter Müller aus dem Saarland verströmen, wird ihr immer fehlen – und so wird sie stets sowohl mit der ihr eigenen Fremdheit wie auch mit unverbrüchlichen, oft einflussreichen Bünden konfrontiert. Von der »Andenpakt« genannten Männer-Seilschaft, der unter anderem die Ministerpräsidenten Roland Koch, Peter Müller und Christian Wulff seit ihren gemeinsamen Jahren in der Jungen Union angehören, erfährt Angela Merkel erst aus einer Zeitschrift.

Und doch ficht sie derlei nicht grundsätzlich an. Niemand habe früher als sie selbst erkannt, wie gut sie – hinter ihrer Fremdheit versteckt – überleben kann, befindet Karl Feldmeyer, langjähriger Parlamentskorrespondent der *FAZ*. Sie kann ihre Position als »Ausnahmeerscheinung« in ihrer Partei nutzen, um einen Weg für sich zu bahnen. Rücksicht auf gewachsene Bindungen oder gegenseitige Verpflichtungen muss Angela Merkel nicht nehmen – anders als viele ihrer männlichen Konkurrenten. Planungen, strategische Überlegungen muss sie schließlich nur vor sich selbst vertreten.

Und das geschieht auch am kalten Wintermorgen des 11. Januar 2002. Überraschend entscheidet sich an diesem Tag die mittlerweile wilde Blüten treibende und die Weitsicht der Kommentatoren trübende K-Frage. Angela Merkel gelingt es, der hauptstädtischen Journaille an diesem Morgen ein Schnippchen zu schlagen und sich tatsächlich unbemerkt bei Stoibers einzufinden – daheim im oberbayerischen Wolfratshausen. In des Ministerpräsidenten privater Doppelhaushälfte nehmen die beiden Parteivorsitzenden ein gemeinsames Frühstück ein. Und bei Semmel und Kaffee machen sie unter sich aus, wer von ihnen im Herbst antritt. Geschickt wählen sie das Privatissimum für ihre Entscheidung, die anschließend ihren Parteigremien und nachmittags der Öffentlichkeit mitgeteilt wird, nachdem freilich das eine oder andere aufregende Gerücht bereits die Runde gemacht hat.

»Größte Siegchance« habe der Ministerpräsident des Freistaats Bayern – Angela Merkel überlässt Edmund Stoiber die Kandidatur und stellt ihre eigenen Ambitionen zurück. Nach dem Frühstück jettet sie nach Magdeburg zur lange geplanten CDU-Klausur. Etwas außer Atem kommt die Vorsitzende in der von Journalisten belagerten Halle des idyllisch gelegenen Hotels »Herrenkrug« an und raunt mit eiserner Miene sogleich einen wasserdichten Politikersatz in alle Mikrofone: »Das Verfahren wird wie abgesprochen durchgeführt.« Die Spekulationen verdichten sich im Laufe des Nachmittags.

Um 17 Uhr schließlich tritt Angela Merkel in Begleitung ihres Generalsekretärs Laurenz Meyer mit der nunmehr amtlichen Neuigkeit vor die Presse. Zum zweiten Mal in der Geschichte der Bundesrepublik wird die CSU den Kanzlerkandidaten der Union stellen. Was 1980 Franz-Josef Strauß nicht gelang, soll nun Edmund Stoiber schaffen. Präsidium und Bundesvorstand der CDU sprechen Angela Merkel ihre Anerkennung aus. Und der zu diesem Zeitpunkt noch amtierende Fraktionschef Friedrich Merz, ansonsten sparsam mit Liebesbekundungen für die Parteivorsitzende, lobt: »Sie hat sich nicht zu früh entschieden, sondern sehr souverän und mit beachtlicher Härte. Und sie hat die richtige Entscheidung für sich und die Partei getroffen.«

Auch an diesem Freitag ist Angela Merkel wieder ein großer strategischer Coup gelungen, denn was wie eine Niederlage scheinen mag, eröffnet ihr bei Lichte betrachtet größtmögliche Chancen. Hat denn Stoiber tatsächlich im Herbst 2002 bessere Karten als sie selbst? Im *ZDF* erklärt er noch am Abend selbstbewusst: »Die Zeit war reif!« In Wahrheit aber zieht Angela Merkel die Fäden so, dass es ihr selbst am ehesten zum Vorteil gereicht.

Gleichwohl sieht sie angespannt aus nach der Entscheidung in jenen Wintertagen. Es ist ihr schwer gefallen, auf die Kandidatur zu verzichten, denn jede Wahl fordert sie heraus, Wahlkämpfe hat sie immer auch genossen, trotz der immensen, auch körperlichen Anstrengung. Aber die Siebenundvierzigjährige weiß besser als jeder andere, dass ihr der Weg zurück in die Grundlagenforschung oder in andere politikferne Welten nicht offensteht. Sie ist Politikerin mit ganzer Seele – und sie will dies auch bleiben. Also gilt es, die Weichen so zu stellen, dass sie den größtmöglichen Sprung nach vorn machen kann – gleich über welche Hürden, aber mit einer möglichst geringen Verletzungsgefahr. Das Kalkül der Naturwissenschaftlerin reicht daher viel weiter als bis zur Bundestagswahl 2002. Und folglich kann sie über das Ergebnis des geheimnisumwitterten Frühstücks in Wolfratshausen getrost sagen: »Die Entscheidung hat mich stärker gemacht« – stärker, als manchem ihrer Parteifreunde lieb ist.

Eine Naturkatastrophe erweist sich schließlich als Wahlkampfhelfer für die bereits angeschlagene Bundesregierung: Eine Form der nationalen Aufwallung hat das Land angesichts der Hochwasserschäden in den neuen Bundesländern erfasst. Des amtierenden Kanzlers unbestrittene Fähigkeit, sich zum Macher, zum pragmatischen Helfer in der Not zu stilisieren, beschert entgegen vieler Voraussagen der rot-grünen Regierungskoalition bei der Bundestagswahl am 22. September 2002 doch noch einmal den Wahlsieg.

Gerhard Schröders und Joschka Fischers offener Widerspruch gegen die Irak-Politik der US-Regierung bringt Rot-Grün weitere Prozentpunkte ein. Union und FDP müssen sich an einem spannenden Wahlabend schließlich doch knapp geschlagen geben. Dem Kandidaten Edmund Stoiber, der sich angesichts erster Hochrechnungen bereits etwas verfrüht über einen Wahlsieg gefreut hat, fehlen kaum mehr als 6000 Stimmen.

Gewonnen hat Angela Merkel: Zum einen erringt sie ihren inzwischen etwas vergrößerten Wahlkreis in Vorpommern mit einem besseren Ergebnis als vier Jahre zuvor und zieht wieder als direkt gewählte Abgeordnete in den Bundestag ein. Zum zweiten übernimmt die Parteichefin zwei Tage nach der Wahl auch den Vorsitz der Bundestagsfraktion von CDU und CSU. Der bisherige Fraktionsvorsitzende Friedrich Merz hat das Nachsehen. Er tritt nach einer Unterredung mit Angela Merkel nicht zur Wiederwahl an und muss seinen Stuhl räumen – eine Demütigung, die er nicht vergessen wird. Die Oppositionsführung beansprucht Angela Merkel nunmehr ganz für sich allein, der Zustimmung der CSU hat sie sich zuvor versichert: »Die Zusammenlegung von Fraktions- und Parteivorsitz ist nichts Außergewöhnliches«, findet sie.

Differenzen zwischen der Vorsitzenden und dem persönlich schwer getroffenen, degradierten Abgeordneten Friedrich Merz treten offen erst zum Jahreswechsel 2002/2003 zutage. Der Steuerexperte wirft seiner Parteivorsitzenden vor, sie habe ihn betrogen oder auch ausgetrickst: Sie habe ihm zugesagt, mit ihm zusammen einen gemeinsamen Vorschlag für den Fraktionsvorsitz machen zu wollen. Stattdessen habe sie dann seine Ablösung gezielt betrieben. Persönlich enttäuscht ist der ehrgeizige und profilierte Unionspolitiker, auch wütend. Merz diskreditiert sich freilich in den Augen vieler, weil er in einer Situation, da die CDU Geschlossenheit zeigen sollte, die Öffentlichkeit sucht für seine Klage. Den Vorwurf, er sei unzuverlässig, weist Merz, eine christdemokratische »Leitfigur«, wie der Politikwissenschaftler und Unions-Insider Gerd Langguth meint, zurück: Er habe es ja gerade nicht auf eine Kampfkandidatur ankommen lassen, »um der Partei nicht zu schaden«.

Angela Merkel muss angesichts der vor den Kopf geschlagenen Merz-Anhänger in ihrem neuen Amt wiederum eine Bewährungsprobe bestehen. Die mehr als einstündige, wenig emphatische Regierungserklärung des wiedergewählten Kanzlers Gerhard Schröder bietet ihr die Gelegenheit zu einem ersten effektvollen Auftritt als Oppositionsführerin. Kopfschüttelnd verfolgt sie des Kanzlers Regierungsprogramm, zu dem ihr anschließend nur der Satz »Mein Reich ist nicht von dieser Welt« aus dem Johannes-Evangelium einfällt, den sie dann – an Schröder gewandt – umformuliert in »Ihre Wahrnehmung der Realität, Herr Bundeskanzler, ist auch nicht von dieser Welt!«.

Eine strenge Strafpredigt schließt sich an, so dass sich die Frage gar nicht stellt, ob das spontan gewählte und mit spitzer Stimme vorgetragene Bibelzitat wirklich geschmackvoll oder wenigstens schlüssig ist. »Was ist Ihr Gestaltungsanspruch?«, fragt sie mit Blick auf die Regierungsbank und reckt die Fäuste. Schröder habe es »bis heute nicht geschafft, unsere nationalen Interessen zu definieren«. Ohne dass ihr eigenes Mitgefühl für Arbeitslose oder Benachteiligte dabei deutlich würde, hält sie der Bundesregierung wortreich vor, die Schicksale Einzelner zu ignorieren.

Angela Merkel, beide Hände das Rednerpult umfassend, ist im vollbesetzten Bundestag ganz in ihrem Element – und zwar weniger, weil sie der als verfehlt erkannten Regierungspolitik eine fundierte Alternative entgegenstellen könnte, als vielmehr, weil sie sich und ihrem Publikum in diesem Augenblick vorführen kann, wo sie als Person angekommen ist: an der Spitze der Opposition und damit auf einem Sprungbrett zur Macht. Die Energie, die sie Gerhard Schröder vor dem Deutschen Bundestag abspricht, schreibt sie sich selbst unausgesprochen zu: »Die Fähigkeit, [das Land] zum Wohle der Menschen zu führen und die schöpferischen Kräfte in diesem Land zu wecken, die haben Sie nicht, weil Sie keine Ideen haben und weil Sie die Menschen nicht ernst nehmen.«

Mit ihrer Rede widerlegt sie teilweise den Vorwurf mancher Kritiker, die ihr Konzeptlosigkeit vorwerfen, teilweise aber bestätigt sie diese Kritik auch ungewollt. Unpassend – nicht nur für ein religiös geprägtes Publikum – ist der spontan gewählte Bezug zum Reich Gottes. Allein der Wortwitz zählt in diesem Moment; das er langfristig nicht trägt, weiß Angela Merkel sehr wohl.

Viele Unionsmitglieder wünschen nach der verlorenen Bundestagswahl 2002 eine Strategiedebatte. Friedrich Merz legt den Finger in die Wunde: »Wir waren nicht wirklich Kontrastprogramm, sondern eher eine Kopie ohne Kernbotschaft.« Diese Kernbotschaft gilt es zu formulieren, um eine Strategie daraus zu entwickeln, wie die Botschaft der CDU zu verkaufen sein wird. Angela Merkel allerdings bekennt Hugo Müller-Vogg gegenüber, sie könne schon allein das Wort nicht ausstehen: »Über Strategien spricht man nicht, die hat man.«

Und doch kann sie sich dem Wunsch nach inhaltlicher Festlegung angesichts der notwendigen Reformen nicht verschließen. Ihr eigenes Interesse zielt vor allem auf »Erneuerung«. Dafür stand sie im Jahr 2000, als sie antrat, die Union zu retten, darum muss sie auch zwei Jahre später ringen. Der Politologe Warnfried Dettling ist nicht der Einzige, der zu jenem Zeitpunkt fürchtet, dass der Aufbruch der Union unter Merkel »im Ungefähren steckenbleibt«.

Verstößt die Kandidatin auch immer wieder gegen innerparteiliche Konventionen, so traut man ihr doch zu, unionsfremde Wählerkreise für sich zu erwärmen. Ein einfaches Kalkül: CDU-Anhänger hat sie bei den Wahlen ohnehin auf ihrer Seite, die anderen versucht sie anzusprechen. Wie Wolfgang Schäuble einst bemerkte: »Sie verkörpert eine andere Art der Kommunikation. Sie ist frischer, neuer, das ist eine großartige Chance für die Union.«

Angela Merkel macht es sich nach eingehender Analyse der Bundestagswahlen 2002 zur Aufgabe, der Union den Weg zu neuen Wählerschichten zu ebnen. Eine neue, langfristige Strategie soll im Konrad-Adenauer-Haus entworfen werden. Dass sie die vormalige Grundsatzabteilung dortselbst zuvor zerschlagen hat, ist längst vergessen. Der Stellvertretende CDU-Vorsitzende Jürgen Rüttgers wird Vorsitzender des neuen Arbeitskreises, der die Tauglichkeit der CDU für neue, der Union bisher mit Skepsis begegnende Bevölkerungskreise erkunden soll. Volker Rühe kommentiert derlei lapidar: »Gut und schön, aber mit Papieren können wir die Stimmung nicht drehen.«

Die kritische Analyse der Bundestagswahlen 2002 aus der Feder des saarländischen Ministerpräsidenten Peter Müller rät der Partei dringend, städtische Milieus, die Stimmung im Osten, norddeutsche Besonderheiten und schließlich auch die Belange junger Frauen stärker zu berücksichtigen, um schließlich wieder mehrheitsfähig zu werden. Dass er eine »Bündelung personeller Kräfte« empfiehlt, dürfte nicht allen Parteifreunden gefallen, Angela Merkels ausgeprägtem Bedürfnis nach Parteidisziplin indes durchaus entgegenkommen. Angesichts der Tatsache, dass die SPD mit nur wenigen tausend Stimmen Vorsprung die Wahl gewinnen konnte, ist die CDU-Chefin um präzise Schlussfolgerungen aus den Wahlergebnissen bemüht: Ihr Augenmerk richtet sich auf die starken regionalen Unterschiede zwischen Nord und Süd sowie Ost und West, aber auch die Differenzen zwischen den Wählern in ländlichen wie städtischen Regionen. Die Analysen sind eindeutig – dennoch hapert es nach wie vor an konkreten, klar verständlichen Konzepten. »Es muss uns besser gelingen, die Wertbezogenheit der einzelnen politischen Aussage deutlicher und ihre moralische Komponente sichtbar zu machen«, sagt sie.

An ihrem Parteiprogramm lässt Angela Merkel grundsätzlich keine Zweifel zu, wohl aber an der Darstellung christdemokratischer Vorstellungen in der Öffentlichkeit. In der Familienpolitik beispielsweise falle es insbesondere Alleinerziehenden schwer, sich der Union anzuschließen, eile der Partei doch der Ruf voraus, sie präferiere die traditionelle Rolle der Frau und Mutter als Erzieherin der Kinder, wohingegen das modernisierte Programm doch ausdrücklich alle »Lebensformen« nebeneinander gelten ließe. Dass nicht alle Protagonisten ihrer Partei hier so viel Toleranz aufbringen wie die Vorsitzende selbst, dürfte ihr nicht entgangen sein.

Dass jüngere Akademikerinnen und natürlich Frauen insgesamt gezielter angesprochen werden, gebietet die Wahlarithmetik: Unter der Wahlbevölkerung in Deutschland sind Frauen in der Mehrheit.

Das Unionsprogramm muss sich stärker darauf ausrichten, dass gerade für eine moderne, aufgeklärt städtische Klientel neben Erleichterungen für das Parallelleben in Beruf und Kindererziehung beispielsweise heute auch umweltpolitische Argumente zählen und dass der Begriff der Sicherheit nicht allein die Details der Kriminalstatistik umfassen sollte.

All dies kann in einer Partei wie der Union nicht unwidersprochen bleiben. Und so ist es kein Wunder, dass die Strategiediskussion im Jahr 2002 zunächst keinen wohlklingenden Kanon christdemokratischer Stimmen ergibt, sondern vielmehr ein kakophonisches Stimmengewirr. Konservative Landesfürsten, Wahlkämpfer, Merkel-Adepten und nicht zuletzt Vertreter der Jungen Union haben widerstreitende Interessen und geben diese nur zu gern zu Protokoll. Der brandenburgische Landesvorsitzende Jörg Schönbohm warnt, seine Partei möge »nicht das konservative Tafelsilber verscheuern«. Auch Erwin Teufel, Bernhard Vogel und der rheinland-pfälzische CDU-Vorsitzende Christoph Böhr bekunden ihren Unmut über Modernisierungsbestrebungen.

Es ist in diesen Tagen schwer auszumachen, ob die Union einen Generationenkonflikt austrägt oder unter einer deutlichen Ost-West-Spaltung leidet, kreuz und quer laufen die Trennlinien. Der Verdacht kommt auf, dass in manchen Fällen weniger die inhaltliche Überzeugung als vielmehr das Harmoniebedürfnis die Tonlage der diversen Solostimmen beeinflusst. Peter Müller, Georg Milbradt und Wolfgang Böhmer haben wenig Skrupel, alte Unionszöpfe abzuschneiden, und auch Christian Wulff schlägt sich auf die Seite von Angela Merkel.

Auf dem Parteitag in Hannover im November 2002 wird sie mit 93,7 % der abgegebenen Stimmen als Parteivorsitzende bestätigt. Zugleich ergeht auf subtile Weise von einigen ihrer Parteifreunde eine Warnung: 160 der 978 Delegierten bleiben der Wahl ostentativ fern! Hinterher wird auf den Fluren eilends verbreitet, der eine oder andere Abstimmungsberechtigte habe versehentlich die Zigarettenpause ein wenig ausgedehnt. Besonders gute Ergebnisse bei den Wahlen erhalten übrigens Friedrich Merz und Roland Koch.

Eine kleine Pleite kann die nunmehr seit vier Legislaturperioden im Parlament vertretene Angela Merkel nicht verhindern: Der Bundestag setzt auf Betreiben der Wahlverlierer einen Untersuchungsausschuss ein, der klären soll, ob die rot-grünen Wahlkämpfer die Bevölkerung vor der Bundestagswahl 2002 bewusst mit falschen Versprechungen gelockt und getäuscht haben. Unglücklich, dass Angela Merkel um des kurzfristigen Werbegags willen dieses für wichtige Sachfragen vorgesehene parlamentarische Mittel nicht vor dem Missbrauch als PR-Instrument hat schützen können. Sie lässt es drauf ankommen – nach dreiunddreißig Sitzungen endet die Arbeit des Ausschusses erwartungsgemäß in einem Patt.

Will Angela Merkel der neuerdings mit der Farbe orange geschmückten Union den Anschein von Modernität geben, so droht die Gefahr, dass sie konservative Wählerschichten verprellt – oder doch zumindest irritiert und allein schon damit gegen sich selbst aufbringt.

Denn eines weiß sie aus ihren Analysen auch: Das Bild der Partei ist von Köpfen geprägt. So sei sie bei Auftritten an der Basis in Schleswig-Holstein immer wieder mit der Frage konfrontiert worden, wo denn heute ein »neuer Stoltenberg« zu finden sei.

Helmut Kohl beanspruchte einst für sich noch die Zuständigkeit für alles – auch auf Feldern, die spezielles Fachwissen erforderlich gemacht hätten. Unter Angela Merkel versucht die Union nunmehr, mit Gerhard Schröders Mitteln ihre eigene Autorität zu untermauern: Die Parteivorsitzende berät sich nicht hinter verschlossenen Türen mit einem Kreis von Spezialisten über komplexe Fragen, wie beispielsweise die Reform der sozialen Sicherungssysteme der Bundesrepublik, um schließlich mit klaren, möglicherweise auch angreifbaren Positionen an die Öffentlichkeit zu gehen – zumal Angela Merkel die klare Positionierung ebenso fürchtet wie den demokratischen Meinungsstreit. Statt dessen beruft sie öffentlich eine »Kommission Soziale Gerechtigkeit« unter dem Vorsitz von Alt-Bundespräsident Roman Herzog, die den hochkarätig besetzten Fachberaterrunden der Bundesregierung gleicht. Solche

Kommissionen müssen in zunehmendem Maße als Kronzeugen für die Kompetenz ihrer Auftraggeber herhalten. Zudem soll die Herzog-Kommission den Scharmützeln unter Merkels Parteifreunden, die sich mit schlagzeilenträchtigen und kurzlebigen Vorschlägen überbieten, ein Ende setzen – ein Plan, der nicht in jedem Fall aufgeht. So torpediert nicht zuletzt die bayerische Schwesterpartei gern CDU-Vorschläge. Gerade in der Gesundheitspolitik geriert sich Horst Seehofer, zuletzt Stellvertretender Fraktionsvorsitzender im Bundestag, wo er nur kann, zum Anwalt für Soziales, bis er seinen Kampf und sein Amt im Jahr 2004 schließlich enttäuscht aufgibt.

Zumeist aber ist es die Unionschefin, die über Steine stolpert, die ihr konkurrierende Parteifreunde in den Weg legen. Bei der Wahl zum Berliner Abgeordnetenhaus im Jahr 2001 ist es Altvater Helmut Kohl, der im Berliner Landesverband einen wahrhaft uninteressanten und glücklosen Kandidaten namens Frank Steffel durchsetzt und damit Angela Merkels Pläne durchkreuzt: Wäre es nach ihr gegangen, so hätte Wolfgang Schäuble Regierender Bürgermeister der Hauptstadt werden sollen – womit der Parteiroutinier ihr nicht länger bewusst oder unbewusst auf die Finger hätte schauen können. Nun aber muss ausgerechnet Helmut Kohl beweisen, dass mit ihm durchaus noch zu rechnen und sein Einfluss in einzelnen Landesverbänden nach wie vor ungebrochen ist: Der Alt-Kanzler trifft also Frank Steffel in einem Restaurant, um ihn, den vermeintlich bescheidenen jungen Mann vom Typus des Idealschwiegersohns, zu überzeugen, dass er für die Union in der Hauptstadt kandidieren müsse – und Kohl lässt die *Bild*-Zeitung über das Tête-à-tête berichten: »Frank, Sie müssen es machen!« heißt die Schlagzeile. Angela Merkel hat das Nachsehen, ist aber klug genug, auch aus diesem verlorenen Kräftemessen zu lernen.

Das ausgeklügelte Kohlsche Machtgefüge ließ einst in der »großen deutschen Volkspartei« auch Raum für eigensinnige Generalsekretäre wie Kurt Biedenkopf oder Heiner Geißler, die ihrem Parteichef das Leben zuweilen durchaus schwer machten. Kandidaten mit vergleichbar geschärftem inhaltlichem Profil und eigenen, den Mainstream durchbrechenden Positionen sind mittlerweile in der Union allerdings rar geworden. Angela Merkels Führungsstil duldet gedankliche Eigenständigkeit nicht. Lieber verzichtet sie auf dezidierte Positionen, als dass sie eine Festlegung trifft, die ihr eines Tages in die Quere kommen könnte – so scheint die Lektion zu lauten, die sie aus den zermürbenden Konflikten der vergangenen Jahre um Gesundheits- oder Steuerreform abgeleitet hat.

Dass das Bild der Union nie ein geschlossenes sein kann und wird und dass große Volksparteien ein solches auch gar nicht unbedingt abgeben müssen, da sie auf ihre Integrationskraft angewiesen sind, um Wähler unterschiedlicher gedanklicher und sozialer Herkunft für sich zu begeistern – diesen Gedanken scheint Angela Merkel umzudeuten: Lange bleibt die Union in zentralen Fragen zu beliebig.

Auch in ihrer Personalwahl beweist die Vorsitzende ohne Hausmacht keineswegs immer eine glückliche Hand: Die Herren Generalsekretäre sind nur ein Beispiel. Bis sie schließlich im Januar 2005 mit Volker Kauder einen Parteisoldaten inthronisieren kann, den sie selbst gezähmt hat, trägt Angela Merkel schmerzhafte Blessuren davon.

Volker Kauder gibt ein gutes Beispiel für das Interesse der Parteichefin an stromlinienförmigen, vor allem loyalen Mitstreitern und ihr Geschick in Personalfragen ab: Kauder wurde vom Saulus zum Paulus. Der Jurist mit der christdemokratischen Musterkarriere hat die Grenze der Macht der Parteivorsitzenden ausgetestet – und sich ihr aus gutem Grund letztlich gefügt. Der konservative Baden-Württemberger, dessen Bruder gleichfalls ein CDU-Bundestagsmandat innehat, lehnte einst die Kanzlerkandidatur Merkels vehement ab – und er tat dies öffentlich: Kauder zog Edmund Stoiber seiner eigenen Vorsitzenden vor. Kaum übernahm Angela Merkel nach der verlorenen Wahl 2002 die Führung der Bundestagsfraktion, kürte sie ihren einstigen Kritiker Kauder zum Parlamentarischen Geschäftsführer – und erntete mit dieser Entscheidung gleichermaßen Verwunderung wie Bewunderung ihrer Fraktion. Als Strippenzieher hatte er sich in den Augen seiner höchst misstrauischen Vorsitzenden offenkundig bewährt, so dass er drei Jahre darauf auch Generalsekretär Laurenz Meyer nachfolgen durfte.

Meyer seinerseits kann als Beispiel für das Beharrungsvermögen und die Geduld der Parteivorsitzenden in Fragen der Personalpolitik gelten. Der Westfale, der schon bei seiner denkwürdigen Vorstellung durch Angela Merkel die Vorsitzende ungeniert bloßgestellt hatte, indem er sie vor einem weiteren »Missgriff« warnte, gelangt zu Beginn des Jahres 2005 zu der Überzeugung, dass seine Arbeit der Partei »mehr schadet als sie nützt«, weshalb er »ohne jeden Zorn« geht. Wenn es um vermeintliche oder tatsächliche Verfehlungen von politischen Gegnern ging, hat Meyer stets recht rasch den Rücktritt der Betroffenen gefordert. Nun bleibt dem Generalsekretär selbst keine Wahl: Nachdem er hat einräumen müssen, dass er eine als Abfindung deklarierte Zahlung eines Stromkonzerns nicht korrekt versteuert hatte, zieht er die Konsequenzen.

In verschiedenen Telefonaten mit ihren Vertrauten lotet seine Vorgesetzte Angela Merkel zuvor die Lage aus: Der Druck der Öffentlichkeit ist groß, schamlos kassierte illegitime Bezüge passen wahrlich nicht in eine Zeit, da soeben Arbeitslosen- und Sozialhilfe nach dem Hartz-IV-Gesetz zusammengelegt und mit Protesten quittiert werden. Laurenz Meyers steuerfreies Salär lässt sich nicht mehr entschuldigen oder wegreden.

Der angeschlagene Meyer selbst ist es schließlich, der seinen Rückzug erklärt – auch eine noch so großzügige Spende an SOS-Kinderdörfer mildert das öffentliche Urteil nicht mehr. Sein eigener Landesverband, Nordrhein-Westfalen, aber auch Schleswig-Holstein stehen im Wahlkampf – die Schadensbegrenzung kann nur Rücktritt heißen. Er gehe aus freien Stücken, auch um Schaden von der Union abzuwenden, erklärt er der Öffentlichkeit sowie der entnervten Vorsitzenden, die den Rücktritt erleichtert annimmt – und mit einem mittlerweile braven Nachfolger Volker Kauder zu

Beginn des Jahres 2005, das sich für sie so glücklich entwickeln soll, auf »Nummer sicher« geht.

In dem Moment, da SPD-Chef Franz Müntefering nach der verheerenden Niederlage der SPD bei der Landtagswahl in Nordrhein-Westfalen im Mai desselben Jahres vorgezogene Bundestagsneuwahlen ankündigt, hat der Zufall Angela Merkel wieder einmal in die Hände gespielt. Zuvor aber hat sie die Weichen so gestellt, dass in erster Linie sie selbst von derart unvorhersehbaren Ereignissen profitieren kann. Angela Merkel hat in den Jahren seit ihrem Eintritt in die CDU konsequent alles Private zurückgestellt und sich dem aufreibenden Aufstieg verschrieben. Gleichsam wie in einer Tretmühle bietet sie Elan und Kraft auf, und sie hat eine eigene Virtuosität im Dauerstress entwickelt: Stoisch kann sie inzwischen hundertmal Gesagtes endlos wiederholen. Gerade in Talkrunden, die sie nicht mehr so konsequent wie früher meidet, fällt auf, dass sie mit freundlicher Bestimmtheit gegebenenfalls immer wieder von vorn anfängt – Unterbrechungen und Nachfragen goutiert sie nicht. Selbst im größten Wahlkampftrubel wispert sie rasch ins Handy und empfängt schnell noch eine SMS. Ihrem Mienenspiel ist selten anzumerken, ob sie gerade gute oder schlechte Nachrichten einfängt.

Der Verzicht auf das Leben außerhalb des Dunstkreises der Politik wird Angela Merkel weder mit Geld noch mit Ehre ausgeglichen oder belohnt. Doch scheut sie die Entbehrungen offenkundig nicht, die das 24-Stunden-Dasein als Spitzenpolitikerin ihr abverlangen. Immer wieder testet sie ihre Grenzen aus, und es wirkt so, als verblüffe sie sogar sich selbst mit ihrem Wagemut: Da reist sie zur Gründung der neuen französischen konservativen Partei im Jahr 2002 nach Paris und entschließt sich mutig zu einem Grußwort auf Französisch. Dass sie keineswegs Routine in der französischen Konversation hat, schreckt sie nicht: Rasch wird auf dem Flug ein wenig trainiert und schon parliert die einstige Gewinnerin verschiedener Russisch-Olympiaden auch Französisch. Der Dank der Delegierten ist ihr sicher, süffisante Verwunderung desgleichen.

Wo sich die Gelegenheit dazu bietet, erklärt Angela Merkel, wie sehr sie trotz oder gerade wegen all der Arbeit »mit sich im Reinen« sei. Wohl strahlt sie nicht immer Zufriedenheit, innere Ruhe oder gar Ausgeruhtsein aus, unter Hochdruck wirkt sie bisweilen fahrig, doch auch in kritischen Momenten nie demoralisiert. Handelt sie aus Pflicht- oder Verantwortungsgefühl? Treibt sie der persönliche Ehrgeiz? Genießt sie den stetigen Machtzuwachs? Oder kann die inzwischen Fünfzigjährige schlicht nicht mehr zurück in ein anderes Leben, weil es das für sie überhaupt nicht mehr gibt?

Als Person des öffentlichen Lebens ist sie selbstverständlich präsent, wo es Zuschauer gibt, wo sie sicher sein kann, dass ihre Anwesenheit registriert wird. Wenn der geschäftsführende Präsident des Deutschen Fußballbunds, Theo Zwanziger, seinen 60. Geburtstag begeht – Angela Merkel ist dabei, wenngleich sie gerade bei Sportereignissen »als Frau« unweigerlich schlechtere Karten habe, wie man in ihrem Umfeld weiß. »Dabei interessiert sie sich echt für Fußball.«

Wer nach Freunden fragt, erfährt Namen von Menschen, die nicht minder prominent sind, deren Wohlwollen oder Zuneigung rationale Motive ebenso wie persönliche haben mag: Sabine Christiansen oder Liz Mohn, Friede Springer oder auch Jürgen Kluge von der Unternehmensberatung McKinsey. Angela Merkel bleibt übervorsichtig in der Auswahl der Menschen, zu denen sie Kontakt pflegt, und sie schützt auch weiterhin sehr sorgsam ihr Privatleben. »Nein«, sagt sie, »ich gehöre nicht zu denen, die Home-Stories lieben! Ich bin damit gut gefahren, dass es Grenzen gibt.«

Die Öffentlichkeit erhascht von der erfolgreichen und mächtigen Frau selbst wenig Persönliches – und von Ehemann Joachim Sauer kaum eine Spur. Ob er das Engagement seiner Frau unterstützt, ihre Karriere gutheißt, ihr beratend zur Seite steht – auf derlei Fragen gibt Angela Merkel ungern Antwort. Ihr Mann sei aus beruflichen Gründen viel auf Reisen, erklärt sie. Viel Zeit füreinander haben die beiden nicht: »Gerade so viel, wie unbedingt notwendig ist, um überleben zu können«, sagt Angela Merkel.

»Ich bin für die Öffentlichkeit nicht interessant«, befindet der vielbeschäftigte Professor selbst. Vor allem gilt der Umkehrschluss: Die Öffentlichkeit interessiert ihn nicht – und so duldet er auch keine seminarfremden Zuhörer in seinen Vorlesungen an der Berliner Humboldt-Universität.

Das Ehepaar ritualisiert seine Besuche in Bayreuth oder auf den Salzburger Festspielen, wo Angela Merkel in Taftkleidern am Arm des Gatten allabendlich ein ungewohntes Bild abgibt. Die Fotos in der Klatschpresse der folgenden Wochen gleichen sich: Angela Merkel auf dem Grünen Hügel in seidiger oder samtener Robe mit Boa oder Stola, ein Abendtäschchen in der Hand, lächelnd und mitunter tief dekolletiert.

Auch hier landet sie einen kleinen Coup: Sie kann sich der Aufmerksamkeit der Medien bei diesen prominenten Anlässen nicht entziehen, aber das gleißende Rampenlicht ist wohldosiert. Die Paparazzi müssen bei den Society-Events ihre Objektive auf so viel Glamour, so viele Vertreter des Hoch- und Geldadels richten, dass die wagnerbegeisterte Unionsvorsitzende nebst Gemahl im Zirkus der Eitelkeiten relativ unbehelligt davonkommt.

Das wenige, was die Berliner Öffentlichkeit von Joachim Sauer erfährt, gereicht dem aus Sachsen stammenden Chemiker nicht unbedingt zur Ehre. Nonchalance jedenfalls prägt ihn nicht. Indes scheint die Lärmempfindlichkeit des Ehepaares Sauer-Merkel groß zu sein und sich die in Bayreuth immer wieder demonstrierte Liebe zur Musik nicht auf Experimentelles zu erstrecken. Eine Freiluft-Aufführung des *Amphitryon* auf dem Vorplatz des Pergamon-Museums vis-à-vis der Berliner Privatwohnung von Frau Merkel und Herrn Sauer jedenfalls stört die Ruhe der beiden Großstädter offenbar so arg, dass im Umweltamt des Bezirks Mitte eine Beschwerde eingeht. Wer glaubt, am Eingang des Hauses am Kupfergraben lauert in den späten Abendstunden ein übereifriger Journalist mit seinem Mikrofon auf die Parteivorsitzende, um ihr ein exklusives Statement zu entlocken, der irrt: Vielmehr dient das Mikro dem Techniker dazu, auf Geheiß des Bürgers Sauer eine genaue Dezibelmessung anzustellen. Die Lärmemission der nahen

S-Bahn immerhin, die am Kupfergraben die Spree quert, wurde nicht moniert.

Sosehr Joachim Sauer die Öffentlichkeit üblicherweise auch scheut: Beim offiziellen Empfang zum 50. Geburtstag seiner Frau darf auch er nicht fehlen. Ein wenig unbeholfen wirkt der Wissenschaftler – diese Sphäre ist nicht seine gewohnte, so viel ist deutlich.

Auch die geladenen Gäste aus ihrem politischen Umfeld werden an diesem Montag, zwei Tage nach dem privat gefeierten 17. Juli 2004, im Konrad-Adenauer-Haus mit Ungewöhnlichem konfrontiert. Zu ihrem Geburtstag nämlich hat die Parteivorsitzende einen Festredner ausgewählt, der aus dem Rahmen fällt: Die gelernte Physikerin hat Professor Wolf Singer, den Direktor des Max-Planck-Instituts für Hirnforschung in Frankfurt am Main, gebeten, ihr zu Ehren über seine Thesen zur Selbstorganisation komplexer Systeme zu sprechen. Zur Verwunderung der Polit-Prominenz und der Bundestagskollegen, die eigens der Fraktionschefin zu Ehren ihren Urlaub unterbrochen haben, entführt der Wissenschaftler sein Auditorium in eine fremde Welt. Der Neurobiologe erläutert seine Erkenntnisse zu den kognitiven Leistungen des menschlichen Gehirns: Das Wahrnehmen, Erinnern und selbst Fühlen sei objektivierbar und auf einen messbaren neuronalen Vorgang zurückzuführen. Aus diesem Ansatz seien Konsequenzen für die Gesellschaft abzuleiten. Wer vorgebe, einen Schlüssel für die Lösung komplexer Vorgänge in der Hand zu haben, treffe Vorhersagen über Unvorhersehbares und begebe sich so auf einen riskanten Holzweg: Er wecke Erwartungen, die nicht zu erfüllen seien. Singer vertritt die These, des Menschen Wille unterliege neuronalen Vorgängen, unsere Handlungen werden von Hirnzuständen dirigiert und basieren nicht auf einem immateriellen freien Willen. Das Gehirn unterliege im Entscheidungsprozess nicht allein erklärbaren rationalen Argumenten oder einer abstrakten Disposition, sondern bewussten und unbewussten Prozessen.

Die Ästhetik von Singers Ansatz fasziniert die Naturwissenschaftlerin und die Politikerin Angela Merkel gleichermaßen. Wenn Singer begründet, dass nicht-lineare Systeme – wie Gesellschaften – nicht steuerbar sind, dass lineare Erklärungsmodelle folglich einen Beitrag zur Regelung dieser Systeme nur vortäuschen, so lässt sich sein deterministischer Ansatz in ihr Denkmuster einfügen. Freiheit, so wie Angela Merkel sie versteht, ist der »Hebel für Lebenschancen« und eröffnet grenzenlose, ungeahnte Möglichkeiten. In ihrem Leben scheint sich das zu bestätigen.

Angela Merkel rühmt sich ihrer Bodenständigkeit und gibt vor zu wissen, wie die Menschen beispielsweise in ihrem Wahlkreis denken. Vor allem aber möchte sie wie einst ihr Ziehvater Helmut Kohl als ganz normale Bürgerin auftreten. Obgleich sie sich seit Jahren isoliert in der Sphäre der Politik bewegt, hier also ihr streng reglementiertes Alltagsleben nach dem Terminkalender führt, versucht sie sich außerhalb dieser Welt zu orten. Spricht sie – selten genug – über etwas Persönliches, zum Beispiel über ihre Kochkünste, so kommt sie bewusst unprätentiös daher: »Eintöpfe, Schnitzel, verschiedene Fischgerichte, das kann ich alles besonders gut«, verrät sie dem Journalisten Hugo Müller-Vogg. Mit dem ergänzenden Satz »Auch Kuchen backe ich gerne. Bei mir ist noch keiner unzufrieden weggegangen«, rückt sich die Spitzenpolitikerin in die Nähe des Klischees von der guten deutschen Hausfrau. Die Frage, ob diese anbiedernde Selbstbeschreibung angebracht oder legitim ist, verbietet sich, da dies das Bild ist, das Angela Merkel von sich selbst zeichnen *möchte*. Auch außerhalb der Wirklichkeit ihrer Partei stellt sie sich so in die Nähe derer, auf deren Gefolgschaft sie angewiesen ist – was bisweilen absurd wirkt.

Aber kann Angela Merkel die Menschen, die tatsächlich Zeit zum Kuchenbacken haben, noch verstehen? Spätestens seit der Wiedervereinigung führt sie ein abgehobenes Leben, das mit dem Wohl und Weh der CDU nicht nur verknüpft, sondern eng verschmolzen ist. »Solange ich Politik mache, mache ich es aus Leidenschaft«, sagt sie nach mehr als zehn Jahren politischer Erfahrung, in denen ihr immer wieder ihre emotionslose Art vorgehalten wird. Eine eigentümliche Symbiose: Angela Merkel wäre ohne ihre Partei nichts, ihre Partei indes führt ein Eigenleben, das von Zeit zu Zeit aufbricht und die Vorsitzende bis heute immer wieder demaskiert und sie einsam und fremd in der bundesrepublikanischen Gedankenwelt zeigt. Volker Rühe beispielsweise sieht sich genötigt, sich offen gegen die Parteivorsitzende zu stellen, um sie davon abzubringen, der Bundeswehr im Kampf gegen den Terrorismus den Einsatz im Inneren des Landes zu erlauben.

Und nachdem sie sich in Baden-Württemberg für ihre Getreue Annette Schavan als Nachfolgerin von Ministerpräsident Erwin Teufel stark gemacht hat, muss sie erleben, wie der mitgliederstarke, katholisch geprägte und konservative Landesverband einen vergleichsweise blassen Günther Oettinger aufs Schild hebt und sich damit über die Empfehlung aus der Berliner Parteizentrale schnöde hinwegsetzt: Annette Schavan, eine intelligente Politikerin von Merkels Gnaden, scheitert in der Mitgliederbefragung – immer noch also unterliegt Angela Merkel Fehleinschätzungen in der Beurteilung der Stimmung in ihrer Partei. Es sind zumeist Momente, in denen sie dem konservativen Milieu der alten Bundesrepublik zuviel zumutet. Im Südwesten der Republik setzt man gerade in Zeiten des Umbruchs auf bewährte Muster.

Angela Merkel weiß sehr genau, dass sie erspüren muss, wie ihre Partei tickt. Mit den Regionalkonferenzen für ihre Parteimitglieder hat sie ein neues Instrument geschaffen, das den Kontakt zwischen oben und unten erleichtert – zum Zeitpunkt ihrer Einführung freilich dienen die Veranstaltungen dazu, eine einzige Botschaft weit ins Land zu tragen: Seht her, ich, die unbelastete Angela Merkel, führe euch heraus aus dem Tal der Spendenkrise! Zugleich zeigen die Regionalkonferenzen auch, dass die Mitglieder der CDU ihrer Vorsitzenden ergeben huldigen.

Immer wieder muss Angela Merkel hier allerdings auch Kritik einfangen. Sie wird beispielsweise beschimpft für ihren rüden Umgang mit christdemokratischen Bannerträgern wie Friedrich

Merz oder Wolfgang Schäuble. Mit einer nicht erlahmenden Energie zur Wiederholung des immer Gleichen steht sie derlei Angriffe durch, diszipliniert und verbindlich – im Wissen, sie wird Kritik überdauern.

Die noch immer von Westdeutschen dominierte Partei hat Opfer gebracht: Personell wie inhaltlich hat sich die CDU unter dem Vorsitz von Angela Merkel sehr stark verwandelt. Die Spendenaffäre, der Weg nach sechzehn Jahren auf der Regierungsbank in die Opposition und die Personalpolitik der Parteivorsitzenden haben einen bemerkenswerten innerparteilichen Generationswechsel befördert. Die Granden alter Schule verteidigen ihre Bastionen in den Ländern, bis sie der Ruhestand ereilt, und die Karrieristen von einst sind derzeit domestiziert. Viele Lebensläufe von Berufspolitikern haben einen Bruch erfahren, seitdem Angela Merkel Helmut Kohls Union übernommen hat. Bemerkenswert ist dabei, dass auch unter der Ostdeutschen Angela Merkel in den Führungspositionen in der Fraktion wie in der Parteihierarchie fünfzehn Jahre nach dem Fall der Mauer Repräsentanten aus den neuen Ländern nach wie vor deutlich unterrepräsentiert sind.

In der Bundestagsfraktion der CDU/CSU wird der Personalaustausch der letzten Jahre so deutlich wie nirgendwo sonst: Noch nie hat es so viele Parlamentsneulinge gegeben, noch nie wurden so viele wichtige Ämter in der Fraktion mit Newcomern besetzt wie in der 15. Legislaturperiode. Das Kriterium für den Erfolg eines Christdemokraten in den Parteigremien scheint neben seiner Loyalität der Vorsitzenden gegenüber auch Unscheinbarkeit zu sein, profilierte Köpfe sehen sich inzwischen an den Rand gedrängt.

Aus der Kohl-Ära übriggebliebene Kärrner bescheiden sich mit eng gesteckten Feldern – selbst der einstige Kronprinz Helmut Kohls, Wolfgang Schäuble, sah sich im Jahr 2004 genötigt, die ihm von seiner Fraktionsvorsitzenden angetragene Nachfolge von Friedrich Merz als Steuer-, Finanz- und Wirtschaftsfachmann mit Aplomb abzulehnen. Dieser Verzicht sagt viel aus über die Zustände in der Merkel-Union. Wolfgang Schäuble folgte bislang in der

Regel mit einer an Selbstaufgabe grenzenden Loyalität der Parteiräson und den Rufen seines jeweiligen Vorgesetzten. Dass er nun in einer Zeit, da seine einstige Generalsekretärin Angela Merkel die Partei führt, zentrale Themen wie Arbeit und Soziales sowie Wirtschaft und Finanzen lieber Jüngeren überlässt und sich weiter außen-, europa- und sicherheitspolitischen Fragen zuwendet, spricht für sich. Ganz zu schweigen davon, dass er im Oktober 2004 mit seiner Weigerung, den Wirtschafts- und Steuerfachmann Friedrich Merz fachpolitisch zu beerben, die Parteivorsitzende öffentlich brüskiert hat. Es wiederholt sich in diesem Schritt nur die Rücksichtslosigkeit, die auch der gekränkte Friedrich Merz mit dem Rückzug von seinen Ämtern gegenüber der Vorsitzenden schon an den Tag gelegt hat. Beide riskieren, dass ihre Vorsitzende beschädigt aus ihrem Personaldebakel hervorgeht.

Angela Merkel hat eine ausgeprägte Gabe, dazuzulernen: Ohne sich anzupassen, analysiert sie ihr Umfeld und aktuelle Konstellationen und ist nach reiflicher Überlegung in der Lage, auch heikle Situationen für sich zu nutzen. Die Physikerin entscheidet rational, ihr Weg zu Entscheidungen ist ein gewissermaßen wissenschaftlicher, deduktiv, bisweilen kühl. Mit Unverständnis reagiert sie auf jene, die anders vorgehen. Sie ist angespornt von einem Machtwillen und pflegt ein bisweilen machiavellistisch anmutendes Instrumentarium der Herrschaftssicherung.

Angela Merkel hat ihren engen Mitarbeiter- und Beraterkreis kontinuierlich weiter eng und überschaubar gehalten. Die seit 1992 zu ihr stehende Büroleiterin Beate Baumann und ihre Pressesprecherin Eva Christiansen sind nach wie vor Angela Merkels wichtigste Vertrauensleute. Baumanns Rolle wechselt zwischen Faktotum und Schatten, niemand sonst ist so dicht an Angela Merkel, so symbiotisch mit ihrem politischen Tun verbunden, genießt so viel Vertrauen und bleibt zugleich selbst so unscheinbar.

So wie ihre Chefin die Unbill von externem wie internem Spott und Anfeindungen über sich ergehen und mit bewundernswerter

Gleichmut an sich hat abperlen lassen, so haben auch Beate Baumann und Eva Christiansen die mehr oder minder offenen Sticheleien überstanden. Wurde das »Girl's camp«, dem auch die ehemalige Bundesvorsitzende der Jungen Union, Hildegard Müller, und die baden-württembergische Kultusministerin Annette Schavan zuzurechnen sind, noch so sehr verhöhnt, der Erfolg rechtfertigt Angela Merkels strenge Hofhaltung.

Inzwischen hat die *Zeit* den Kreis der Vertrauten einer genaueren Prüfung unterzogen und ihn in »Boygroup« umgetauft: Der *inner circle* findet sich allmorgendlich bei der Vorsitzenden im obersten Stock des Konrad-Adenauer-Hauses ein. Generalsekretär Volker Kauder, dessen Nachfolger im Amt des Fraktionsgeschäftsführers, Norbert Röttgen, Bundesgeschäftsführer Johannes von Thadden und Matthias Graf von Kielmannsegg als Leiter des Planungsstabs. Letzterer stammt aus dem Personalbestand des einstigen Fraktionschefs Friedrich Merz – wie im Fall von Volker Kauder hat die in Herrschaftsfragen hochsensible Parteivorsitzende mit ihm einen wichtigen Funktionsträger in das von ihr gelenkte System eingebunden. Auch steht ihr für diffizile Einsätze der inzwischen pensionierte einstige Bundesgeschäftsführer Willi Hausmann treu zu Diensten – in der Presse gern als »Allzweckwaffe« tituliert.

Die unter Kohl in der Partei herangewachsenen Funktionäre wie Volker Rühe oder Matthias Wissmann stehen indes außen vor. Andere haben sich selbst ins Aus manövriert wie zum Beispiel der Vorsitzende des Arbeitnehmerflügels der Christdemokraten, Hermann-Josef Arentz, der von einem Energiekonzern ein stattliches Jahresgehalt ohne Gegenleistung bezog, oder auch Ex-Generalsekretär Laurenz Meyer, der sich selbst vom ersten Tag an disqualifizierte, weitgehend kaltgestellt blieb und dessen Karriere schließlich auch im Skandal endete.

In der Parteihierarchie immer präsent und doch längst seines Einflusses enthoben ist Wolfgang Schäuble. Oft genug wurden ihm Partei- oder Staatsämter angetragen oder angedichtet. Im Falle eines Wahlsieges der Union sollen ihn die Abgeordneten zum Präsidenten des 16. Deutschen Bundestags wählen – so lautet das jüngste Projekt.

Angela Merkels strenge Hand in Personalfragen hat nicht allein zur Verjüngung der Bundestagsfraktion geführt, sondern dortselbst auch ein Revirement ausgelöst. Der »Pakt für Deutschland«, eine Sammlung arbeitsmarktpolitischer Forderungen, hat seinen plakativen Titel von Ronald Pofalla. Der Justitiar ist nach Schäubles Weigerung, Merz zu beerben, in der Bundestagsfraktion zuständig für Wirtschaft, Arbeit und Soziales.

Angela Merkel beweist in Fragen der Herrschaftssicherung ihre Kraft, zeigt Standfestigkeit und Durchhaltevermögen. Immer wieder aber wird erkennbar, wo die Grenzen ihrer Möglichkeiten liegen. Offensichtlich wird dies im Sommer 2003, als sie einem medialen Profi begegnet, einem Superstar der Politik, jemandem, der virtuos Popularität erheischt über vermeintlich Intimes, das freilich längst effektvoll zum Instrument des Politikmachens mutiert ist: Angela Merkel trifft Hillary Clinton – und das vor laufender Kamera.

Die ehemalige First Lady präsentiert ihre gerade auf Deutsch erschienenen Memoiren und ist im Juli 2003 in der Sendung von Sabine Christiansen zu Gast, gemeinsam mit der politisch bemerkenswertesten Frau in Deutschland. Immerhin eines haben die Damen neben ihrer Zielstrebigkeit gemein: Auch die gestylte New Yorker Senatorin musste sich ob ihrer freilich recht variantenreichen Frisuren in der Presse verspotten lassen: Sie sei bewehrt mit einem »blonden Helm«, befand einmal die *New York Times*.

Unglücklich bleibt die Figur, die Angela Merkel an diesem Sonntagabend auf dem Bildschirm abgibt. Zu gewaltig ist der Kontrast zwischen den drei Frauen auf dem Bildschirm, die doch alle über die Öffentlichkeit existieren und im Anwerben von Sympathisanten durchaus alle drei erprobt sind. Unübersehbar sind allein schon die äußerlichen Diskrepanzen zwischen dem angefrorenen Strahlen der Gastgeberin, der hochprofessionellen Präsenz der schlanken, kurzhaarigen, in leuchtendem Pink siegesgewiss daherkommenden Senatorin und der etwas schwerfällig auftretenden Fraktionsvorsitzenden, die sich weder im länglichen schwarzen Rock noch in ihrer Haut wohl zu fühlen scheint.

Es gelingt Angela Merkel ein Lächeln, während Hillary Clinton über die Doppelmoral der Öffentlichkeit sinniert. Frauen, die im Rampenlicht stehen, so die von jenem Licht nicht im Mindesten Geblendete, würden nach sehr strengen Standards beurteilt werden. »Das überwinden wir langsam«, verspricht Hillary Clinton gelassen und hebt die Augenbraue. Angela Merkel nickt wissend. »Vielleicht schaut man bei Frauen etwas genauer hin« – eine gelinde Untertreibung nach ihren Erfahrungen und dem Spott, dem sie in der Medienwelt ausgesetzt war.

Schließlich lässt sie ein wenig Persönliches aufblitzen. Angela Merkel mündet in der hochkarätig besetzten Talkrunde, in der auch Josef Joffe und Edzard Reuter anwesend sind, ein in einen kurzen Exkurs über ihr Credo vom *Schweigenkönnen*, »eine Führungsqualität im 21. Jahrhundert«. Und dann scheinen die abstrakte Charakterisierung ihrer Fähigkeiten und ein Fünkchen der Situation geschuldeter Sehnsucht plötzlich miteinander zu verschmelzen. »Gute Politik muss auch ein Stück den Verantwortungsbereich abgrenzen, den dann auch gut ausfüllen und irgendwann einmal sagen: ›Ich muss jetzt nach Hause!‹« Von der Rückkehr in die Geborgenheit eines »Zuhause« freilich ist Angela Merkel an diesem Abend noch weit entfernt.

In dem als Personality-Show angelegten Fernsehauftritt kann Angela Merkel weit weniger klar, als ihr lieb war, eine ihrer prägnantesten außenpolitischen Botschaften loswerden: ihr Bekenntnis zur Freundschaft zu den USA. Bereits im Jahr 2001 besuchte sie Washington, traf den amerikanischen Vizepräsidenten Dick Cheney, Außenminister Colin Powell sowie Notenbankchef Alan Greenspan und demonstrierte ihnen die Loyalität der deutschen Oppositionspartei. Zugleich konnte sie der deutschen Medienöffentlichkeit ihre Weltläufigkeit beweisen. Ihr nächster offizieller USA-Besuch, diesmal in Begleitung von Friedbert Pflüger, im Februar 2003 bekommt angesichts des nunmehr bevorstehenden Krieges im Irak und der antiamerikanischen Haltung der rot-grünen Bundesregierung eine tiefere Dimension.

Die *Washington Post* veröffentlicht am 19. Februar 2003 einen Namensartikel aus der Feder von Angela Merkel, in dem diese die Bundesregierung scharf angreift: »Schröder spricht nicht für alle Deutschen«, stellt sie klar und führt aus, dass sich Europa intensiver in den Konflikt einmischen müsse, um stärkeren »internationalen Druck auf Saddam Hussein« auszuüben. Als letztes Mittel, UN-Resolutionen durchzusetzen, plädiert sie klar für die Anwendung militärischer Gewalt. Krieg dürfe nicht gängiges Mittel in der politischen Auseinandersetzung werden, aber wer vor militärischen Interventionen als letztem Mittel im Kampf gegen Diktatoren zurückschrecke, schwäche den Druck auf Unrechtssysteme und vermeide damit nicht die Kriegsgefahr, sondern erhöhe sie. »Deutschlands Sicherheitsinteressen können nur an der Seite der USA gewahrt werden« – so die in der DDR sozialisierte Abgesandte aus dem alten Europa.

Nebenbei legt Angela Merkel in der *Washington Post* auch ein Bekenntnis zur Freundschaft mit Frankreich ab, wobei diese innereuropäische Allianz ihrer Meinung nach nur in enger Anbindung an die alten und neuen europäischen Bündnisstaaten und im Rahmen der transatlantischen Partnerschaft realisierbar sei. Für sie und ihre Partei, erläutert Angela Merkel all jenen Amerikanern, die über die Bundesregierung verärgert sein mögen, ist die Partnerschaft mit den USA ebenso fundamentales nationales Interesse wie die Europäische Integration.

Angela Merkel hat lange gebraucht, um außenpolitische Themen in ihr Repertoire aufzunehmen. Jetzt aber reist sie nicht nur in die USA, sondern absolviert auch Besuche bei Jacques Chirac, begibt sich auf eine Mission zu Jassir Arafat und Ariel Scharon. Dass die rot-grüne Bundesregierung und ihr lange Zeit populärster Protagonist Joschka Fischer sich medienwirksam und bisweilen mehr, als dies sachpolitisch angemessen wäre, über außenpolitische Sujets profilieren konnten, hat auch die Oppositionschefin angespornt, sich auf außenpolitische Pfade zu begeben.

Allerdings formuliert sie beispielsweise auch in der Europa-Politik keine eigenen Vorstellungen, das traditionelle christdemokratische Europa-Ideal spinnt sie nicht weiter. Mit einer Haltung, die da heißt: »Ich will, dass deutsche Interessen wieder beachtet und geachtet werden. Ich bin es satt, überall zu lesen, dass wir der kranke Mann in Europa sind«, offenbart sie eher ihren sattsam bekannten Patriotismus denn eine visionäre Kraft für ein zukünftiges Europa. Auch der von ihr auf einer Veranstaltung der *FAZ* im Jahr 2002 gehaltene Vortrag unter dem Titel *Europa muss an sich selbst glauben* zeigt Merkel wenig emotionale Bindung an die Europäische Union. Vielmehr steht für sie ein Bekenntnis zu Deutschland, ihr Begriff des Deutschseins im Vordergrund. Im Realsozialismus habe sie über Deutschland nicht reden dürfen, sollten die Bürger im Arbeiter-und-Bauern-Staat sich doch in einer neuen DDR-Identität wiederfinden. Von diesem zwanghaft-künstlichen Bekenntnis befreit zu sein macht sie verständlicherweise froh, birgt aber für sie zugleich eine Heilsbotschaft: »Meine ganz persönliche Erfahrung heißt deshalb: Sich zu Deutschland bekennen zu dürfen und Veränderungen zum Guten – das sind zwei Seiten ein und derselben Medaille.«

Schamlos populistisch ist nicht allein in Wahlkampfzeiten Angela Merkels Position gegenüber der Türkei, ihre ablehnende Haltung in der Frage eines langfristigen EU-Beitritts der Türken und ihre Weigerung, darüber zu verhandeln. »Eine Mitgliedschaft der Türkei würde die EU auf absehbare Zeit überfordern.« Angela Merkel begibt sich hier in Opposition zur Position der USA, die innenpolitische Wirkung ihrer Aussage zählt in diesem Fall mehr als die sonst vielbeschworene Bündnistreue. Sie empfiehlt 2003 dem die Bundesrepublik besuchenden türkischen Ministerpräsidenten Recep Tayyip Erdogan einen »dritten Weg« und weiß sich darin einig mit Edmund Stoiber, Michael Glos und Erwin Teufel, die unisono den Wunsch der Türkei ablehnen, mit der EU über einen langfristigen Beitritt nachzudenken. Das Land am Bosporus sei nicht dem europäischen Kulturkreis zuzurechnen, allein eine »privilegierte Partnerschaft« mit der Türkei sei denkbar, nicht aber die Aufnahme von Beitrittsverhandlungen. Im Februar des folgenden Jahres reist Angela Merkel in Begleitung von Wolfgang Schäuble, in der Fraktion für Außen- und Europapolitik zuständig, ihrerseits nach Ankara, um für ihr Projekt der privilegierten Partnerschaft zu werben, bei Erdogan aber stößt sie auf Ablehnung. Immerhin verwirft sie das zwischendurch ventilierte Vorhaben, mit einer Unterschriftenaktion à la Roland Koch die Stimmung in der Gesellschaft gegen einen EU-Beitritt der Türkei zu schüren.

Auch in ihren außenpolitischen Vorstellungen versucht sie mit den Begriffen wie Freiheit und Stärke zu reüssieren. Sie adaptiert den autoritären Anspruch der Bush-Administration – auch ihre Gleichung lautet: Vom Irak geht eine reale Gefahr aus, darauf müssen die USA und Großbritannien reagieren, und die Bündnispartner sind damit gleichfalls in der Pflicht. Auch auf der Sicherheitskonferenz in München plädiert Angela Merkel für den Krieg gegen Saddam Hussein und spricht sich dafür aus, dass auch Deutschland einen aktiven Beitrag im nordatlantischen Bündnis leisten solle. Damit wendet sich die Vorsitzende der Partei mit dem »C« im Namen klar gegen die Position der Kirchen in Deutschland. Sowohl die Evangelische wie auch die Katholische Kirche lehnen militärische Mittel und den Krieg ab. Mögliche Gewissenskonflikte ihrer eigenen Parteimitglieder weist Angela Merkel unter Vermeidung des K-Worts zurück: »Es ist zu einem Punkt gekommen, an dem entschieden werden musste. Und an dem ich denke, dass der Schaden durch Nichthandeln jetzt größer geworden wäre.«

Als sie im Mai 2003 Papst Johannes Paul II., einen erklärten Kriegsgegner, besucht, der die Intervention im Irak als »Niederlage der Menschheit« bezeichnet hatte, bekennt sie, dass Glauben nicht nur Privatsache sei. Mit anderen Worten: Politische Zwänge erfordern zuweilen das Abrücken von religiösen Prinzipien. Diese Position verficht sie auch gegenüber einem anderen prominenten Kritiker der amerikanischen Irakpolitik, dem Bischof der Berlin-Brandenburgischen Evangelischen Kirche, Wolfgang Huber.

Kühl versucht Angela Merkel, sich eines Feldes politischer Auseinandersetzung zu bemächtigen, das in der krisengeschüttelten Bundesrepublik den Umfragen nach für Wähler am wichtigsten ist: die sogenannte Wirtschaftskompetenz. Die quälerische Anstrengung der rot-grünen Bundesregierung, dem Land – mit Hilfe der Opposition – unter Aufgabe klassischer sozialdemokratischer Positionen eine Reform zu verordnen, nutzte dann auch am ehesten der Oppositionsführerin.

Um dem Vorwurf zu begegnen, inhaltlich bleibe sie zu blass, holt Angela Merkel in ihrer Rede am 1. Oktober 2003 weit aus, um eine Marke zu setzen. Zwei Jahre zuvor hatte sie den Tag der Deutschen Einheit zur Versöhnung mit dem diskreditierten Altvorsitzenden und »Schlachtross« Helmut Kohl genutzt. Jetzt hebt sie an zu einer »Regierungserklärung«, wie Johannes Leithäuser in der *FAZ* feststellt.

»Quo vadis, Deutschland?«, lautet ihr Thema. Deutschland stehe am Scheideweg, lautet ihre Diagnose – und da fühlt sich Angela Merkel persönlich berufen, denn mit Scheidewegen, der Abkehr von gewohnten Pfaden, der mutigen neuen Orientierung kennt sie sich persönlich aus.

Tatsächlich hat sie selbst oft bewiesen, dass das Geheimnis ihres Erfolgs im Verzicht auf das Gewohnte liegt. Angela Merkel appelliert in ihrer Rede im Lichthof vom Deutschen Historischen Museum in Berlin an den Unternehmergeist aller in Zeiten, die sie gern zu »zweiten Gründerjahren« umwidmen möchte. »Wir müssen mehr für Deutschland tun.« Aufmunternd sagt sie: »Jeder muss bei sich anfangen.« Ihr Plädoyer für den freien Wettbewerb, für das freie, ungebremste Wirtschaften und für den Rückzug des Staates entspricht ihrer Vorstellung von schöpferischen Kräften, die es zu entfalten gilt. »Unser Land hat genug vom Egoistenwettbewerb«, ruft sie und entwirft einen neuen Gerechtigkeitsbegriff: Voraussetzung für Reformen sei eine neue Leistungsgerechtigkeit zwischen Bürger und Staat, um die »Gesundung« des Landes voranzubringen, zugleich aber auch die Neuordnung der Arbeitswelt – und auch hier geht es ihr um die Lösung alter Bindungen und Bremsen: Im Gespräch mit der *FAZ* wendet sich die einstige Bürgerin der DDR an die Westdeutschen: »Ihr wisst gar nicht, wie viel sozialistische Elemente ihr habt.« Sie macht sich in dieser Rede die Vorschläge der Herzog-Kommission zu eigen – und diktiert sie damit auch ihrer Partei.

Angela Merkel findet einen eigenen Ton: Sie beschwört einen Nationalstolz, wie er weiten Teilen der westdeutschen Bevölkerung lange fremd war, und plädiert dafür, ein nationales Selbstverständnis zu entwickeln, das der vermeintlichen ideellen Größe des Landes wieder gerecht wird. Angesichts verschiedener besorgniserregender Rankings, die das Land auf vielen Feldern des politischen Wettbewerbs weit abgeschlagen auf unteren Rängen platzieren, reagiert Merkel nicht nur gekränkt, sondern gleichzeitig kämpferisch: Sie operiert damit und verspricht, »Deutschland wieder nach vorn« zu bringen. Damit erfüllt sie ein Bedürfnis verunsicherter und orientierungsloser Teile der Bevölkerung nach einem Heilsversprechen: Sie kündet von sozialer Sicherheit oder Stabilität und predigt zugleich Bescheidenheit, in der Konsequenz ihrer Reformvorhaben möglicherweise auch materiellen Verzicht. In einer Zeit, da nicht nur die Kirchen vor Altersarmut warnen, kinderreiche Familien, so es sie überhaupt gibt, und Alleinerziehende vom sozialen Abstieg bedroht sind, ist dies eine mutige Ankündigung weiterer Reformen der überlasteten Sozialsysteme. Friedrich Merz sieht das »Ende der Sozialdemokratisierung der CDU« gekommen, Merkel bekennt sich zu einer Liberalisierung der Wirtschaft.

Im Jahr 2003 schreibt Angela Merkel der SPD anlässlich ihres 140-jährigen Bestehens eine Grußadresse »... wer auch heute noch an seinem alten Misstrauen gegen die Kraft der Freiheit und das Prinzip des Wettbewerbs festhält und wer auch heute noch die in Staat, Gewerkschaften und Verbänden organisierten Interessen in das Zentrum seines Denkens und Handelns stellt, nicht aber den einzelnen Menschen, der hat die Zeichen der Zeit nicht erkannt und bleibt in der Industriegesellschaft stecken«.

Eine »unwürdige politische Posse«, wie die Schrift *Das Parlament* befindet, beginnt sich um die Jahreswende 2003/2004 um die

Nachfolge von Johannes Rau als Bundespräsident zu entspinnen. Man wolle das Amt des Staatsoberhaupts selbstverständlich nicht beschädigen, betonen alle reihum befragten Politiker ein ums andere Mal, dennoch nimmt die öffentlich ausgetragene Kandidatensuche vor laufenden Kameras und offenen Mikrofonen unrühmliche Formen an. SPD und Bündnisgrüne verständigen sich auf die Politikwissenschaftlerin Gesine Schwan. Der Präsidentin der Europa-Universität Viadrina droht eine Niederlage angesichts der Mehrheitsverhältnisse in der Bundesversammlung. Doch wem soll die rechnerisch sichere Unionsmehrheit tatsächlich zufallen?

Ein beispielloses Schachern beginnt, in dessen Verlauf manche Maske fällt und unübersehbar deutlich wird, wie wenig das Prozedere der vielbeschworenen Würde des Amts angemessen ist. Die Oppositionsführerin und der Vorsitzende der bayerischen Schwesterpartei wie auch der FDP-Chef lassen Gespür für die schützenswerte Autorität der obersten Verfassungsinstitution sowie Respekt gegenüber den ins Spiel gebrachten potentiellen Kandidaten vermissen – und am Ende ist der in einem anderthalbtägigen Sitzungsmarathon erkorene Kandidat mit einer Hypothek belastet: Horst Köhler ist nicht erste Wahl.

Köhler ist Angela Merkel bereits zu einer Zeit begegnet, da sie noch Regierungssprecherin der letzten DDR-Regierung unter Lothar de Maizière war und er als Staatssekretär im Bundesfinanzministerium die Wirtschafts- und Währungsunion vorbereiten half. Köhler berichtet Hugo Müller-Vogg: »... dass Frau Merkel etwas hatte und vor allem eine bestimmte gedankliche Eigenständigkeit besaß, fiel mir von Anfang an auf. Allerdings war dieser Charakterzug damals für mich noch nicht als politische Potenz fassbar.«

Dass sie selbst für das höchste Amt im Staate, auf das der eine oder andere Christdemokrat sie gern hätte abschieben wollen, nicht zur Verfügung stehe, hatte Angela Merkel immer wieder betont. Viel mehr aber ist nicht klar, als die Entscheidung am 3. März 2004 fallen soll. In der sich zuspitzenden Präsidentenkür kann sie sich rasch darauf berufen, dass der Kandidat Wolfgang

Schäuble, für den sie sich angeblich seit dem vergangenen Herbst eingesetzt habe, am Widerstand der FDP und namentlich ihres Vorsitzenden Guido Westerwelle gescheitert sei. Insgeheim aber wäre ihr ohnehin Edmund Stoiber als Hausherr im Schloss Bellevue lieber gewesen, damit könnte der so ambitionierte wie mächtige CSU-Mann den Finger für eine erneute Kanzlerkandidatur nicht mehr heben. Kein Wunder also, dass dieser eilends versichert, er sei als Parteichef »unersetzbar«.

Im Rennen ist auch Annette Schavan. Die baden-württembergische Kultusministerin könnte als Bundespräsidentin gleichfalls Angela Merkels Kanzlerambitionen zunichte machen: Zwei Frauen in allerhöchsten Staatsämtern, das sei den deutschen Wählern doch nicht zuzumuten, würden Merkel-Gegner aller Voraussicht nach argumentieren – und kurzerhand die Kanzlerkandidatur für sich beanspruchen.

In den verschiedenen Parteigremien nimmt die Kandidatensuche an Turbulenz zu: Der Name von Verfassungsrichter Paul Kirchhof oder auch der des ehemaligen Bundesumweltministers Klaus Töpfer kursieren, selbst die schon einmal unterlegene Präsidentschaftskandidatin Dagmar Schipanski, Wissenschaftministerin in Thüringen, wird noch einmal genannt. Doch die aufgeregten Gremien der Union wollen sich nicht ausgerechnet von der FDP ihren Personalvorschlag Schäuble vom Tisch fegen lassen. Die konservativen Granden Koch, Merz und Milbradt, wie es hinterher durchsickert, beharren auf dem einst unter Helmut Kohl zum Kronprinzen aufgebauten und später fallengelassenen Wolfgang Schäuble – nicht zuletzt auch, um gegenüber ihrer Parteivorsitzenden die Muskeln spielen zu lassen. Sie werfen Angela Merkel Verrat an Schäuble vor. Der hessische Ministerpräsident Roland Koch scheut sich nicht, das sich nunmehr in die Nacht hineinziehende Gefeilsche mit dem Wort »chaotisch« zu belegen. Er verlässt wütend die Sitzung des CDU-Präsidiums und versäumt nicht, Angela Merkel auch öffentlich scharf zu kritisieren. Weit nach Mitternacht endlich hat die Parteivorsitzende es geschafft: Die CDU-Spitze kann CSU und FDP ein Signal geben, dass der Vorschlag nunmehr Horst Köhler laute.

Angela Merkel hat wieder einen mühsamen Sieg errungen. Nicht virtuos, aber mit Ausdauer hat sie eine Entscheidung von zentraler Bedeutung in ihrem Sinne und mit ihren Mitteln herbeigeführt. Was genau den Chef des Internationalen Währungsfonds für das höchste Staatsamt in Deutschland qualifiziert, ist nicht bestimmend – wohl aber Angela Merkels strategische Überlegungen.

Horst Köhler hält sie für den einfacheren Politiker, sprich: Der Umgang mit einem fachkundigen Beamten ist für sie leichter als mit Wolfgang Schäuble, dessen weltanschauliche Prägung ihn zu größerer Unabhängigkeit prädestiniert. Dass sie Schäuble, der erneut zum Spielball in einem öffentlich ausgetragenen Personalpingpong wird, demütigt, spielt gleichfalls keine Rolle. Er selbst beißt wie gewohnt die Zähne zusammen: »Ich habe es als ehrenvoll betrachtet, genannt zu werden.«

Obgleich der künftige Bundespräsident Horst Köhler sofort nach seinem deutlichen Sieg im ersten Wahlgang am 23. Mai 2004 erklärt, er verstehe sich »nicht als Instrument des Machtwechsels«, so ist der zur Überparteilichkeit verpflichtete neue Bundespräsident, dessen CDU-Mitgliedschaft ruht, dem marktwirtschaftlichen Credo der pragmatischen Angela Merkel näher als vielen reformskeptischen Sozialdemokraten. Dem Verdacht der Parteilichkeit zugunsten der CDU will er sich nicht aussetzen. So sagt Köhler der *FAZ*: Die »christlich-liberale Koalition hat nach der Wiedervereinigung und den damit verbundenen Soziallasten die Sozialsysteme viel zu großzügig ausgebaut.«

Ab Mitte 2004 muss die Union einen leichten Rückgang in der Wählergunst registrieren – das aber schreckt Angela Merkel längst nicht mehr: Nicht zuletzt von Helmut Kohl hat sie lernen können, das Umfragewerte nicht die Richtschnur politischen Handelns sein müssen. Doch das Bild der von Angela Merkel geführten CDU, die sich von einer aufmüpfigen Schwesterpartei auf der Nase herumtanzen lässt, ist nicht eben glänzend: Zu Beginn des Jahres nämlich hat die CSU ein eigenes Steuerkonzept vorgelegt. Vor allem aber attackiert der CSU-Fraktionsvize Horst Seehofer in rüden Worten die angeblich »unsozialen« Reformrezepte der Schwesterpartei für das Gesundheitssystem. Im Juli 2004 beschließt dann der von der Union dominierte Bundesrat die Reformpläne der Bundesregierung, also die Zusammenlegung von Arbeitslosen- und Sozialhilfe – die neuen Länder werden überstimmt. Auch das Zuwanderungsgesetz soll ab 1. Januar 2005 in Kraft treten.

Die miesepetrigen Nörgeleien aus dem eigenen Lager deuten unterdessen wieder darauf hin, dass bestimmte Kreise der Union nimmermüde alte Ressentiments gegenüber der quereingestiegenen Frau aus dem Osten aufwärmen. CSU-Chef Stoiber wird dieser Tage unterstellt, er habe Angela Merkel als »politisches Leichtgewicht« bezeichnet und behauptet, sie könne »Politikern wie Gerhard Schröder und Joschka Fischer letztlich nicht das Wasser reichen«. Im Herbst 2004 schließlich bescheinigt ihr das Meinungsforschungsinstituit Allensbach, sie erwecke bei 63 % der Befragten den Eindruck, als habe sie immer noch zu wenig Rückhalt in der Partei, dafür aber bringe sie große Sachkenntnis mit – mehr als ihre innerparteilichen Kontrahenten Wulff und Koch. Dem smarten Niedersachsen Wulff werden dafür höhere Sympathiewerte zugeschrieben und Roland Koch die größere Rücksichtslosigkeit.

Angela Merkel hat in den vergangenen Jahren immer wieder schmählich erleben müssen, wie parteiinterne Quertreiber ihre Pläne torpedieren. Der Widerstand gegen die sogenannte Kopfpauschale als Vorschlag zur Reform des Krankenversicherungssystems ist bezeichnend: Nicht allein die CSU, auch Jürgen Rüttgers sucht nach Alternativen. Das Aufbäumen profilierter westdeutscher Christdemokraten gegen Merkel veranlasst wiederum den Thüringischen Ministerpräsidenten Dieter Althaus in einem Interview sogleich zu der vagen Vermutung, hier werde eine Intrige gegen die Vorsitzende gesponnen. Dem Parteipräsidium kommt eine solche Äußerung gar nicht ungelegen. Wie es scheint, kann man die These von der Intrige doch nun zugunsten der Parteichefin wortreich dementieren: »Quatsch« sei die Verdächtigung von Althaus. Insbesondere Christian Wulff schwingt sich auf zur ritterlichen Verteidigung seiner Vorsitzenden, die ihrerseits wieder einmal die Anwesenden verblüfft – da sie offenkundig als einzige Ruhe bewahrt und die Beherrschung auch angesichts des sich zuspitzenden Konflikts in der Gesundheitspolitik nicht verliert.

Der Eindruck, den die Partei hinterlässt, ist immer wieder diffus, sosehr sich Angela Merkel um inhaltliche Klärung bemüht. Eines aber zeichnet die Chefin dieser Partei aus: »Frau Dr. Angela Seltsam« – so *Die Woche* – oder »Angela Unbekannt« – so die *Süddeutsche Zeitung* – will unmissverständlich den Kurs vorgeben. Darum kämpft sie. Da steckt sie auch Rückschläge ein, so als ihr die Delegierten des Düsseldorfer Parteitags im Dezember 2004 mit 88,4 % der Stimmen kein grandioses Ergebnis bescheren. Angela Merkel vertraut grundsätzlich auf das Recht des Stärkeren, und in dieser Position sieht sie sich selbst – zum Beispiel in der Konfrontation mit Gerhard Schröder. Die zahlreichen, teilweise fulminanten Wahlsiege der CDU in den vergangenen zwei Jahren in den Ländern geben ihr Recht und bestärken sie und ihre Getreuen. Die CDU-Bundestagsabgeordnete Maria Böhmer hält ihre Vorsitzende »fast schon für ein Geschenk des Himmels«.

»Die Menschen sehnen sich nach einer Union, die sich nicht mit sich selbst beschäftigt«, sagt Angela Merkel. Erneuerung möchte sie, in ihrer Partei wie im ganzen Land – aber immer noch ist nicht klar, was das genau bedeuten soll. Denn die im Jahr 2005 von Helmut Kohl vor den Augen ihrer runderneuerten Partei gesegnete und dank des Rückzugs ihres politischen Gegners zur Kanzlerkandidatin gekürte Angela Merkel hat es zwar vermocht, ihre Position in der Politik zu stabilisieren, nicht aber, ihre politische Position deutlich zu machen: Sie ist autoritär, energiegeladen und skrupellos, auch sich selbst gegenüber.

»Ich möchte mich nicht verbiegen, sonst ist man zum Schluss nur noch ein Schatten seiner selbst.« Gleichwohl: Angela Merkel hat sich in den vergangenen fünf Jahren ein Gesicht gegeben, in dem sich Siegesgewissheit und Machtvollkommenheit spiegeln. Aber sie weiß besser als jeder andere, wie rasch sich das Blatt wieder wenden, wie tief der Sturz sein kann. Angst hat sie nie gezeigt. Denn Angela Merkel lässt den Blick hinter die Maske nicht zu.

DANK

Mein herzlicher Dank gilt meinen Gesprächspartnern. Sie haben mir viel Zeit und Geduld gewidmet und sind bereitwillig in schöne oder auch schmerzliche Erinnerungen eingetaucht. Ohne die persönlichen Berichte der Zeitzeugen wäre mein Vorhaben gescheitert.

Ein erstes Buch ist immer ein Wagnis. Und so möchte ich mich ausdrücklich bei allen bedanken, die mich zu diesem Projekt inspiriert und die in ihren Ermutigungen nicht nachgelassen haben, die mir mit ihren Ideen, Fragen und Kritik stets zur Seite standen.

Jacqueline Boysen
Berlin, im Juni 2005

BIBLIOGRAPHIE

Knut BERGMANN, Der Bundestagswahlkampf 1998. Vorgeschichte, Strategien, Ergebnis. Wiesbaden 2002

Gerhard BESIER, Der SED-Staat und die Kirche 1969–1990. Die Vision vom »dritten Weg«. Berlin, Frankfurt a. M. 1995

Kurt BIEDENKOPF, Ein deutsches Tagebuch 1989–1990. Berlin 2000

Frank BÖSCH, Macht und Machtverlust. Die Geschichte der CDU. Stuttgart, München 2002

Reinhard BUTHMANN, Hochtechnologien und Staatssicherheit. Die strukturelle Verankerung des MfS in Wissenschaft und Forschung der DDR. Hrsg. vom Bundesbeauftragten für die Unterlagen des Staatssicherheitsdienstes der ehemaligen DDR. Reihe B. Analysen und Berichte 1/2000

Klaus DREHER, Helmut Kohl. Leben mit Macht. Stuttgart 1998

Tobias DÜRR/Rüdiger SOLDT (Hrsg.), Die CDU nach Kohl. Frankfurt a. M. 1998

Rainer EPPELMANN, Fremd im eigenen Haus. Mein Leben im anderen Deutschland. Köln 1993

Karl FELDMEYER, Die neue, die alte CDU? In: Deutschland Archiv 3/2000

Timothy GARTON ASH, Ein Jahrhundert wird abgewählt. Aus den Zentren Mitteleuropas 1980–1990. München, Wien 1990

Günter GAUS, Neue Portraits in Frage und Antwort. Günter Gaus im Gespräch mit Heinrich Fink, Wolfgang Thierse u. a. Berlin 1992

Steffen KAMMRADT, Der Demokratische Aufbruch. Profil einer jungen Partei am Ende der DDR. Frankfurt a. M. 1997

Horst KASNER, Nichts kann bleiben, wie es einmal war. In: die kirche 16. August 1992/Nr. 33

Horst KÖHLER, »Offen will ich sein – und notfalls unbequem.« Ein Gespräch mit Hugo Müller-Vogg. Hamburg 2004

Herlinde KOELBL, Spuren der Macht. Die Verwandlung des Menschen durch das Amt. Eine Langzeitstudie. München 1999

Helmut KOHL, Mein Tagebuch 1998 – 2000. München 2000

Gerd LANGGUTH, Das Innenleben der Macht. Krise und Zukunft der CDU. Stuttgart, München 2002

Gerd LANGGUTH, Angela Merkel. München 2005

Peter Joachim LAPP, Ausverkauf. Das Ende der Blockparteien. Berlin 1998

Hans LEYDENDECKER/Heribert PRANTL/Michael STILLER, Helmut Kohl, die Macht und das Geld. Göttingen 2000

Angela MERKEL, Der Preis des Überlebens. Gedanken und Gespräche über zukünftige Aufgaben der Umweltpolitik. Stuttgart 1997

Angela MERKEL, Mein Weg. Angela Merkel im Gespräch mit Hugo Müller-Vogg. Hamburg 2004

Sigrid MEUSCHEL. Legitimation und Parteiherrschaft. Zum Paradox von Stabilität und Revolution in der DDR 1945–1989. Frankfurt a. M. 1992

Ehrhart NEUBERT, Geschichte der Opposition in der DDR 1949–1989. Schriftenreihe der Bundeszentrale für politische Bildung Band 346. 2. erw. Aufl. Bonn 1998

Ehrhart NEUBERT, Protestantische Kultur und DDR-Revolution. In: Aus Politik und Zeitgeschichte B 19/91, S. 21–29

Werner A. PERGER, Die CDU. In: Aus Politik und Zeitgeschichte B 5/92, S. 3–9

Friedbert PFLÜGER, Ehrenwort. Das System Kohl und der Neubeginn. Stuttgart 2000

Evelyn ROLL, Das Mädchen und die Macht. Angela Merkels demokratischer Aufbruch. Berlin 2001

Wolfgang SCHÄUBLE, Der Vertrag. Wie ich über die Deutsche Einheit verhandelte. Stuttgart 1991

Wolfgang SCHÄUBLE, Mitten im Leben. München 2000

Werner SCHELER, Von der Akademie der Wissenschaften zu Berlin zur Akademie der Wissenschaften der DDR; Abriss zur Genese und Transformation der Akademie. Berlin 2000

Erwin K. und Ute SCHEUCH, Die Spendenkrise – Parteien außer Kontrolle. Hamburg 2000

Michael SCHINDHELM, Roberts Reise. Stuttgart 2000

Ute SCHMIDT, Von der Blockpartei zur Volkspartei? Die CDU im Umbruch 1989–1994. Opladen 1997

Richard SCHRÖDER/Hans MISSELWITZ (Hrsg.), Mandat für Deutsche Einheit. Die 10. Volkskammer zwischen DDR-Verfassung und Grundgesetz. Opladen 2000

Wolfgang STOCK, Angela Merkel – eine politische Biographie. München 2000

Gerhard REIN, Die protestantische Revolution 1987–1990. Ein deutsches Lesebuch. Berlin 1990

Franz WALTER/Tobias DÜRR, Die Heimatlosigkeit der Macht. Wie die Politik in Deutschland ihren Boden verlor. Berlin 2000

Nikolaus WERZ/Jochen SCHMIDT (Hrsg.), Mecklenburg-Vorpommern im Wandel. Bilanz und Ausblick. München 1998

Stefan WOLLE, Die heile Welt der Diktatur. Alltag und Herrschaft in der DDR 1971–1989. Schriftenreihe der Bundeszentrale für politische Bildung Band 349. Bonn 1998

Verwendete Periodika, Zeitungen, Zeitschriften

Berliner Morgenpost, Berliner Zeitung, Der Spiegel sowie Spiegel Reporter, Der Tagesspiegel, Die Tageszeitung, Die Welt, Die Zeit, Focus, Frankfurter Allgemeine Zeitung, Frankfurter Allgemeine Magazin, Frankfurter Allgemeine Sonntagszeitung, Frankfurter Rundschau, Handelsblatt, Jahrbuch der Akademie der Wissenschaften der DDR, Neue Zeit, Neues Deutschland, Rheinischer Merkur, Stern, Süddeutsche Zeitung sowie Magazin der SZ, Union in Deutschland, Informationsdienst der CDU, Welt am Sonntag.

TV/Hörfunk

Interviews aus der laufenden Berichterstattung im Deutschlandradio Berlin und dem Deutschlandfunk, Interviews der Woche im Deutschlandfunk.

Fernseh-Talkshows: Beckmann, *B trifft* von Bettina Böttinger, Sabine Christiansen und Michel Friedman.

Quellen

CDU Mecklenburg-Vorpommern (Hrsg.), Gegenseitige Akzeptanz auf dem Wege zu inneren Einheit. Zehn Thesen der CDU Mecklenburg-Vorpommern. Schwerin, 10. Januar 1994

Demokratischer Aufbruch (Hrsg.), Partei Demokratischer Aufbruch sozial, ökologisch. Vorläufige Grundsatzerklärung. Beschluss vom 30. Oktober 1989, red. bearbeitete Materialsammlung.

Angela Merkel/Oswald Wutzke (Hrsg.), Der Aufbruch – Zeitung für demokratische Erneuerung. März 1990

Ehrhart Neubert, Bürgerinnen auf die Straße. Essay. 19. Oktober 1989. Hektogr. Manuskript

Eckhardt Rehberg, Identitätsgewinn im Aufbau Ost, Diskussionspapier zur Werte und Strategiedebatte »CDU 2000« in Mecklenburg-Vorpommern, Malchow 1996

Archivmaterial

Die Informationen zur FDJ-Kreisleitung der Akademie der Wissenschaften und zur SED am Zentralinstitut für Physikalische Chemie sind den Beständen des Archivs der Berlin-Brandenburgischen Akademie der Wissenschaften und dem Landesarchiv Berlin entnommen.

Material zum *Demokratischen Aufbruch* stammt aus privaten Sammlungen sowie dem Bestand zum DA im Robert-Havemann-Archiv, Berlin.

Einsicht genommen wurde in die z. T. privaten Akten von Antragstellern aus dem Bestand des Bundesbeauftragten für die Unterlagen des Staatssicherheitsdienstes der ehemaligen Deutschen Demokratischen Republik sowie in Material, das über journalistische Forschungsanträge zugänglich ist.

Abdrucke mit freundlicher Genehmigung der Verlage aus:

Günter GAUS, Neue Portraits in Frage und Antwort. Günter Gaus im Gespräch mit Heinrich Fink, Wolgang Thierse u. a. © Verlag Volk und Welt, Berlin, 1992.

Horst KÖHLER, »Offen will ich sein – und notfalls unbequem«. Ein Gespräch mit Hugo Müller-Vogg. © Hoffmann und Campe Verlag, Hamburg, 2004.

Herlinde KOELBL, Spuren der Macht. Die Verwandlung des Menschen durch das Amt. Eine Langzeitstudie. © Knesebeck Verlag, München, 1999.

Angela MERKEL, Mein Weg. Angela Merkel im Gespräch mit Hugo Müller-Vogg. © Hoffmann und Campe Verlag, Hamburg, 2004.

Wolfgang SCHÄUBLE, Der Vertrag. Wie ich über die deutsche Einheit verhandelte. © Deutsche Verlags-Anstalt GmbH, Stuttgart, 1991.

Wolfgang SCHÄUBLE, Mitten im Leben. © C. Bertelsmann Verlag, München, 2000.

Michael SCHINDHELM, Roberts Reise. © Deutsche Verlags-Anstalt GmbH, Stuttgart München, 2000.

Wolfgang STOCK, Angela Merkel. Eine politische Biographie. © Olzog Verlag, München, 2000.

REGISTER

Bildnachweis

Action Press: Abb. 3
dpa: Abb. 9, 10, 19, 21, 23, 24, 25, 26
J. H. Darchinger IFJ: Abb. 4, 6
Globus-Press: Abb. 5
Presse- und Informationsamt der Bundesregierung: Abb. 5
Privat: Abb. 2
Ullstein Bild: Abb. 1, 8, 11, 12, 13, 14, 15, 16, 17, 18, 20, 22